Encarnación Tabares Plasencia / Vessela Ivanova / Elke Krüger (Eds.)
Análisis lingüístico contrastivo de textos especializados en español y alemán

Forum für Fachsprachen-Forschung
Hartwig Kalverkämper (Hg.)

Band 84

Encarnación Tabares Plasencia / Vessela Ivanova /
Elke Krüger (Eds.)

Análisis lingüístico contrastivo de textos especializados en español y alemán

Verlag für wissenschaftliche Literatur

Gedruckt mit Unterstützung des Programms
für kulturelle Zusammenarbeit „Pro Spanien"

Institut für Angewandte Linguistik
und Translatologie – Universität Leipzig

ISBN 978-3-86596-190-7
ISSN 0939-8945

© Frank & Timme GmbH Verlag für wissenschaftliche Literatur
Berlin 2008. Alle Rechte vorbehalten.

Das Werk einschließlich aller Teile ist urheberrechtlich geschützt.
Jede Verwertung außerhalb der engen Grenzen des Urheberrechts-
gesetzes ist ohne Zustimmung des Verlags unzulässig und strafbar.
Das gilt insbesondere für Vervielfältigungen, Übersetzungen,
Mikroverfilmungen und die Einspeicherung und Verarbeitung in
elektronischen Systemen.

Herstellung durch das atelier eilenberger, Taucha bei Leipzig.
Printed in Germany.
Gedruckt auf säurefreiem, alterungsbeständigem Papier.

www.frank-timme.de

Índice / Inhaltsverzeichnis

PRÓLOGO 7

INMACULADA ALMAHANO GÜETO (Universidad de Málaga)
Estudio contrastivo de una clase de tipo textual especializada para
la contratación turística electrónica en Alemania y en España 11

KLAUS-DIETER BAUMANN (Universität Leipzig)
Die interdisziplinären Grundlagen vergleichender Analysen der
Verwaltungssprache 31

SUSANA CAÑUELO (Universitat Pompeu Fabra — Universität Leipzig) /
FALK SEILER (Universität Leipzig)
Reflexiones teóricas y prácticas sobre la localización de software a
partir de una traducción de interfaz gráfica de usuario 45

ANKE FRERICH DE VALDEZ
Mikrofunktionen in deutschen und peruanischen
Bedienungsanleitungen 67

VESSELA IVANOVA (Universität Leipzig) /
KARIN VILAR SÁNCHEZ (Universidad de Granada)
El análisis cualitativo de datos aplicado al estudio lingüístico
contrastivo: recursos para indicar la fuente normativa en
contratos de trabajo 87

ELKE KRÜGER (Universität Leipzig) /
ENCARNACIÓN TABARES PLASENCIA (Universität Leipzig)
¿Qué es una necesidad? Reflexiones acerca de una microfunción y
sus formas de realización en contratos de trabajo españoles y
alemanes 105

CHRISTIANE NORD
Los actos declarativos en alemán y español 127

MIRJAM REISCHERT (Universidad de Granada) /
ENCARNACIÓN TABARES PLASENCIA (Universität Leipzig)
Advertir, avisar y *amenazar*. Notas sobre algunas microfunciones
comunicativas en los contratos de trabajo españoles y alemanes 139

CARSTEN SINNER (Universität Leipzig)
El problema de la recreación de los compuestos alemanes en las
lenguas iberorrománicas: a propósito del término *Laienlinguistik*
en la transmisión intercultural del saber 155

MARÍA-JOSÉ VARELA SALINAS (Universidad de Málaga)
Las condiciones generales del arrendamiento de vehículos sin
conductor en España y Alemania: un acercamiento jurídico-
lingüístico contrastivo 183

KARIN VILAR SÁNCHEZ (Universidad de Granada)
Estilo y estructura profunda del texto 205

GERD WOTJAK (Universität Leipzig)
Algunas consideraciones acerca de lo que distingue un término de
una unidad léxica no terminologizada 229

Prólogo

Ciencia es todo aquello sobre lo cual siempre cabe discusión.
(José Ortega y Gasset)

Seremos breves en nuestra introducción al presente volumen, pues, para el que tenga interés en leer lo que en él se contiene, cualquier preámbulo resultará siempre demasiado largo. Nos limitaremos, por tanto, a ofrecer unas pinceladas de lo que el lector va a encontrar en sus páginas, que, en su conjunto, podríamos decir que encierran una pequeña discusión de voces contradictorias y concordes, pero siempre complementarias, una *mise en abyme* de la gran discusión, que, desde hace ya bastantes años, se ha venido generando en torno a la comunicación y a los textos especializados tanto desde una perspectiva monolingüe como multilingüe, sobre todo, por su importancia para la traducción.

En el libro se presentan doce contribuciones: ocho individuales y cuatro colectivas; diez de ellas en lengua española y dos en lengua alemana, dispuestas en orden alfabético, según los apellidos de sus autores. Todas constituyen aproximaciones de diversa índole —lingüística, lingüístico-comunicativa, traductológica, etc.— al estudio de determinados aspectos de los textos y lenguajes especializados en general o al análisis de algunos de sus diferentes géneros y subgéneros textuales. Tanto en un caso como en otro, el contraste interlingüístico —español-alemán, aunque en el trabajo de Carsten Sinner ampliado a otras lenguas iberorrománicas— se ha erigido en uno de los pilares de la obra. Hemos de señalar, además, que, precisamente, el establecimiento de unas bases para una comparación interlingüística en el ámbito de los textos de la administración es el núcleo del artículo de Klaus-Dieter Baumann.

Una propuesta de corte funcional-comunicativo y de vocación teórica, aunque ejemplificada con el análisis contrastivo de textos de garantía de productos españoles y alemanes, nos hace Karin Vilar Sánchez. El mismo enfoque emplea Anke Frerich de Valdez para su comparación de manuales de instrucciones alemanes y peruanos de electrodomésticos. Dentro de la orientación funcional-comunicativo-pragmática nos brinda Christiane Nord un estudio de los actos declarativos en alemán y español, para el que se ha servido de un corpus de textos especializados de diversa naturaleza: certificados de garantía, condiciones generales de contratación y ciertas modalidades de contratos. Los textos contractuales, de diferentes dominios, están también en la base de los artículos de Inmaculada Almahano Güeto, de María-José Varela Salinas, así como de los que Mirjam Reischert y Karin Vilar Sánchez han escrito en colaboración con dos de las autoras de este prólogo. Pero, igualmente, del que dos de esas mismas autoras hemos realizado conjuntamente (discúlpesenos la endogamia).

Así, Inmaculada Almahano Güeto examina, desde los presupuestos de la textología contrastiva, conectada muy estrechamente con la traductología, las características del contrato de viaje combinado en España y Alemania, utilizando, para ello, un corpus electrónico representativo en ambas lenguas. Dentro de la misma línea teórica y de la misma área temática especializada (la contratación turística), nos presenta María-José Varela Salinas un análisis comparado (jurídico-lingüístico) —apoyado también, como en el trabajo de Almahano Güeto, en un corpus electrónico *ad hoc*— del contrato de arrendamiento de vehículos sin conductor en España y Alemania.

Un corpus de contratos de trabajo españoles y alemanes ha constituido el fundamento para una serie de reflexiones de distinto carácter en los trabajos llevados a cabo por Ivanova / Vilar Sánchez, Krüger / Tabares Plasencia y Reischert / Tabares Plasencia. Ivanova / Vilar Sánchez exponen las ventajas de la aplicación del análisis cualitativo de datos a los estudios interlingüísticos contrastivos, tomando como muestra de su utilidad la comparación de los recursos expresivos, usados en los contratos laborales en ambas lenguas, para indicar la fuente normativa. Krüger / Tabares Plasencia y Reischert / Tabares Plasencia, por su parte, se encargan de la observación particularizada, en dichos textos, de varias microfunciones comunicativas.

En el dominio de la localización de software nos introducen Susana Cañuelo y Falk Seiler en su aportación, donde consideran, desde un punto de vista teórico y práctico, las dificultades traductológicas que genera este complejo proceso. Los problemas concretos surgidos en la traducción de una interfaz gráfica de usuario del alemán al español han supuesto el punto de arranque para las reflexiones presentadas por los autores.

Por último, pero no por su menor importancia, sino todo lo contrario, nos referiremos a los trabajos de Gerd Wotjak y Carsten Sinner, que se ocupan de uno de los elementos centrales de los textos especializados: la terminología. Gerd Wotjak se centra, específicamente, en una pormenorizada descripción lingüística de las unidades terminológicas (UT) y de los rasgos que las unen y separan de las unidades léxicas (UL), planteando, además, los conceptos de unidad terminológica prototípica y unidad terminologizada (*a posteriori*). Carsten Sinner trata de los obstáculos con los que puede tropezar la transmisión intercultural del saber especializado, derivados, muchas veces, de recreaciones de su terminología erróneas o poco coherentes en otras lenguas. Para ejemplificar esta cuestión se vale de las dificultades que ha generado la transferencia del término de la lingüística alemana *Laienlinguistik* al castellano y a otras lenguas iberorrománicas.

No queremos concluir sin dar las gracias a todas las personas e instituciones a las que, de una u otra forma, debemos que este volumen haya salido a la luz. Por supuesto, queremos agradecer, por su colaboración, a todos los autores que han participado en la obra. Nuestro más sincero agradecimiento también a Prospanien (Programa de Cooperación Cultural entre el Ministerio de Cultura de España y Centros de Enseñanza Superior alemanes) y al Departamento de Lingüística Aplicada y Traducción de la Universidad de Leipzig (IALT), sin cuyo apoyo financiero no hubiera sido posible llevar esta empresa adelante. Para todo el equipo de la editorial Frank und Timme vaya igualmente nuestra franca gratitud; particularmente, para la Dra. Karin Timme por su profesionalidad, su infinita amabilidad y su disposición a atender todas nuestras cuitas y ruegos. Especial mención merecen Mario Helm, siempre paciente y atento, que se ha encargado de dar forma a las páginas de esta obra; y el Prof. José Juan Batista Rodríguez, por su inestimable ayuda en las labores de corrección. Sólo nos resta desear que la lectura del libro resulte *dulce et utile*.

Leipzig, agosto de 2008   Encarnación Tabares, Vessela Ivanova y Elke Krüger

Inmaculada Almahano Güeto (Universidad de Málaga)

Estudio contrastivo de una clase de tipo textual especializada para la contratación turística electrónica en Alemania y en España

1 Introducción

La presente investigación[1] parte de nuestro interés profesional y académico por la disciplina de las lenguas extranjeras aplicadas al turismo y los textos especializados en la comunicación especializada externa entre las empresas turísticas y los clientes en el mercado alemán y español. La transformación que supone el uso de Internet por parte de los consumidores en ambos países en la compra de viajes a través de las agencias de viajes virtuales, y el uso mayoritario que hacen de ella los ciudadanos para obtener información y reservar viajes combinados nos ha impulsado a investigar el contrato de viaje combinado de venta en las agencias de viajes por Internet. Se trata de una comunicación informativa y registral de las agencias de viajes o, en el caso de Alemania, además de los turoperadores con los clientes, consumidores o viajeros, que compran el viaje combinado.

Nuestro análisis se sitúa en la línea de la textología contrastiva en el sentido de Spillner (1981), disciplina relacionada desde sus comienzos con la traductología, siendo su objetivo la comparación y la descripción de una clase de tipo textual en dos o más lenguas y su relación con las condiciones comunicativas correspondientes. Dada la amplitud de nuestra investigación nos centraremos en la realización de un análisis comparado de las características externas e internas del contrato de viaje combinado basado en un corpus electrónico representativo en lengua alemana y lengua española recopilado para tal fin.[2] Para ello caracterizamos nuestros textos tomando

---

1   El presente trabajo ha sido realizado en el seno del proyecto *La contratación turística electrónica multilingüe como mediación intercultural: aspectos legales, traductológicos y terminológicos* (Ref. nº HUM-892, 2006-2009. Proyecto de Excelencia, Junta de Andalucía). Coordinadora principal: Gloria Corpas.

2   Consúltese en Postigo Pinazo / Tejedor Martínez (2006) el estudio de los aspectos pragmáticos propios del

como base los siete parámetros de la textualidad, que nos servirán para describir las características externas y parte de las internas del Contrato de Viaje Combinado (CVC). El análisis de la macroestructura y la superestructura de las Condiciones Generales (CCGG) españolas y alemanas, nos permitirá realizar un estudio comparativo de las diferentes unidades textuales que conforman las cláusulas en ambas lenguas. La abstracción característica de la macroestructura aporta un elemento subjetivo. Esta circunstancia difiere de la que se produce con respecto a la superestructura, donde se sobreentiende la existencia de esquemas globales, subyacentes a los textos. Tanto en alemán como en español el CVC presenta sendas estructuras, acorde con su naturaleza jurídica, y cuyas semejanzas y diferencias exponemos en los siguientes apartados.

2 Descripción del corpus comparable

El diseño del corpus se ha llevado a cabo estableciendo un protocolo propio de compilación de corpus electrónico multilingüe que engloba los parámetros propios de la lingüística del corpus. Para ello se han considerado diversos aspectos como, por ejemplo, los límites geográficos y temporales, el tamaño del corpus y su representatividad, la reutilizabilidad, los derechos de autor y la forma de compilar los datos. Considerando la especificidad de la lengua y la comunicación donde se encuadran los documentos contenidos, podemos calificarlo como corpus especializado y, atendiendo a la cantidad que se recoge en los diferentes documentos, como textual. Si atendemos al porcentaje y a la distribución de los diferentes tipos de texto contenidos en el corpus, se trata de un corpus desequilibrado y comparable.[3] Las CCGG se han localizado en formato electrónico dentro de las páginas web de los organizadores o de las agencias de viajes que ofrecen viajes combinados a los usuarios de Internet.

---

contrato de viaje combinado en lengua inglesa.

3 Consúltese una metodología propia de compilación y explotación de corpus específicos para la traducción y didáctica de las lenguas alemana y española en Almahano Güeto (2006) y Maggi / Almahano Güeto (2002). Una visión general de la lingüística del corpus en lengua alemana puede consultarse en Lemnitzer (2006).

Para llegar a conocer el número de CCGG necesarias para que el corpus sea representativo[4] hemos observado la variación del porcentaje de palabras distintas (%Ty = Ty/To) en función del crecimiento del corpus. Como podemos apreciar en el siguiente gráfico, la diferencia de porcentaje de *types* disminuye con el crecimiento del corpus. Así puede deducirse la cantidad de documentos que cubre esta clase de tipo textual, 180.000 palabras[5], para ambos corpus.

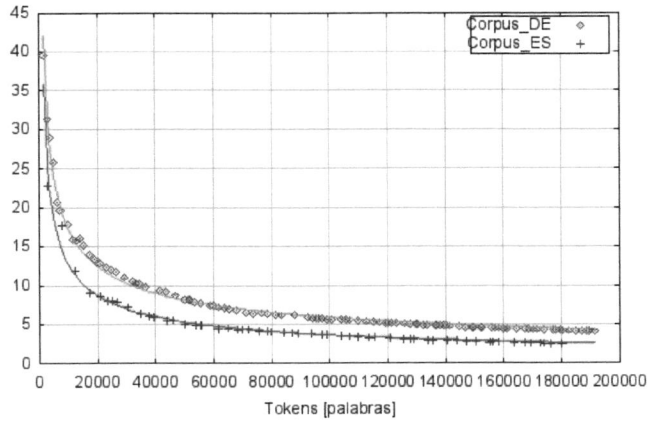

Gráfico 1: Porcentaje de las palabras nuevas en función del crecimiento del corpus bilingüe

3 Análisis de los parámetros textuales del contrato de viaje combinado en alemán y en español

En primer lugar, nos ocuparemos del parámetro de la *intencionalidad*. Dicha dimensión se refiere a la intención que mueve a la redacción del texto de las CCGG. Una vez concluido el proceso de estudio de nuestro trabajo, podemos afirmar que se redactan atendiendo y considerando diversas funciones del lenguaje. Si prestamos atención a la aplicación principal de éstas, comprobaremos que su composición está íntimamente relacionada con la

---

4   Para analizar la representatividad del corpus hemos utilizado la aplicación informática *ReCor*, desarrollada por Maggi / Trujillo (2006).
5   Esta cantidad de palabras equivale a 50 documentos en español y 100 en alemán.

función imperativa del lenguaje; dicha función emana de la imposición legal[6] que debe cumplir cualquier organizador en Alemania y agencia de viajes que actúe en España.

Además, conviene señalar que hemos advertido en nuestro análisis que las CCGG no se redactan pensando en el beneficio del consumidor, aunque éste también saque partido de su conocimiento, sino que son redactadas por sus autores con la intención de preservarse de posibles perjuicios o indemnizaciones que resulten de su actuación, al tiempo que sirven de medio de persuasión ante problemas potenciales que el consumidor o viajero pudiera ocasionar. Tales circunstancias justifican la extensión y explicitud descriptiva de todos y cada uno de los derechos y obligaciones contraídos por los contratantes. A continuación ilustramos con ejemplos extraídos de nuestro corpus, un ejemplo en lengua alemana y otro en lengua española, la intención de limitar o evadir la responsabilidad en ambas lenguas:

> La Agencia Organizadora declina toda responsabilidad, siendo por cuenta del viajero cualquier gasto que se origine.

> ÖGER TOURS haftet nicht für Leistungsstörungen in Zusammenhang mit Leistungen, die der Reisende ohne Vermittlung von ÖGER TOURS direkt gebucht und in Anspruch genommen hat (z. B. Sportveranstaltungen, Ausflüge, Besuche usw. vgl. 3.4).

En este sentido, debemos resaltar que la intencionalidad del emisor no debe coincidir necesariamente con la del receptor, como bien expresa Nord (1991:26) en los siguientes términos:

> Texts have no inherent function(s), but they are usually intended for a function or set of functions by the author or sender. In the act of reception, the recipients decide which function(s) the text has for them. This means that a text which has been intended for a particular function by its sender [...] can be used for quite a different function by the recipients.

---

6   Consúltense las diferencias del ordenamiento jurídico del contrato de viaje combinado en Alemania y en España en Almahano Güeto (2003).

En clara relación con esta acción referida nos planteamos en nuestra investigación la ubicación específica de las CCGG dentro de la página web, ya que, en numerosas ocasiones, no resulta nítido o ni tan siquiera visible el enlace con las mismas, al aparecer en letra muy pequeña. Este hecho nos induce a pensar que se trata de una simple formalidad y que no se pretende que el cliente llegue a leerlas en su primer contacto con el contrato de viaje.

Por último, queremos afirmar que la mayoría de las CCGG redactadas en ambas lenguas también expresan un deseo de convertirse en un documento de información atractiva para el viajero, aunque no resulte una imposición obligatoria que aparezca recogida en la normativa legal vigente. Observado desde esta óptica, la función apelativa empleada por la agencia u organizador tendría como objetivo influir en la voluntad del consumidor para que adquiera su producto de viaje combinado, desestimando cualquier otra oferta procedente de un vendedor distinto.

En gran medida, la intencionalidad depende de los emisores del CVC, que suelen pertenecer al departamento de marketing de las agencias de viajes en España y de los organizadores de los viajes en Alemania.[7] Como no siempre podemos contar con un acceso directo que nos permita conocer la identidad del emisor o redactor —en un buen número de casos sólo conocemos la figura del organizador— es interesante consultar esta información analizando las etiquetas que aparecen en el encabezamiento del documento HTML de las CCGG.

Las distinciones patentes entre la intención del receptor y la interpretación del consumidor nos llevarían a sintetizar el aspecto de la aceptabilidad. De modo contrario a la intencionalidad, que estudiamos desde la óptica del emisor, la *aceptabilidad* requiere un análisis efectuado desde la perspectiva del receptor, que deberá reconocer las CCGG como una clase de texto legal y aceptar su contenido, que siempre viene fijado por el ordenamiento jurídico. No obstante, como comprobaremos al analizar la macroestructura, se aprecian diferencias con las CCGG de la misma lengua, y aún más si se procede a un estudio contrastivo de las lenguas española y alemana. Sin embargo, esta clase de tipo

---

7 Esto no ocurre de igual modo cuando se trata de organizadores particulares como son las parroquias o pequeñas asociaciones.

textual se encuentra ya muy convencionalizada y los receptores de ambos países —a condición de que conozcan bien la lengua— podrían reconocer sin ninguna dificultad el tipo de documento ante el cual se encuentran.

En cualquier caso, al abordar la exploración de las CCGG, hemos podido constatar que, aunque los receptores directos sean todas aquellas personas que desean realizar un viaje combinado —y, en concreto, aquellas que suscriben el contrato— en Alemania el emisor redacta sus CCGG pensando en unos receptores determinados: los turistas de aventuras, turistas de sol y playa, etc.:

> Liebe Abenteurer! Wir wünschen Euch schon jetzt eine erlebnisreiche Tour. Einen Vorgeschmack auf Euer Abenteuer hat die Tourenbeschreibung bereits geliefert.

Por su parte, los receptores pueden verse identificados o no con estas condiciones en función de la opción que hayan elegido al consultar una página web determinada, y dependiendo de su información sobre el organizador o de su suerte al encontrar el tipo de viaje deseado. Así, la forma que utilice el organizador para tratar al destinatario influirá de un modo decisivo en los receptores; un objetivo patente de la venta del viaje queda muy bien expuesto en la siguiente forma de dirigirse un organizador a sus posibles clientes: "Liebe Freunde der raptim Deutschland GmbH" 'queridos amigos de (nombre la empresa)', o "Liebe Abenteurer".

En España, las CCGG expresan la forma neutra que utiliza el organizador para comunicarse con el receptor, mientras que en las CCGG alemanas aparece una gran diversidad formal, por ejemplo, el estilo neutro en tercera persona, muy directo:

> Ihre Reise wird aufgrund eines zwischen uns bestehenden Reisevertrages erfolgen. Dieser beinhaltet sowohl für Sie als Kunden wie auch für Albatros Aktiv Reisen GmbH als Reiseveranstalter bzw. Reisevermittler Rechte und Pflichten.[8]

---

8   Todos los ejemplos los hemos extraído de nuestro corpus comparable.

O también ejemplos de un estilo serio, del tipo "Sehr geehrter Reisegast", o, incluso, en otras ocasiones, del coloquial: "Liebe Teilnehmer", o "Liebe Albatros-Reiseteilnehmer/-innen". Sí se utilizan en español algunas formulaciones directas, propias del medio publicitario: "Protege tus derechos como consumidor".

Otro aspecto que merece nuestra atención en este punto concierne al tipo de receptor de las CCGG que, en un principio, puede ser cualquier persona que realiza un CVC. Sin embargo, existen circunstancias donde la aceptabilidad puede fallar si el contratante no comprende bien o no interpreta de un modo adecuado las CCGG, motivos que se producen con relativa frecuencia; esto se debe a que, en ambas lenguas, se necesita un nivel cultural de conocimientos medio-alto que ayude a entender la complejidad del registro utilizado. Todas estas razones expresadas nos conducen a afirmar que, aunque los receptores directos de los contratos, es decir, los jueces, cumplan con la exigencia de la aceptabilidad, podemos cuestionar ésta si la relacionamos con los diferentes tipos de consumidores del CVC.

Para el análisis de la *situacionalidad* de las CCGG en las lenguas objeto de nuestro estudio, nos hemos basado en los postulados de Hönig y Kussmaul (1984:66 ss.). En el momento de describir la situación comunicativa será necesario considerar la relación entre los participantes en la comunicación, los organizadores, las agencias de viajes, las empresas prestatarias de servicios, los consumidores y aquellas terceras personas que pueden realizar el viaje. Dado que la relación entre todos ellos está regulada por la ley, en el trato social entre emisor y receptor, pueden establecerse cuatro niveles diferentes siguiendo las propuestas de Bell (1991:186): "formality, politeness, impersonality and accessibility". Los interlocutores se encuentran siempre influidos por el grado de confianza, dependiente de la relación social existente entre ellos y dándose en este caso, como en la mayoría de los textos jurídicos, una relación asimétrica entre el emisor y el receptor, la cual se refleja con claridad en el tono formal utilizado en la mayoría de las CCGG. Como ya hemos visto al exponer el parámetro de la aceptabilidad, el medio de Internet influye y condiciona la relación que se establece entre el emisor y el receptor, constituyendo un método menos tradicional que aprovechan algunos autores de las CCGG alemanas para acercarse a sus clientes de una forma más familiar.

No obstante, la relación entre ambas figuras es legal y, por consiguiente, formal, aspecto que se traduce en el registro y en el tono utilizado, así como en la lengua, que corresponde a la empleada en un documento especializado. En algunas CCGG alemanas se observa la peculiaridad de que los propios organizadores reconocen este hecho y se disculpan ante el viajero por la dificultad de la lengua jurídica, aunque admiten que es necesaria, como podemos observar en la siguiente cláusula de un organizador que alude al "juristischem Deutsch", pidiendo disculpas por utilizarlo:[9]

> Die Bedingungen wurden auf den neuesten Stand des Reiserechts abgestimmt. Es liegt in der Natur der Sache, dass die Reise- und Vertragsbedingungen in *"juristischem Deutsch"* formuliert werden mussten. *Wir bitten dafür um Verständnis.*

Las CCGG en ambas lenguas resultan inaccesibles para los no especialistas en el área del derecho, dificultad que viene motivada por la alta densidad léxica y por la terminología jurídica empleada. Estas CCGG se presentan siempre por escrito, no se redactan de forma espontánea y el receptor no puede influir nunca en su redacción.

El parámetro de la *intertextualidad* queda patente en las CCGG españolas y alemanas en referencia a los rasgos tan característicos comunes a los textos normativos. La dependencia textual de la lengua jurídica supone la existencia de distintos aspectos de intertextualidad, y para llegar a una comprensión clara de los artículos consultados es necesario conocer los textos que los limitan. Esta especificación implanta una condición fundamental a la hora de redactar las condiciones generales del contrato de viaje en alemán o español. La relación entre las leyes y la traducción textual de la que depende queda clara en la estructura y en el contenido, porque en algunas cláusulas o partes de las mismas condiciones generales españolas y alemanas se reproduce la ley de CVC o del Bürgerliches Gesetzbuch (BGB) en su totalidad. Como ejemplo ilustrativo de las CCGG españolas ofrecemos el último párrafo de la cláusula sobre precios que reproduce fielmente la ley del contrato de viajes combinados art. 9. 4 a:

---

[9] No hemos encontrado ninguna referencia a la ininteligibilidad de la lengua jurídica ni tampoco este tipo de comentario en las CCGG españolas.

De no presentarse a la hora prevista para la salida, no tendrá derecho a devolución alguna de la cantidad abonada, salvo acuerdo entre las partes en otro sentido.

Aquellas cláusulas que hacen referencia directa a la Ley de CVC presentan poca variación en cuanto a la fraseología y están presentes en la mayoría de las condiciones generales. Dada la estructura de las CCGG, el ciudadano medio las reconoce como legales, en especial por su división en cláusulas.

En las CCGG en ambas lenguas encontramos también referencias de carácter legislativo, aunque éstas son muy limitadas y sólo se refieren a leyes muy concretas relacionadas con el CVC. Así ocurre en las siguientes referencias que aparecen en la primera cláusula de las CCGG españolas:

El contrato de viaje combinado se regirá [se rige en] por las estipulaciones contenidas en el mismo y se complementará [complementa] con la Ley 21/95, de 6 de Junio, y con la legislación, [Reglamentos de las diversas Comunidades autónomas] vigente [en vigor] en la fecha de edición del folleto, de las diversas Comunidades Autónomas sobre Agencias de Viajes, cuya aplicación dependerá del ámbito territorial correspondiente; así como con el resto de normativa que le sea aplicable.

En numerosas CCGG alemanas se encuentran referencias explícitas a artículos de la propia ley del CVC alemán, y en otros casos aparece la mención a un artículo determinado del BGB propia de la cláusula *Bezahlung*: "Zahlungen auf den Reisepreis vor der Reise dürfen nur gegen Aushändigung des Sicherungsscheins im Sinne von § 651k III BGB [...] erfolgen". Como ejemplo ilustrativo reproducimos la que suele ser la primera cláusula de las CCGG del contrato de viajes combinados alemán:

Abschluss des Reisevertrages

Mit der Anmeldung bietet der Kunde der [Name des Veranstalters], im folgenden Reiseveranstalter genannt, den Abschluss eines Reisevertrages verbindlich an. Die Anmeldung kann schriftlich oder elektronisch erfolgen. Der Vertrag kommt mit der Annahme durch den Reiseveranstalter zustande. Mit der Reisebestätigung erhält der Kunde auch einen

Sicherungsschein, mit dem die nach § 651 K BGB geforderte Absicherung des Kunden dokumentiert wird. [...]

La dimensión de la *informatividad* es, quizá, el parámetro más difícil de determinar, ya que, para su exposición completa, sería necesario realizar un análisis del grado de informatividad que esté siempre relacionado con las expectativas de los receptores, quienes considerarán la información redundante o necesaria. En cualquier caso, las CCGG en ambas lenguas suelen reflejar el contenido que se considera necesario para fijar las obligaciones y los derechos de las partes contratantes, y sólo en algunos casos se añade información complementaria a modo de consejo, como pueden ser algunas sugerencias sobre los accesorios que debe llevarse el consumidor en el caso de un viaje de aventuras. La *coherencia* se suele relacionar con la interacción entre el conocimiento que transmite el texto y la interpretación que realice el propio receptor.

No obstante, sí podemos comentar que los títulos de las condiciones generales son muy útiles para contribuir a la coherencia global y local del texto, facilitándole al receptor el salto de un lado a otro hacia las diferentes cláusulas. La mayoría de estos títulos contienen conceptos que el receptor ya conoce y resumen el contenido de la cláusula, lo que se refleja en las CCGG españolas y alemanas, en las cláusulas "Precio" ("Zahlung des Preises"), "Organización", etc. Las CCGG no suelen leerse como un texto narrativo, desde el principio al final; por el contrario, su lectura supone una conducta que Schmitz (1996) define como *Lesen in Fetzen*, dado que cada lector sigue su propio camino por las CCGG. Este modo de leer afecta a la coherencia global y local del texto, que nunca se consulta en su totalidad cobrando así una gran importancia la coherencia global y, por tanto, la coherencia local entre las cláusulas.

La coherencia global ofrece menos información desde el principio hacia su dirección final del texto, como suele ocurrir en los textos cronológicos; por ese motivo debe estar estructurada de un modo lógico en su globalidad. Con frecuencia, las cláusulas o partes de ellas remiten a otras cláusulas del propio documento o a otros textos legales, resultando estas referencias explícitas fundamentales para producir la coherencia global:

3 Precio. El precio del viaje combinado ha sido calculado sobre la base de los tipos de cambio, tarifas de transporte, coste del carburante y tasas e impuestos aplicables en la fecha indicada en la cláusula 14 (Vigencia) de las Condiciones Generales del Contrato de Viajes Combinados.

No obstante, aunque estas referencias son muy útiles para el experto jurídico —que no está obligado a repetir las referencias completas y sirven para la limitación de la dimensión total— estas relaciones locales dificultan la comprensión al ciudadano medio. Tras nuestro análisis de la coherencia del texto hemos podido comprobar que las referencias constantes al contrato posibilitan, sin embargo, la coherencia de las cláusulas españolas y alemanas.[10]

Como última dimensión recogemos aquí la *cohesión*, parámetro que define Rabadán (1991:100) como el "conjunto de estrategias lingüísticas que toda lengua tiene y usa para unir una parte del texto a otra. Los componentes típicos de la cohesión son: a) referencia, b) sustitución y elipsis, c) conjunción y d) cohesión léxica". Supone una propiedad objetiva del texto que afecta a las relaciones internas entre los elementos lingüísticos del texto que lo constituyen, formando una unidad con las oraciones que están vinculadas mediante recursos léxicos y sintácticos. Para Halliday / Hasan (1976) la cohesión también se expresa en los niveles gramaticales y léxicos, hipótesis que recoge Mederos Martín (1988) cuando afirma que la cohesión es una relación semántica que afecta básicamente a la interpretación del texto. Como hemos visto la interpretación de algunas cláusulas está supeditada al contenido de otras.

4 Análisis de la macroestructura y la superestructura de las condiciones generales del contrato de viaje combinado

La estructuración temática de cualquier texto, y, por lo tanto, de las CCGG objeto de nuestro estudio, guarda una relación evidente con la macroestructura. Analizando el contenido de las CCGG, es decir, su estructura interna semántica, podemos abstraer su significado conceptual y partiendo de

---

10 A las mismas conclusiones han llegado Kalverkämper (1998:536) y Almahano Güeto / Varela Salinas (2003) en el análisis del contrato de compraventa de bienes inmuebles alemán.

ahí llegar a establecer la macroestructura del texto, concepto que según van Dijk (1983 [1978]:55) es "[...] una representación abstracta de la estructura global de significado de un texto. Al producir un texto se elige una idea general a partir de la cual se van desarrollando las ideas secundarias y todo el complejo semántico-textual".

Determinar la macroestructura de un texto supone un cierto grado de subjetividad. La macroestructura es al contenido de un texto lo que la superestructura es a la forma. Las superestructuras son categorías globales que caracterizan el tipo de un texto (van Dijk 1983:142) y constituyen una especie de esquema al que el texto se adapta, determinando su apariencia global.

La superestructura de un texto ayuda al receptor a comprender su mensaje, especialmente el escrito, ya que los distintos elementos superestructurales compensan la ausencia de contacto directo entre el emisor y el receptor. Por otra parte, las superestructuras guardan una estrecha relación con el establecimiento de las tipologías textuales. Así mismo, algunos autores conciben la macroestructura[11] como un concepto superior en tanto que englobaría a la superestructura. Véase, en este sentido, la definición que ofrece Göpferich (1995:217):

> Die Makrostruktur einer Fachtextsorte ist das konventionalisierte Textablaufschema, das aus einer hierarchischen, aber in Grenzen flexiblen Anordnung inhaltlich und funktional invarianter Textelemente zur gedanklich-sprachlichen Entfaltung eines fachbezogenen Themas besteht und das strukturelle Gerüst einer Fachtextsorte bildet.

Las características estructurales (internas del texto) son relevantes para la descripción de las clases de tipos textuales, dada su conexión con las categorías lingüísticas y formativas del aprendizaje de una lengua extranjera, sobre todo cuando se trata de desarrollar la competencia textual y la redacción o formulación de textos auténticos.

En nuestro caso ha sido prácticamente imposible establecer una distinción tajante entre la macroestructura y la superestructura de las CCGG españolas y

---

11   En este sentido también Gülich / Heger / Raible (1979:73 ss.).

alemanas, puesto que, en realidad, la propia superestructura, es decir, la estructura formal, forma parte de la macroestructura, no pudiendo establecer una división clara y precisa entre ambas.

En el análisis de la macroestructura y la superestructura de las CCGG españolas y alemanas recogemos y adaptamos las definiciones de *Globaltext*, *Haupttext*, *Auxiliartext* y *Teiltext* propuestas por Göpferich (1995:56-57). Los textos globales (*Globaltexte*) son aquellos que persiguen una función comunicativa autónoma dentro de un contexto extralingüístico y no forman parte de una unidad textual superior. Los textos principales (*Haupttexte*) están formados por las unidades de texto que aparecen una vez en el texto global y en los que se desarrolla el esquema textual del mismo. Las unidades textuales (*Teiltexte*) tienen una función relacionada de una forma directa con la totalidad del texto y, por lo tanto, se pueden analizar. Siguiendo a Gülich / Heger / Raible (1979:74) entendemos el "texto como un todo" (*den Text als Ganzes*), es decir, como una "unidad textual de primer grado" (*Teiltexte ersten Grades*), cuyas respectivas unidades textuales pueden dividirse, a su vez, en "unidades textuales de segundo grado" (*Teiltexte zweiten Grades*), y así sucesivamente.

La estructura jerárquica conceptual de todas las unidades textuales forman la macroestructura del texto, y para estos autores la citada subdivisión en unidades textuales se observa en la superestructura (*Textoberfläche*), en función de las características de la estructura (*Gliederungsmerkmale*). A su vez, ésta puede ser subdividida jerárquicamente en diferentes niveles, en los que se pueden diferenciar funciones comunicativas que tendrían una importancia gradual.

Para que las CCGG cumplan su función principal —regular las responsabilidades y derechos de las partes contratantes del CVC— deben redactarse bien. Este objetivo no se consigue en una oración ni en un capítulo aislado, sino por la totalidad de las partes de las que están compuestas las condiciones generales. Sin una división apropiada en cláusulas y títulos, el consumidor no tendría posibilidad de acceder con rapidez a la información que precisa en un momento concreto, puesto que debería leer el contrato en su totalidad, no cumpliéndose así la función comunicativa del documento de una forma óptima.

La función comunicativa de las CCGG es la manifestación evidente de los derechos, obligaciones y responsabilidades de los consumidores, así como de los organizadores o agencias de viajes. Este tipo de funciones comunicativas serían las funciones principales, que Göpferich (1995:44) también denomina "funciones comunicativas autónomas".

Por otro lado, también en el índice de las CCGG, que encontramos en algunas páginas web[12], puede apreciarse la función comunicativa de las CCGG, dado que el receptor puede acceder rápidamente a la información que desea. En este caso, la función que desempeña el índice guarda relación con otro texto del cual depende, y no tendría valor si no existiera el texto de las CCGG al que hace referencia. Si estudiamos el índice con detenimiento, comprobaremos que su función comunicativa resulta menor en relación con todas las CCGG. Göpferich denomina "función auxiliar" (*Auxiliarfunktion*) a aquélla que colabora en el cumplimiento de la función comunicativa de una unidad superior a sí misma, toda vez que no desempeña ninguna función comunicativa autónoma, pues ésta hay que buscarla en el texto global (*Globaltext*).

Las CCGG forman el texto global, que se subdivide a su vez en las diferentes cláusulas que constituyen las siguientes unidades más pequeñas posibles, es decir, las unidades textuales que lo constituyen. Cuando nos encontramos en esta situación hablamos de *metainformaciones*. Göpferich (1995:45) los denomina *textos auxiliares o unidades textuales* de segundo grado, mientras que a la parte que se corresponde con la verdadera información de las CCGG y a su utilización las llama *texto principal* (*Haupttext – Teiltext ersten Grades*).

Las funciones comunicativas de los textos principales y de los textos auxiliares (*Haupt- und Auxiliartexte*) son de segundo rango. El texto global está compuesto por un texto principal, aunque en el caso de las CCGG cada cláusula forma un texto principal en sí misma, y el texto global está integrado por los diferentes textos principales (igual que ocurre con una novela por fascículos, donde cada fascículo forma un texto principal y el texto global estaría compuesto por varios textos principales) que, a su vez, pueden

---

12 En el apéndice se incluye una selección de diez direcciones de páginas web y empresas turísticas alemanas y españolas donde pueden consultarse las cláusulas del contrato de viaje combinado.

comprender uno o varios textos auxiliares. Dentro de los textos auxiliares Göpferich (1995:45) sólo diferencia entre varios cuando éstos difieren en su función auxiliar. Estableciendo estos rasgos de diferenciación es posible separar los textos principales y los auxiliares de otras unidades más pequeñas que estarían situadas en un nivel más bajo de los textos principales y auxiliares. Es decir, las partes constitutivas de estas unidades no son consideradas como un texto, aunque sí son constituyentes textuales (*Textkonstituenten*) y pueden situarse en una jerarquía.

Para conocer qué tipos auxiliares engloban un texto hay que considerar siempre la clase de tipo textual, que, en nuestro estudio de las CCGG (texto global), están compuestas por las diferentes cláusulas (textos principales).

En el caso del contrato de viaje combinado alemán la Federación Alemana de Organizadores de Viajes y Agencias de Viajes (Deutscher Reisebüro und Reiseveranstalter Verband e.V.) ha elaborado un texto con el objetivo básico de que todos sus miembros dispongan de una guía para elaborar las condiciones generales de viajes (*Allgemeine Reisebedingungen*). Estas recomendaciones suelen seguirlas todos los miembros de la federación, adaptándolas al tipo de viajes y a la organización que ofrezcan, aunque también poseen la libertad de elaborarlas de forma distinta. En España, Aedave (Asociación Empresarial de Agencias de Viajes Españolas), Amave (Asociación Mayorista de Viajes) y Unav (Unión Nacional de Agencias de Viajes) también han redactado un texto para que las agencias dispongan de una guía que les permita elaborar sus contratos de viaje combinado sin incurrir en cláusulas abusivas y de acuerdo con la normativa vigente.

En este tipo de contratos el consumidor no interviene en la redacción de sus cláusulas, que ya se encuentran redactadas por la agencia de viajes. Por este motivo, cuando surge una duda sobre el significado de una de sus cláusulas prevalece la interpretación más favorable para el consumidor, detalle al que obedecería la explicitud que se intenta ofrecer en todas las cláusulas.

Existe una serie de elementos esenciales que deben aparecer siempre en todas las condiciones generales para la definición del contrato de viaje combinado y que son los siguientes:

- Las prestaciones que incluyen.
- El precio global y la forma de pago.

Por regla general, el clausulado de las CCGG españolas presenta trece unidades textuales de primer grado cuya sucesión no está legislada y, aunque corresponde al contenido jurídico imprescindible del CVC, no resulta obligatoria y puede alterarse. Sin embargo, sí se está produciendo una convencionalización cada vez más rápida, quizás debido a la utilización de formularios para su redacción y a la difusión de los mismos en Internet. Algunas unidades textuales, como las relativas a las que incluyen el precio del viaje, están compuestas de varias unidades de segundo grado, especificándose en cada caso y grado; otras varían en número y forma ya que dependen del contenido y la complejidad del texto del CVC, explícito en las CCGG.

Considerando la función principal de las CCGG, podemos distinguir entre los textos imprescindibles, por un lado, y los prescindibles, por otro. Como hemos tenido oportunidad de comprobar en el análisis de las CCGG en alemán y español, las convenciones textuales y los aspectos lingüísticos se derivan de la normativa jurídica europea[13], con las leves modificaciones contempladas por la legislación nacional. No en vano la legislación nacional determina la lengua específica que debe emplearse, así como la interpretación exacta de documentos jurídicos tan variados como son las normas, los contratos o los testamentos, y para averiguar su contenido —conocer su interpretación— se parte siempre de una proposición o conjunto de proposiciones.

En el momento de definir el orden y el título no existe una unificación clara, pero sí se da un acercamiento en el contenido de las diferentes cláusulas ya que éstas se redactan siguiendo el ordenamiento que regula los viajes combinados propio de cada país. Como hemos visto en algún ejemplo, algunas de esas cláusulas constituyen una fiel reproducción de la ley. En el presente trabajo no podemos establecer una jerarquía exacta de las cláusulas que componen el contrato, pero hemos constatado que un gran número de las CCGG tienden a presentar siempre el mismo orden. No obstante, hemos comprobado una

---

13 Directiva 90/314/CEE del Consejo, de 13 de junio de 1990, relativa a los viajes combinados, las vacaciones combinadas y los circuitos combinados (publicada en el Diario Oficial de las Comunidades Europeas L 158 de 23.6.1990:59).

mayor diversificación en las CCGG alemanas, en su contenido, en el orden y en el número de las diferentes cláusulas. La clase de tipo textual CCGG presenta en ambos idiomas un formato y una estructura propia de este tipo de documentos jurídicos. Las partes de las condiciones generales del contrato se exponen definidas con claridad y divididas por cláusulas y subcláusulas. Este contenido —al constituir un imperativo legal— es siempre el mismo, aunque con leves matizaciones. Sin embargo, existen ejemplos donde los títulos de las cláusulas y las disposiciones entre las CCGG de la misma lengua no coinciden siempre, variantes que no afectan al contenido de una serie de cláusulas que siempre estarán presentes, aunque su título difiera en ciertos matices.

Por todo lo que hemos expuesto hasta este momento, en nuestro trabajo llegamos a la conclusión de que, aunque no exista un modelo único de condiciones generales —como hemos comprobado al analizar el corpus en ambas lenguas—, sí se pueden apreciar unas cláusulas características que responden al objeto del contrato y que lo diferencian de otras condiciones generales de otros tipos de contratos.

Bibliografía

ALMAHANO GÜETO, INMACULADA / VARELA SALINAS, Mª JOSÉ (2003): "Los contratos de compraventa de inmuebles en Alemania: ubicación en el sistema jurídico y tipología", en: Corpas Pastor, Gloria (ed.): *Recursos documentales y tecnológicos para la traducción del discurso jurídico (español, alemán, inglés, italiano, árabe)*. Granada: Comares, 217-245.

ALMAHANO GÜETO, INMACULADA (2003): "El contrato de viaje combinado en el ordenamiento español y en el alemán", en: *Revista europea de derecho y la navegación marítima y aeronáutica* 19, 2775-2807.

ALMAHANO GÜETO, INMACULADA (2006): "El uso de corpus textuales en la enseñanza/aprendizaje de las lenguas extranjeras", en: Borrueco, María (coord.): *La especialización lingüística en el ámbito del turismo*. Sevilla: Consejería de Turismo, Comercio y Deporte, 11-32.

BELL, ROGER T. (1991): *Translation and Translating. Theory & Practice*. London: Longman.

DIJK, TEUN VAN (1983): *La ciencia del texto*. Barcelona: Paidós.

GÖPFERICH, SUSANNE (1995): *Textsorten in Naturwissenschaft und Technik*. Tübingen: Narr.

GÜLICH, ELISABETH / HEGER, KLAUS / RAIBLE, WOLFGANG (1979): *Linguistische Textanalyse. Überlegungen zur Gliederung von Texten. Papiere zur Textlinguistik / Papers in Textlinguistics* 8. Hamburg: Buske.

HALLIDAY, MICHAEL A. K. / HASAN, RUQAIYA (1976): *Cohesion in English*. London: Longman.

HOFFMANN, LOTHAR (1999): "Syntaktische und morphologische Eigenschaften von Fachsprachen", en: Hoffmann, Lothar / Kalverkämper, Hartwig / Wiegand, Herbert Ernst (eds.): *Fachsprachen-Languages for Special Purposes. Ein internationales Handbuch zur Fachsprachenforschung und Terminologiewissenschaft / An International Handbook of Special-Language and Terminology Research*. Berlin / New York: Gruyter (volumen I).

HÖNIG, HANS G. / KUSSMAUL, PETER (1984): *Strategie der Übersetzung. Ein Lehr- und Arbeitsbuch*. Tübingen: Narr.

KALVERKÄMPER, HARTWIG (1998): "Fachtextsorten der Institutionensprache III: Verträge", en: Hoffmann, Lothar / Kalverkämper, Hartwig / Wiegert, Herbert Ernst (eds.): *Fachsprachen – Languages for Special Purposes*. Berlin / New York: de Gruyter, 533-539 (volumen I).

LEHMNITZER, LOTHAR / ZINSMEISTER, HEIKE (2006): *Korpuslinguistik. Eine Einführung*. Tübingen: Narr.

MAGGI, ROMANO / ALMAHANO GÜETO, INMACULADA (2002): "Compilación y explotación de un corpus textual para la didáctica de la traducción y la lengua alemana", en: Fernández de la Torre Madueño, Mª Dolores (coord.): *Estudios sobre léxico. Análisis y Docencia*. Málaga: Universidad de Málaga, 17-38.

MAGGI, ROMANO / TRUJILLO PÉREZ, JUAN DIEGO (2006): *ReCor (v.1.0): Diseño e implementación de una aplicación informática para determinar la representatividad de un corpus*. Documento Técnico [BFF2003-04616 MCYT/DT-2006-2], 1-18.

MEDEROS MARTÍN, HUMBERTO (1988): *Procedimientos de cohesión en el español actual*. Tenerife: Cabildo Insular de Tenerife.

NORD, CHRISTIANE (1991): *Text Analysis in Translation. Theory, Methology, and Didactic Implications of a Model for Translation-Oriented Text Analysis*. Amsterdam: Rodopi.

POSTIGO PINAZO, ENCARNACIÓN (2006): "Análisis de aspectos pragmáticos, patrones retóricos y terminología en los documentos turísticos (viaje combinado) con formato electrónico (inglés y español)", en: Postigo Pinazo, Encarnación (coord.): *Investigación y Traducción e Interpretación: una mirada al presente*. Málaga: Universidad de Málaga.

RABADÁN, ROSA (1991): *Equivalencia y traducción. Problemática de la equivalencia translémica inglés-español*. León: Universidad de León.

SCHMITZ, ULRICH (1996): "ZAP und Sinn. Fragmentarische Textkonstitution durch überfordernde Medienrezeption", en: Hess-Lüttich, Ernest W. B. / Holly, Werner / Püschel, Ulrich (eds.): *Textstrukturen Medienwandel*. Frankfurt am Main: Peter Lang, 11-29.

SPILLNER, BERND (1981): "Formen und Funktionen wissenschaftlichen Sprechens und Schreibens", en: Kühlwein, Wolfgang / Thome, Gisela / Wilss, Wolfram (eds.): *Kontrastive Linguistik und Übersetzungswissenschaft*. München: Fink, 239-250.

Apéndice

CCGG de empresas que ofertan viajes combinados en España:
- http://www.viajesecuador.com
- http://www.marsans.es
- http://www.halconviajes.com
- http://www.viajesecuador.com

CCGG de empresas que ofertan viajes combinados en Alemania:
- http://www.bahn.de/p/view/preise/gruppen/schulfahrten/27_agbs.shtml
- http://www5.neckermann-reisen.de/nec/agb.jsp
- http://www.schuelerfahrten.de/agb.php
- http://www.nature-trekking.com/Impressum.htm
- http://www.insight-reisen.com

KLAUS-DIETER BAUMANN (UNIVERSITÄT LEIPZIG)

Die interdisziplinären Grundlagen vergleichender Analysen der Verwaltungssprache

1 Einführung

Die seit der Mitte der 1980er Jahre zu beobachtende Orientierung der Fachsprachenforschung auf interdisziplinäre Fachtextanalysemodelle hat dazu geführt, dass sich auch die Vergleichsgröße von Fachtexten wesentlich erweitert (Baumann 1992). Dabei ist die Festlegung des *tertium comparationis* für den Vergleich von Fachtexten von entscheidender wissenschaftsstrategischer Bedeutung und wird weitgehend von den jeweiligen gesellschaftlichen Erkenntnisinteressen determiniert. In diesem Zusammenhang kann Folgendes beobachtet werden: Je komplexer der Gegenstand des Vergleichs ist, desto umfangreicher und vielschichtiger ist auch die Vergleichsgröße (Baumann / Kalverkämper 1992).

Erste Ergebnisse induktiv-empirischer Fachtextuntersuchungen zur innereuropäischen Vielsprachigkeit der Verwaltungsprozesse haben bestätigt, dass das *tertium comparationis* eine Dimension darstellt, auf deren Grundlage die kommunikativ-kognitiven Äquivalenzbeziehungen von Fachtexten systematisch miteinander verglichen werden können, was insbesondere für einen effektiven interlingualen Sprach- und Informationstransfer außerordentlich bedeutsam ist (Baumann 2001).

Im Folgenden wollen wir uns darauf konzentrieren, die methodologischen Grundlagen eines interdisziplinären Ansatzes zur Analyse der Verwaltungssprache zu entwickeln, wobei dessen große wissenschaftsstrategische Bedeutung vor allem aus der 2004 von der Europäischen Union bekräftigten Entscheidung resultiert, die Vielsprachigkeit Europas zu erhalten bzw. auszubauen.

2   Historischer Entwicklungskontext der Verwaltungssprache

Seit dem 13. Jahrhundert entwickelten sich vorzugsweise in der Umgebung wirtschaftlich und kulturell aufblühender europäischer Städte (z. B. Nürnberg, Regensburg, Augsburg, Erfurt, Leipzig, Prag, Wien, Danzig, Königsberg) administrative und juristische Behörden, die durch die zunehmende Umstellung der städtischen Verwaltung und Rechtsprechung auf schriftsprachliche Texte fortlaufend an politischer Bedeutung zunahmen. Diese so genannten Kanzleien fungierten als kommunikative Netzwerke, die vor allem seit dem Spätmittelalter den regionalen und überregionalen Schriftwechsel der Städte und Gemeinden tätigten, Beurkundungen ausstellten, verwaltungsrelevante Festlegungen und Beschlüsse archivierten, den Rechtsverkehr regelten bzw. ökonomische, finanzpolitische, religiöse sowie kulturelle Vorschriften popularisierten.

Die sich in diesen funktionalen Zusammenhängen entwickelnde Kanzleisprache besitzt eine außerordentliche sprachgeschichtliche Bedeutung, weil sie wesentlich dazu beitrug, die regional geprägte mundartnahe Kommunikation zu überwinden, den Übergang von der mündlichen zur schriftlichen Sprache zu beschleunigen, die Normierung des Sprachgebrauchs zu vertiefen bzw. die gegenstandsspezifische Differenzierung der öffentlichen Kommunikation zu verstärken (Fleischer / Helbig / Lerchner 2001).

Vor allem seit dem 14. Jahrhundert sind von der Kanzleisprache tief greifende Impulse für Standardisierungsprozesse in den Nationalsprachen ausgegangen, die durch die Erfindung des Buchdrucks (um 1450) sowie die Bibelübersetzungen aus dem Lateinischen (1522 in Deutschland durch Martin Luther) noch verstärkt wurden (vgl. Prager Kanzleideutsch; Pörksen 1994:191).

Gegen Ende des 15. Jahrhunderts entwickelte sich das Beamtentum zum sozialen Träger der Kanzleisprache. So bedienten sich die Feudalherren in ihren Verwaltungsbereichen so genannter öffentlicher Diener, welche die Aufgaben der Verwaltung (Eintreiben von Feudalabgaben, Ausführen der lokalen Rechtsprechung usw.) wahrzunehmen hatten.

Im Zeitalter der bürgerlichen Revolutionen des 17. und 18. Jahrhunderts wurde schließlich aus dem „Diener des Fürsten" der „Staatsdiener", welcher in den verschiedenen Bereichen des bürgerlichen Staatsapparates (z. B. Wirtschaft, Politik, Bildung, Kultur) die Interessen des Bürgertums sicherzustellen hatte. Eine damit verbundene soziale, institutionelle und sachliche Differenzierung der Verwaltungsvorgänge führte in zunehmendem Maße zu einer strukturell-funktionalen Komplexität der Verwaltungssprache, die sich für viele Bürger als unüberwindbare Kommunikationsbarriere darstellte.

Mit dem Beginn des 20. Jahrhunderts nehmen die gesellschaftspolitischen Auseinandersetzungen um den sozialen Charakter der Verwaltungssprache deutlich an Schärfe zu. Insbesondere nach der Militarisierung und dem extremen machtpolitischen Missbrauch der deutschen Verwaltungssprache im Dritten Reich und den bitteren Erfahrungen des 2. Weltkrieges wird seit den 1950er Jahren die Forderung nach einer grundlegenden inhaltlich-formalen Demokratisierung dieses gesellschaftlich relevanten Kommunikationsinstruments von breiten Schichten der Bevölkerung immer eindringlicher gestellt.

3 Verwaltungssprache als Fachsprache

Die seit dem Ende der 1980er Jahre in interdisziplinären Untersuchungen aufgezeigte kommunikativ-kognitive Vielschichtigkeit der Fachkommunikation hat seit einigen Jahren erkenntnistheoretischen Einfluss auch auf die Analyse der Verwaltungssprache als Fachsprache genommen (Becker-Mrotzek / Doppler 1999; Baumann 2001).

Die sich daraus ergebenden forschungsstrategischen Weiterungen entsprechender Analysen beziehen sich insbesondere auf folgende Betrachtungsschwerpunkte:

a. die Bedeutung der verwaltungsspezifischen Sachverhalte für die konkrete Kommunikationshandlung,
b. die Struktur und Funktion der Informationen, die den Kommunikationsprozessen in den Verwaltungsbereichen zugrunde liegen,
c. die kognitiven Beziehungen, die zwischen den verschiedenen Kommunikationspartnern inner- und außerhalb der Verwaltung bestehen,

d. die Umsetzung der komplexen Verflechtungen zwischen den zu übermittelnden Sachinformationen, den strukturell-funktionalen Merkmalen der Verwaltungskommunikation und den Determinationszusammenhängen der jeweiligen Fachtext(sort)e,

e. die interkulturelle bzw. interlinguale Betrachtung der Verwaltungskommunikation und

f. die interdisziplinäre Bestimmung der Strukturen, Funktionen und Strategien des Fachtexttransfers innerhalb, außerhalb und zwischen einzelnen Bereichen der Verwaltung durch die Umsetzung neuer Erkenntnisse linguistischer und nichtlinguistischer Disziplinen (Textlinguistik, Semiotik, Kognitionswissenschaft, Soziologie, Informatik usw.).

Dabei zeichnet sich die zu interdisziplinären Problemfeldern übergehende Erforschung der Fachsprache der Verwaltung zunehmend durch eine beeindruckende wissenschaftstheoretische Dynamik, eine konsequente forschungspraktische Orientierung und eine ausgeprägte Hinwendung zur Empirie aus (Sechi 2003).

Offensichtlich ist es vor allem die kommunikativ-kognitive Differenziertheit der Verwaltungskommunikation, die einen methodologisch und methodisch innovativen Zugang eröffnet, um die Zusammenhänge zwischen (Fach-) Sprache, (Fach-) Kommunikation und Gesellschaft bzw. (Fach-) Sprache, fachliches Denken und interlingualem Informationstransfer umfassend darzustellen (Baumann 2001). In diesem vielschichtigen Untersuchungskomplex ist ein beträchtliches Erkenntnispotential angelegt, das die verschiedenen Aspekte der Exteriorisierung und Interiorisierung verwaltungsspezifischer Kenntnisse und die damit verbundenen Strategien des kommunikativen Transfers von mentalen Abbildern der den Verwaltungsbereich betreffenden Realität ebenso berührt wie das dynamische Relationsgefüge der Fachlichkeit bzw. die Mehrdimensionalität der Verständlichkeit in diesem Kommunikationsbereich (Baumann 1994).

Aus dieser interdisziplinären Perspektive soll die Fachsprache der Verwaltung als linear-sequentiell geordnetes und hierarchisch organisiertes Determinationsgefüge aller jener sprachlichen bzw. nichtsprachlichen Elemente und Relationen verstanden werden, die dazu beitragen, den Informationstransfer in verwaltungsbezogenen Kommunikationsbereichen zwischen den dort Kommunizierenden mit ihren unterschiedlichen oder vergleichbaren Wissensniveaus optimal zu sichern (Baumann 1992:75 ff.).

Eine auf die Bürger der Gesellschaft gerichtete öffentliche Verwaltungskommunikation führt zwangsläufig zu zahlreichen Problemen mit der Verständlichkeit, da aufgrund eines fehlenden Vorwissens auf Seiten der Adressaten die Verwaltungsexperten den Sprach- bzw. Informationsaustausch mit Nichtfachleuten führen, was ihnen sozial relevante kommunikationsstrategische Vorteile sichert. Diese über Jahrhunderte gewachsene Verständlichkeit erschwerende Dissonanz zwischen der hohen Fachlichkeit einerseits und der kommunikativen Nicht-Gerichtetheit der Verwaltungssprache auf die Adressatenspezifik andererseits stellt im Vergleich mit anderen Fachsprachen eine der zentralen kommunikativ-kognitiven Besonderheiten dar.

4 Vergleichende Analysen von Verwaltungssprache aus interdisziplinärer Sicht

Im Ergebnis der seit den 1990er Jahren zunehmenden Globalisierung von Verwaltungsprozessen (vgl. Internationalisierung von verwaltungstechnischen Vorschriften der Wirtschafts-, Finanz- und Arbeitsmärkte) wird auch das Determinationsgefüge der die Fachsprache der Verwaltung bestimmenden sprachlichen und nichtsprachlichen Faktoren immer vielschichtiger. Dabei spielen insbesondere die komplexen Wechselbeziehungen zwischen der Fachlichkeit und Verständlichkeit als relationale Merkmale der Kommunikation in der Verwaltung eine forschungsstrategische Rolle. So wurde in zahlreichen Fachtextuntersuchungen nachgewiesen, dass z. B. eine adressatengerechte kommunikativ-kognitive Umsetzung der Fachlichkeit in Verwaltungstexten deren rezeptive Seite – die Verständlichkeit – wesentlich effizienter gestalten kann (Baumann 2001:36).

Die Verwaltungssprache als kommunikatives Instrument zur Realisierung des bereichsspezifischen Informationstransfers ist durch ein komplexes System von linguistischen und nichtlinguistischen Determinationszusammenhängen gekennzeichnet, das sich in den Prozessen der Fachtextproduktion und Fachtextrezeption durch inhaltliche, formale und funktionale Elemente bzw. Relationen herausbildet.

Aus interdisziplinärer Sicht kann daraus die nachfolgende Hierarchisierung von Vergleichsdimensionen der einzelnen nationalen Verwaltungssprachen abgeleitet werden:

4.1 Die Verwaltungskultur

Sie bezieht sich auf jene Regulationsprinzipien, die das verwaltungsbezogene kommunikative Verhalten der Menschen in verschiedenen Kulturgemeinschaften determinieren. Der sich dabei manifestierende Beziehungskomplex lässt sich am Beispiel der Unternehmensidentität (*Corporate Identity*) verdeutlichen, die als Gesamtheit sozio-psychologischer Verhaltensmuster der Mitglieder einer Behörde verstanden wird. Sie wird von betriebsinternen Mythen, Geschichten, Legenden und Ritualen ebenso beeinflusst wie von den Kommunikationsbeziehungen, die in bzw. zwischen den verschiedenen Beschäftigtengruppen einer Behörde bestehen.

Das Gefühl der Zugehörigkeit eines Mitarbeiters zum Verwaltungsbetrieb ist das Ergebnis eines vielschichtigen Prozesses, der insbesondere durch die jeweiligen kooperativen Tätigkeiten der Individuen als Angehörige konkreter sozialer Beschäftigtengruppen vermittelt wird. In diesem Zusammenhang ist hervorzuheben, dass die Kommunikationsstrategien zur Ausprägung einer Unternehmensidentität im Bereich der Verwaltung (Corporate Communication Strategy) in den verschiedenen Kulturen recht unterschiedlich umgesetzt werden (z. B. die Übertragung von Bindungen familiärer Art auf die Verwaltungstätigkeit in Japan; das hohe Maß der Ritualisierung von Verwaltungssprache in asiatischen Ländern; die Absicherung kundenorientierter Verhaltensstandards in deutschen, schwedischen, dänischen, niederländischen Verwaltungsbereichen usw.). Außerdem wurde festgestellt, dass in der (mündlichen/schriftlichen) Verwaltungskommunikation zahlreiche kulturspezifische Interaktionsrituale mit emotionaler Wirkung vorkommen (z. B. Verwendung von Routineformeln; negative Bewertung von Schweigephasen in den westeuropäischen Kulturgemeinschaften vs. positive Bewertung im asiatischen Kulturraum; unterschiedliches Respektverhalten von Partnern,

Strategien des Over- und Understatements im Verwaltungsdiskurs) (Baumann 1992, 2001).

4.2 Verwaltung als soziales Gefüge

Analysen aus unterschiedlichen Behörden haben gezeigt, das die Verwaltungssprache entscheidend determiniert wird vom sozio-ökonomischen Verwaltungskontext, der im Bewusstsein des/der Kommunikationspartner(s) widergespiegelt wird (Baumann 1994:105 ff.). In diesem Zusammenhang sind nachfolgende Komponenten für die Verwaltungskommunikation von Bedeutung:

a. Elemente der Tätigkeitssituation: organisatorische Kompetenz- und Arbeitsverteilung; Stellenwert eines konkreten Tätigkeitsbereichs für die Verwaltung; Regel- und Normengebundenheit der Verwaltungsarbeit usw.
b. Elemente der sozialen Situation der in der Verwaltung Tätigen: Charakter der Arbeitsstellung: (zeitlich (un-)beschränkt; Angestellter vs. Beamter); Hierarchie des Amtstatus: symmetrisch (Fachleute) vs. asymmetrisch (Fachleute vs. Nichtfachleute); laufbahnbezogene Denkmuster der Mitarbeiter; Bekanntheitsgrad der Arbeitspartner; Trennung von Amt und Person.
c. Elemente der Umgebungssituation: Qualität der zwischenmenschlichen Beziehungen zwischen den Mitarbeitern; Alter, Erfahrungen, Geschlecht der Beschäftigten; technische Ausstattung des Arbeitsplatzes usw.

Die genannten Elemente der Tätigkeits-, sozialen und Umgebungssituation werden in spezifischen (a-)symmetrischen Rollenspielen und Routinen zwischen den Agenten und Klienten der Verwaltungsprozesse umgesetzt (Sechi 2003:60 ff.).

4.3 Denkstrategien in der Verwaltung

In den komplexen Tätigkeitsbereichen der Verwaltung spielen spezifische Denkstrategien eine besondere Rolle. Zu diesen zählen z. B. das deskriptive, normative, funktionale und systembezogene Denken. Während die beiden ersten Strategien mit den mentalen Grundoperationen des Beschreibens und Wertens verwaltungsbezogener Prozesse und Sachverhalte eng verbunden sind, orientiert sich das funktionale Denken an der Bedeutung eines konkreten verwaltungsspezifischen Sachverhalts für die Sicherung des bürokratischen Gesamtsystems. Das systembezogene Denken konzentriert sich hingegen auf den verwaltungsrelevanten (politischen, rechtlichen, wirtschaftlichen) Bezugsrahmen, in dem ein konkreter Sachverhalt bzw. Prozess umgesetzt wird und zum Tragen kommt (z. B. Vermeidung von Störungen komplexer Abläufe). Diese Denkstrategien stellen nicht nur Formen der aktiven Auseinandersetzung des in der Verwaltung Beschäftigten mit seiner gesellschaftlichen Umwelt dar, sondern sie führen auch dazu, dass sich besondere kommunikative Verhaltensäußerungen entwickeln – wie z. B. die Vorlage verbindlicher Entscheidungen, die Umsetzung einer funktionalen Distanz gegenüber den Bürgern und die Bevorzugung der schriftlichen Kommunikation.

Es besteht kein Zweifel daran, dass durch die kognitive Dimension der Verwaltungssprache Erkenntnisse gewonnen werden, die sich auf das Funktionieren der Kenntnisse, Begriffe und gedanklichen Modelle in der kommunikativen Tätigkeit der jeweiligen Partner auswirken (Mastronardi 2001). Hierbei sind zwei methodologische Zusammenhänge forschungsstrategisch besonders relevant:

    a. die Korrelation zwischen Fachsprache und Fachdenken auf der Ebene des Verwaltungstextes bzw.
    b. die Herausbildung von Sender-Empfänger-Strategien zur Vermittlung fachlicher Inhalte in der Verwaltungskommunikation (Baumann 1994, 2001).

So weisen entsprechende Fachtextanalysen darauf hin, dass z. B. metakommunikative Elemente und Verfahren einen zentralen Stellenwert besitzen, um potentielle denkstrategische Konflikte zwischen den Beteiligten der Verwaltungskommunikation zu vermeiden (Baumann 1994:89 ff.).

4.4 Die inhaltlich-gegenständliche Spezifik der Verwaltung

Das Gelingen der Verwaltungskommunikation hängt wesentlich von der Fach- bzw. Sachkompetenz ihrer Teilnehmer ab. Darunter verstehen wir den auf die jeweiligen Inhalte der Verwaltung bezogenen Sachverstand, das Wissens- und Könnensniveau der kommunizierenden Individuen (Sander 2004). Die Fachkompetenz stellt sowohl eine Leistungsdimension als auch eine unabdingbare Komponente der Handlungsregulation in der verwaltungsbezogenen Kommunikation dar. Insofern kann sie als ein Hinweis gewertet werden, inwieweit die an der Verwaltungskommunikation Beteiligten ihre Arbeits- bzw. Fachgebiete beherrschen (z. B. Öffentliche Verwaltung, Gründstücks- bzw. Datenverwaltung). Sie äußert sich in den Fachtexten der Verwaltungsgebiete z. B. durch folgende Faktoren:

a. die sachlich adäquate Auswahl des Gegenstandsbezugs,
b. die inhaltlich-logische Aufbereitung des komplexen Kommunikationsgegenstandes, die in Verbindung mit den individuellen Leistungsdispositionen der Kommunikationspartner erfolgt sowie
c. die strukturell-funktionale Angemessenheit, mit der die inhaltlichen Gegebenheiten der Verwaltung kommunikativ umgesetzt werden.

4.5 Die funktionalen Aspekte der Sprache in der Verwaltung

Sie konzentrieren sich auf die Erfassung jener sprachlichen und nichtsprachlichen Elemente und Relationen, die zusammenwirken, um den Informationstransfer in den verwaltungsinternen sowie -externen Tätigkeitsbereichen ziel- bzw. partnerorientiert, effizient und präzise zu realisieren. Dabei sind der inhaltlich-formale Aufbau von Informationen sowie die geistig-sprachlichen Operationen ihrer funktionalen Umsetzung (vgl. die Bevorzugung bestimmter deskriptiver, inzitativer und inventiver Kommunikationsverfahren in der Verwaltungskommunikation) für ein gelingendes Verwaltungshandeln von besonderer Bedeutung (Schmidt 1981). Die Funktionalität einer stärker bürgerorientierten Verwaltungskommunikation hängt dabei entscheidend von ihrer Verständlichkeit ab, die vor allem durch einen hohen Anteil rezeptionsfördernder Faktoren bisher noch bestehende Kommunikationsbarrieren zwischen der Verwaltung und den Nichtfachleuten überwinden hilft.

4.6 Fachtextsorten der Verwaltung

Im Bereich der Verwaltung haben sich strukturell-funktional genormte Fachtextsorten herausgebildet (Baumann 1992:152 ff.). Die Normierung bezieht sich z. B. auf das Kommunikationsmedium (Schriftlichkeit vs. Mündlichkeit), die Art der Verknüpfung von Aussagen im Fachtext bzw. die Spezifik des Beziehungsgefüges von außer- und innersprachlichen Faktoren im Fachtext (vgl. Textbaupläne). Zudem darf nicht übersehen werden, dass sich in bestimmten Fachtexten bereits Textmodelle der Gliederung bzw. Lösung eines Sachproblems herausgebildet haben. So weisen diese Fachtexte stark konventionalisierte inhaltliche Segmente auf, denen regelhaft lexikalische, syntaktische, stilistische u. a. Elemente zugeordnet werden können (vgl. z. B. wissensregulierende Fachtextsorten: Amts- und Gesetzesblatt, Anweisung; wissensdarstellende Fachtextsorten: Protokoll, Gesprächsnotiz, Gesetz, Verfügung, Erlass; wissensverarbeitende Fachtextsorten: Akte, Formular usw.; Becker-Mrotzek / Doppler 1999:3-22).

Diese Normierungstendenzen zielen darauf ab, Ökonomie und Präzision des sich in der Verwaltung häufig arbeitsteilig vollziehenden Informationsaustausches zu sichern. Darüber hinaus sind sie darauf gerichtet, die Fachtextrezeption zu erleichtern, bestimmte Algorithmen zur Inhaltserschließung von Fachtextsorten zu etablieren sowie fachliches Handeln eindeutig und verbindlich zu regeln.

4.7 Syntaktische Merkmale der Verwaltungssprache

Die komplexe kognitive Struktur der im Verwaltungsprozess zu transferierenden Informationen führt zwischen den Kommunikationspartnern zu einer Perspektivierung ihrer Interaktion, die eine Form-Funktion-Bestimmung der syntaktischen Elemente der Verwaltungssprache einbezieht. Die syntaktischen Elemente sind darauf gerichtet, die kommunikative Realisierung des Informationstransfers eindeutig und sachbezogen zu gestalten, damit der individuelle Verarbeitungsaufwand minimiert werden kann, keine Überlastung der begrenzten Speicherkapazitäten des Gedächtnisses eintritt und die Fachtextinformationen den Erwartungen des/der Rezipienten entsprechen.

In Fachtexten der Verwaltung zielen die syntaktischen Mittel darauf ab, einen hohen Grad der Informationsdichte zu sichern. Dabei spielen folgende Strategien eine wichtige Rolle:

a. Sicherung der Zugänglichkeit zu relevanten Informationen im Fachtext durch Hervorhebung (Bewusstseinspräsenz) bzw. kurze Satzstrukturen,
b. Steigerung der Zweckorientiertheit relevanter Fachtextinhalte durch Topikalisierungen (Thema-Rhema-Abfolge, Inversion, Emphase) bzw. Verwendung von Funktionsverbgefügen,
c. Fokussierung der inhaltlichen Gerichtetheit der Fachtexte auf Personen oder Sachverhalte durch Umstrukturierung kommunikativer Handlungen (Übernahme einer Fremdperspektive: z. B. wörtliche Rede als Zitat; Kontrastierung, Wiederholung, Schematisierung von Aussagen) und
d. Umsetzung der unpersönlichen Einstellung des Verwaltungsfachmanns (z. B. dominierendes Genus verbi: Passiv; Ausschließen von Emotionalität/Expressivität).

Somit bieten syntaktische Stilelemente zahlreiche Möglichkeiten, um die verwaltungsinstitutionelle Konzentration auf bestimmte Inhalte umzusetzen (Baumann 2001).

4.8 Stilistische Besonderheiten der Verwaltungssprache

Im Bereich der Verwaltung sind stilistisch relevante Mittel darauf gerichtet, in den entsprechenden mündlichen/schriftlichen Texten Missverständnisse und Fehldeutungen auszuschließen (z. B. Verwendung von Parenthese, Aufzählung, Wiederholung). Diese Anliegen werden im Bereich der Lexik durch den kommunikativen Funktionsbereich der im jeweiligen Fachtext verwendeten lexikalischen Stilelemente (Kontaktieren, Anklagen, Abweisen, Begründen u. a.) bzw. deren kommunikative Markiertheit (Professionalismen, Archaismen, Fremdwörter, Abkürzungen, Neologismen usw.) realisiert. Auf der Ebene der Syntax stellen vor allem die Satzlänge sowie Veränderungen in der Wort- bzw. Satzgliedfolge stilistische Funktionsmerkmale der Verwaltungssprache dar. Auf der Textebene wird dies umgesetzt durch den konkreten Anteil nominaler bzw. verbaler Elemente bei der Textgestaltung (Nominal- bzw. Verbalstil), die jeweilige Form der Satzverflechtung sowie die Besonderheiten der kommunikativen Äußerungsstrategie (Einbau von Beweis-, Anschauungs-, Thesen-, Authentizitätszitaten bzw. Zitaten zum Ausdruck kritischer Distanz).

4.9 Die Lexik der Verwaltungssprache

Da ein terminologisches System der inhaltlichen Systematik des betreffenden Fachgebiets folgt und den höchsten Grad begrifflicher Abstraktion einnimmt, führen Termini zu einer optimalen Verständigung zwischen Fachleuten. Wenn Termini jedoch in einen für Nichtfachleute bestimmten Wissenskontext übertragen werden, ist deren Verständlichkeit gefährdet. Entsprechende Untersuchungen zur Verwaltungssprache weisen darauf hin, dass eine bürgerfreundliche Gestaltung von Verwaltungstexten mit einer qualitativen Strukturierung der wissenschaftlichen Terminologie (Vermeidung von Mehrfachkomposita, Klischees, Tautologien) bzw. einer Reduzierung des quantitativen Anteils der Termini am lexikalischen Gesamtbestand des Textes (Verminderung der Informationsdichte) verbunden ist (Baumann 1994).

5 Fazit

Im Ergebnis interdisziplinärer Analysen von Verwaltungstexten haben sich verschiedene hierarchische Vergleichsdimensionen herauskristallisiert, welche die methodologische Grundlage für einen effizienten interlingualen Sprach- und Informationstransfers darstellen.

Zukünftigen Untersuchungen bleibt es vorbehalten, a) eine repräsentative Anzahl von Fachtexten bzw. Fachtextsorten der Verwaltung aus unterschiedlichen Einzelsprachen auf der Grundlage der vorgestellten Vergleichsdimensionen auszuwerten und b) entsprechende Strategien der Fachübersetzung abzuleiten.

Literaturverzeichnis

BAUMANN, KLAUS-DIETER (1992): *Integrative Fachtextlinguistik*. Tübingen: Gunter Narr.

BAUMANN, KLAUS-DIETER (1994): *Fachlichkeit von Texten*. Egelbach / Frankfurt am Main / Washington: Hänsel-Hohenhausen.

BAUMANN, KLAUS-DIETER (2001): *Kenntnissysteme im Fachtext*. Egelbach / Frankfurt am Main / München / New York: Hänsel-Hohenhausen.

BAUMANN, KLAUS-DIETER / KALVERKÄMPER, HARTWIG (Hrsg.) (1992): *Kontrastive Fachsprachenforschung*. Tübingen: Gunter Narr.

BECKER-MROTZEK, MICHAEL / DOPPLER, CHRISTINE (Hrsg.) (1999): *Medium Sprache im Beruf*. Tübingen: Gunter Narr.

FLEISCHER, WOLFGANG / HELBIG, GERHARD / LERCHNER, GOTTHARD (Hrsg.) (2001): *Kleine Enzyklopädie Deutsche Sprache*. Frankfurt am Main: Peter Lang.

MASTRONARDI, PHILIPPE (2001): *Juristisches Denken*. Bern / Stuttgart / Wien: Paul Haupt.

SANDER, GERALD G. (2004): *Deutsche Rechtssprache*. Tübingen / Basel: Francke.

SECHI, SILVIA (2003): *Verständlichkeit und Höflichkeit in der deutschen Verwaltungssprache der Gegenwart*. Dissertation. Bochum: Ruhr-Universität.

SCHMIDT, WILHELM (Hrsg.) (1981): *Funktional-kommunikative Sprachbeschreibung*. Leipzig: Bibliographisches Institut.

PÖRKSEN, UWE (1994): *Wissenschaftssprache und Sprachkritik*. Tübingen: Gunter Narr.

SUSANA CAÑUELO (UNIVERSITAT POMPEU FABRA —
UNIVERSITÄT LEIPZIG) /
FALK SEILER (UNIVERSITÄT LEIPZIG)

Reflexiones teóricas y prácticas sobre la localización de software a partir de una traducción de interfaz gráfica de usuario[1]

1   Introducción

La industria de la localización de software[2] es uno de los ámbitos profesionales de la traducción que más volumen de trabajo genera hoy en día. Estrechamente ligada a los sectores de la información y la comunicación, y sumamente dependiente de los desarrollos tecnológicos, la industria de la localización se encuentra desde su nacimiento en continua y vertiginosa evolución. Un desarrollo que ha comportado cambios profundos en la actividad de los traductores, tanto en lo que respecta a los tipos de texto con los que se enfrenta, como a las herramientas técnicas que ha de utilizar y el papel que desempeña en todo el proceso industrial de producción. Estos cambios suponen igualmente un reto para la traductología, que parece tener dificultades a la hora de abordarlos. Su desconcierto se refleja, por ejemplo, en una distancia poco marcada frente a los modelos y valores planteados por la industria, pudiendo llegar a una asunción acrítica del discurso industrial de la localización en el marco de la disciplina traductológica. Un discurso que ignora los hallazgos de la traductología e incluso sus conceptos más elementales. Es sintomático que, por ejemplo, en la web de LISA (Localization Industry Standards Association), no haya ni siquiera una definición de traducción en su glosario. Los programas de la *Localization World Conference*[3], organizada por GALA (Globalization & Localization Association), son

---

1   Nuestro más sincero agradecimiento al programador Christian Böttger, de GIS mbH, por la reveladora entrevista concedida y por autorizarnos a hablar aquí de su producto.
2   Pese a lo controvertido del calco (del inglés *software localization*), no podemos entrar a valorar aquí su pertinencia o adecuación; véase Pagans (2002).
3   Véase www.localizationworld.com.

también un claro reflejo del ridículo papel al que se relega al traductor desde la perspectiva industrial. Si bien es cierto que hay amplia documentación sobre el proceso de localización y las herramientas implicadas en él —no sólo elaborada por traductólogos, sino también por desarrolladores, gestores de proyectos y agencias de traducción—,[4] la cantidad de aproximaciones de carácter esencialmente traductológico es mucho más reducida.[5]

La idea y concepción de este artículo nace de una experiencia de localización situada fuera de los ciclos regulares de la industria localizadora. A partir de esta experiencia quisimos plantear algunas cuestiones sobre la práctica de la localización desde una perspectiva traductológica alejada de la habitual visión industrial del proceso. En primer lugar, aclararemos el concepto de localización y la función del traductor-localizador (apartado 2). A continuación, nos centraremos en las interfaces gráficas de usuario o GUI (*graphical user interface*)[6], comenzando por describir algunas de sus particularidades semióticas y textuales (apartado 3), algo que hasta ahora no se ha tratado suficientemente. Sirviéndonos de los instrumentos conceptuales elaborados en ese apartado y tomando como ejemplo la interfaz gráfica de usuario de nuestro encargo, abordaremos los problemas de traducción de este tipo de textos (apartado 4). Esto, unido a algunas reflexiones sobre el proceso de trabajo, nos va a permitir arrojar un poco más de luz sobre la labor del traductor en el marco de los procesos de localización.

---

4   Véase, por citar sólo a algunos, Esselink (2000), Schmitz / Wahle (2000), Torres (2002), Reineke / Schmitz (2005) o Quah (2006).

5   Destacaremos, por su calidad, envergadura y carácter crítico, las aportaciones de Cronin (2003) y Pym (2004). Además, cabe distinguir entre los trabajos que se ocupan de la labor traductora propiamente dicha, como Arderiu (2002), Schubert (2003), Beste (2006) o Heine (2006), y aquellos que se preguntan por el perfil laboral del traductor y su formación, como Parra (1999), Göpferich (2002), Wright (2004), Borrás (2006) o Mazur (2007). Es destacable la cantidad de aportaciones que se ocupan de la didáctica de la localización, como las editadas por Pym et al. (2006) y la más reciente de Dimitriu / Freigang (2008).

6   En este punto cabe señalar el carácter engañoso de tal denominación, ya que tales interfaces no son nunca gráficas en términos absolutos, sino que incluyen siempre elementos verbales. Y es, precisamente, por esta circunstancia por la que las GUI son relevantes para la traductología. Las GUI han sido ampliamente tratadas por otras disciplinas: la tecnología de la información, la semiótica, la lingüística, los estudios sobre comunicación multimedia y el análisis conversacional. Además de las aportaciones científicas, no hay que olvidarse de las guías de estilo de los fabricantes para la configuración de interfaces de usuario, aunque es difícil saber hasta qué punto se aplican, al igual que la norma ISO 9241, que define un estándar internacional para la interacción persona-máquina, y la norma ISO 9126, que ofrece pautas para la evaluación de software en términos de funcionalidad, usabilidad, etc.

2   La localización según la industria y según la traductología

LISA define el término localización como "the process of adapting software for a particular geographical region (locale)". Y añade: "Translation of the user interface, system messages, and documentation is a large part (but not all) of the localization process". GALA, por su parte, afirma que el término localización "describes the process of adapting a product to a specific international language or culture so that it seems natural to that particular region, which includes translation, but goes much further. True localization considers language, culture, customs, technical and other characteristics of the target locale".[7] Estas definiciones —repetidas hasta la saciedad y comúnmente aceptadas— reducen la acción traductora a una mera sustitución de palabras, que se ha de ver necesariamente completada en el proceso localizador por una serie de medidas adicionales que se engloban bajo el concepto de adaptación y cuya responsabilidad no se atribuye al traductor.[8] Entre estas medidas se incluyen modificaciones relativas a la moneda, la estructura de las fechas, los pesos y medidas o las directrices legales. Todo ello deja entrever un concepto de cultura y de traducción bastante simplistas.[9]

Es evidente que la traductología no puede dejar de reaccionar ante tal provocación, que cuestiona el objeto mismo de la disciplina. A este respecto son ilustradoras las discusiones sobre la relación entre traducción y localización o las diferencias entre traductor y localizador. Por ejemplo, para Mazur (2007:355), la localización representa un concepto más amplio que la traducción, lo que le lleva a prever la creación de una nueva disciplina denominada *Localization Studies*. Beste (2006) opta por reforzar la posición del traductor de software como mediador cultural, pero, aunque aborda los límites que la tecnificación del proceso impone al traductor (Beste 2006:60),

---

7   Véanse los glosarios de LISA y GALA en www.lisa.org y www.gala-global.org respectivamente.
8   La bibliografía reivindica en varias ocasiones un concepto de traducción más allá de lo lingüístico (p. ej. Pym 2004:51-53) y el hecho de que la traductología lleva tiempo considerando la traducción como un proceso adaptador que tiene en cuenta las características de la cultura de llegada (p. ej. Wright 2004:588-590; Beste 2006:52 ss., 116 o Mazur 2007:352).
9   En este sentido, Cronin (2006:30) habla de un *checklist multiculturalism* superficial, lo que implica que los contenidos realmente no se adaptan, sino que quedan definitivamente marcados por la cultura de partida, generalmente la estadounidense. Mencionemos también la inadecuación sociolingüística del término mismo de localización a los contextos multilingües, en los cuales los vínculos territoriales de las lenguas utilizadas son secundarios o inexistentes. El término es, pues, un reflejo de una ideología lingüística heredada del nacionalismo europeo y reproducida en la ideología de la globalización.

no trata con firmeza el hecho de que la externalización de las funciones traductoras y el uso generalizado de herramientas de traducción electrónicas hayan reducido al mínimo la capacidad del traductor para decidir, crear y adaptar culturalmente. Sí lo hacen Kemmann (2005:23) y Cronin (2003:112), que incluso habla de *translational cyborgs* para referirse a los traductores inmersos en procesos industriales altamente tecnificados.

Ante estas reflexiones, nos parece imprescindible distinguir claramente entre el discurso industrial y el discurso traductológico sobre la localización. En el marco del primero, la traducción se engloba en un proceso más amplio, que forma parte a su vez de una mercantilización internacional del software guiada por la búsqueda de eficiencia y rentabilidad y que, por lo tanto, prima al máximo la automatización de los recursos. Desde ese punto de vista, el traductor es un pequeño eslabón en una larga cadena que ensamblan y dirigen otros (el productor, los desarrolladores, los gestores de proyectos, etc.). En el discurso traductológico, sin embargo, el término *localización* designa el conjunto de actividades implicadas en el proceso de traducción de productos informáticos, es decir, se trata de una forma o modalidad de traducción cuya especificidad se deriva de las particularidades del objeto que debe traducirse y las destrezas específicas que requiere del traductor.[10] El discurso traductológico sobre la localización sitúa la acción del traductor de software en su contexto social, observando con ojos críticos las relaciones de dominio —ideológico y lingüístico— en las que se ve envuelto, cuestionando los límites de la tecnificación del hecho traductor y preguntándose por los caminos que debe discurrir la enseñanza de la especialidad.

Es importante subrayar que discurso industrial y discurso traductológico no se corresponden con industria y traductología respectivamente, sino que en los dos ámbitos se hace uso de ambos discursos, si bien es el primero el que tiene más fuerza y capacidad de propagación. A nuestro entender, la traductología tiene por obligación distanciarse críticamente de dicho discurso, marcando la diferencia entre ambos y señalando los intereses en juego.

En cuanto al proceso de localización en sí mismo, remitimos a la amplia bibliografía sobre la materia (véase nota 4) para una descripción más

---

10 Es lo que Hurtado Albir (2001:69 ss.) llama *modo traductor*.

detallada. Aquí baste decir que, en condiciones ideales, la localización sigue a la internacionalización, es decir, al diseño (o rediseño) de un producto de manera que sea fácilmente adaptable a las especificidades de otras lenguas y culturas. Con esta configuración genérica del producto se persigue facilitar y agilizar su adaptación a otra cultura, es decir, su localización, que suele comprender la traducción de tres componentes: la interfaz de usuario, la documentación que acompaña al producto y la ayuda en línea. Este quehacer se suele presentar como un proceso harto complejo, con una forma de coordinación del trabajo y de gestión de los recursos altamente departamentada, jerarquizada y burocratizada, en la que el traductor se ha puesto al servicio de la tecnología y su responsabilidad se ha reducido al mínimo. Además de mostrar que hay otras alternativas posibles, en adelante veremos que los problemas específicos del traductor de software, que generalmente se atribuyen a una internacionalización fallida y al uso de herramientas electrónicas,[11] se derivan más bien de algunos déficits en el proceso de trabajo y de las características textuales del software.

3 La interfaz gráfica de usuario como texto

3.1 Particularidades semióticas de la interfaz gráfica de usuario

La interfaz no es el programa en sí mismo, sino el conjunto de elementos que permite a un usuario manejar un programa (Wagner 2002:23; Hess-Lüttich / Schmauks 2004:3494). Lo esencial en nuestro contexto es tener presente que un programa contiene dos sistemas de signos distintos: el del lenguaje de programación, con el que se escribe el código fuente, que es el que describe la funcionalidad del programa, y el del lenguaje natural, que permite la interacción del programa con el usuario en el contexto de una interfaz verbo-icónica. Es evidente que para caracterizar la GUI como texto no nos sirve una noción únicamente lingüística o formal, sino que se requiere un concepto que incluya como elementos definitorios su orientación temática, su carácter coherente y cerrado, su intencionalidad y una función comunicativa reconocible (véase p. ej. Göpferich 2006:61). Estos elementos son suficientes para considerar que la interfaz gráfica de usuario es texto, pero no dicen nada

---
11 Como hacen Arderiu (2002) y Bernaola et al. (2006), entre otros.

sobre su especificidad, que radica sobre todo en la combinación de elementos verbales y gráficos. Un modelo que puede ayudarnos a responder a la controvertida pregunta sobre cómo se produce la integración de elementos verbales y gráficos es el de la multimodalidad[12], que describe la combinación de dos o más modalidades de sentido, códigos o modos sígnicos (Hess-Lüttich / Schmauks 2004:3489), teniendo en cuenta que ambos procesos sígnicos transcurren paralelamente y que el mensaje generado es más que la suma de los mensajes generados por la recepción individual de ambos procesos sígnicos por separado. En la investigación sobre multimodalidad no se habla de códigos clara y sólidamente estructurados, sino de recursos semióticos (Stöckl 2006:14 ss.). Las distintas modalidades semióticas (texto, imagen, sonido, movimiento, etc.) se pueden describir como un sistema de recursos que se utiliza para generar texto, un proceso en el que, según Baldry / Thibault (2006), se aplican dos principios: el de *integración de recursos* y el de *compresión de significado*.

"The *resource integration principle* views a semiotic resource as something used for the purposes of making meaning and which accordingly functions in the texts in which these resources are used to this end" (Baldry / Thibault 2006:18). Según Baldry / Thibault (2006:31), los textos multimodales están constituidos por *items*, que se agrupan en la pantalla (página web, ventana de programa, etc.) formando *cluster*, que pueden ser visuales, verbales, etc., móviles o no, y que por su proximidad espacial constituyen una región o subregión específica del todo que es la página. La unidad macroestructural básica es la fase (*phase*), entendida como "a set of copatterned semiotic selections that are codeployed in a consistent way over a given stretch of text" (Baldry / Thibault 2006:47). En las GUI se distinguen como mínimo dos fases básicas:[13] la que hace referencia al objeto y la que hace referencia a la interfaz. Por ejemplo, en un procesador de textos, el *item* "Ver" puede referirse tanto al texto que está siendo procesado como a un elemento de la herramienta que está tratando el texto, por ejemplo una barra de herramientas. Íntimamente

---

12 En la bibliografía consultada no hemos visto aplicado el concepto de multimodalidad (emparentado con el de multimedialidad) a las GUI. La aportación de Baldry / Thibault (2006) tiene un amplio enfoque teórico referido a textos impresos, páginas web y textos fílmicos. Para una buena introducción al concepto, véase Stöckl (2006).

13 No podemos hacer inventario de todos los posibles elementos que aparecen en una GUI. Véase a este respecto, por ejemplo, Beste (2006:61-64), aunque lo más recomendable es consultar algún manual de programación de GUI o alguna introducción a la programación.

ligada a la distinción de fases está el doble carácter de especialidad de las GUI. Por un lado, el carácter de texto especializado le viene dado por el propio lenguaje de la informática; por el otro, por el lenguaje de especialidad del objeto que trate el programa, en nuestro caso, la agricultura.[14]

Estrechamente vinculado al principio de integración de recursos, que afecta sobre todo a los aspectos materiales del proceso, está el de compresión de significado, que concierne más bien a los aspectos semánticos de la integración. "The *meaning-compression principle* refers to the effect of the interaction of smaller-scale semiotic structures on higher-scale levels where meaning is observed and interpreted" (Baldry / Thibault 2006:19). Esto concierne a los diferentes niveles de significado que participan en la producción y recepción del texto: lógicos, textuales, interaccionales, socioculturales y metafuncionales. Se trata de un principio económico que describe el hecho de que una combinación de recursos comprimidos se puede integrar en una configuración semiótica específica en un nivel superior.

En el marco de la constitución de texto y significado hay que tener en cuenta la forma de recepción de la GUI, que tiene lugar en un *cluster hopping* discontinuo siguiendo rutas de lectura diversas y parcialmente imprevisibles a lo largo de estructuras hipertextuales (Baldry / Thibault 2006:26).[15] Estas estructuras se caracterizan, en el caso de las GUI, por una disposición jerárquica, en su tendencia cerrada,[16] y una recepción relativamente circular. Además, en la hipertextualidad de las GUI se puede apreciar cierta gradación de la multilinearidad y las jerarquías.

Así pues, podemos concluir que las GUI son textos multimodales en virtud de su constitución sígnica, y que entre sus particularidades se cuentan la integración de recursos, verbales y gráficos preferentemente, y la compresión de los significados respectivos. Estos dos principios articulan la construcción del texto significante a lo largo de un proceso que transcurre a la vez de

---

14 Para más información sobre la interacción persona-máquina como discurso entre expertos y legos, véase Wagner (2002:45-54).
15 Entendemos hipertexto como "ein Konzept das sich auf die nicht- oder multi-lineare Organisation und Darstellung von Inhalten richtet. Hypertexte sind an elektronische Umgebungen und eine spezifische Software (Hypertextsystem) gebunden. Die Inhalte werden auf Module verteilt und diese durch elektronische Verweise (Hyperlinks) verbunden" (Jakobs 2003:236).
16 Para más información sobre la diferencia entre hipertextos cerrados y abiertos, véase Jakobs (2003:237).

manera interactiva y automática. Las GUI se caracterizan, además, por ser textos doblemente especializados y por presentar formas específicas de no-linearidad con una estructura de referencias hipertextuales o hipermediales relativamente cerrada.

3.2　Elementos verbales en la GUI

No podemos desarrollar aquí un modelo exhaustivo que describa toda la complejidad textual de las GUI, sino que vamos a centrarnos únicamente en sus elementos verbales. Tras un análisis empírico minucioso, Wagner (2002:302) llega a la siguiente conclusión: "*Verbale* Interface-Elemente sind trotz des hohen *grafischen* Aufwands moderner Benutzeroberflächen in ihrer Bedeutung für den Aufbau von Sinn und interaktiver Ordnung bei der Bedienung eines hinreichend komplexen Systems als primär einzuschätzen."

Sin embargo, los elementos lingüísticos de la GUI son notoriamente infravalorados, lo cual puede apreciarse en los hechos siguientes: (1) la evidente sobrevaloración de los elementos gráficos en el contexto de una cultura en la que se favorece lo visual (también como estímulo a la compra); (2) la deficiente preparación lingüística de muchos programadores y diseñadores de interfaces gráficas;[17] (3) la escasa sensibilidad por las cuestiones relativas a la traducción (ni siquiera Wagner parece preguntarse en qué medida los fracasos en la interacción persona-máquina que él analiza pueden estar relacionados con la traducción).

En adelante abordaremos los elementos verbales de la GUI aludiendo a las particularidades semióticas arriba señaladas. En lo que respecta a la hipertextualidad, qué duda cabe que los elementos verbales desempeñan un papel fundamental en los mecanismos de estructuración del texto. Basta pensar en toda la organización de menús, que son esencialmente verbales, o en los descriptores verbales de los botones gráficos que se activan al situar el cursor encima. Para describir con mayor exhaustividad el componente verbal

---

17 Wagner (2002:16 ss., 302-307) critica que, cuando se aplican criterios de usabilidad en el proceso de desarrollo de software, no se suelen tener en cuenta los aspectos lingüísticos. En muchos casos, los desarrolladores y diseñadores delegan por completo la responsabilidad de la comprensión en los receptores y además consideran ingenuamente que un idioma común es base suficiente para una comunicación sin dificultades.

de las GUI, sería oportuno relacionar el enfoque hipertextual y el multimodal. Sin embargo, remitimos a la literatura arriba mencionada para más detalles sobre el papel de lo verbal en la hipertextualidad y nos vamos a centrar en el proceso de integración de recursos y de compresión de significados. El programador y el traductor deben controlar este proceso, mientras que el usuario confía en una consistencia del programa en cuanto a la forma y el contenido, es decir, en que se produzca una interacción sin malentendidos. Esto implica que sólo se activen modelos de acoplamiento de modalidades semióticas que descarten en la medida de lo posible las divergencias y conflictos.[18]

Por ejemplo, como ya hemos mencionado, en las GUI se distinguen dos fases básicas: la que hace referencia al objeto y la que hace referencia a la interfaz. Sin embargo, esta distinción se vulnera especialmente en el diseño, lo que provoca errores que limitan la tan perseguida usabilidad intuitiva y que no se suplen con una concurrencia masiva de elementos gráficos (Wagner 2002:345 ss., 354). La disociación insuficiente de referencia a objeto y referencia a interfaz es sólo un ejemplo de los efectos que produce un descuido de la compresión de significado en favor de la integración de recursos. En general, parece que este desequilibrio siempre se da cuando los recursos verbales son reducidos a meros "rótulos", confiando en el poder de lo visual en detrimento del poder semántico de la palabra, como veremos más adelante en el apartado 4.

La integración de recursos y la compresión de significado son, pues, dos caras de una misma moneda de cuyo equilibrio depende una construcción de significado consistente. En lo que respecta a los elementos verbales de las GUI, podemos hablar de los siguientes puntos conflictivos: la disposición de las entradas de menú, la asignación de las teclas de acceso rápido, la determinación del tamaño de las ventanas en las que se insertan los elementos verbales, etc. En el análisis daremos ejemplos de todo ello; lo fundamental de momento es subrayar que en todas estas operaciones el componente verbal es central.

---

18 Stöckl (2006:27 ss.) habla de los siguientes modelos de acoplamiento: aditivo, complementario, jerárquico, divergente y conflictivo.

Resumiendo: los problemas típicos a la hora de conjugar recursos verbales y visuales en la GUI radican en un respeto insuficiente del principio de compresión de significado. Subordinados a éstos están los problemas que se derivan de las particularidades hipertextuales de las GUI y de su doble carácter de texto especializado.

3.3 La traducción de GUI: de texto multimodal e hipertextual a material monomodalizado

El grueso de la actividad traductora de programas informáticos lo constituyen fundamentalmente las interfaces de los programas (Hurtado Albir 2001:88 ss.). A pesar de la importancia de este tipo de textos, la investigación traductológica sobre localización de GUI trabaja sin un fundamento textológico y apenas va más allá de una mera colección impresionista de ejemplos prácticos.[19] Así, una gran cantidad de las aportaciones sobre localización de interfaces de usuario que podemos encontrar se incluyen en una exposición más amplia del proceso de localización y apenas abordan puntualmente los problemas de traducción. Es cierto que ofrecen interesantes catálogos de retos traductores y en parte valiosos consejos, pero ninguno de los trabajos los relaciona de manera sistemática con las particularidades semióticas de las GUI y su carácter textual.

A esas características se añade en el proceso traductor la particular forma en la que el traductor recibe el material lingüístico. Las unidades que hay que traducir sufren una doble descontextualización: se extraen del código fuente y se presentan sin el contexto gráfico y de manera desordenada. La traducción de GUI constituye, pues, un caso extremo de lo que Schubert (2003) denomina *jigsaw translations*. El texto multimodal de partida se convierte para el traductor en un material fragmentario descontextualizado. No podemos entrar a valorar aquí si este material se puede considerar texto en sentido estricto o no. A falta de una terminología mejor, lo llamaremos "material textual

---

19 Véanse, entre otros, Ottmann (2005), Beste (2005:61-65) o Bernaola et al. (2006). Beste (2005) se esfuerza por relacionar las GUI con los textos especializados, pero no reflexiona sobre los criterios de textualidad. El hecho de que el estado de la cuestión sea tan poco satisfactorio radica en parte en que los modelos textuales no estén del todo convencionalizados (Heine 2006:20 ss.). Es ya de por sí sintomático que la aportación de Gerhardt (2006) en el manual *Handbuch Translation* se incluyera en el capítulo "primär informative Texte (Gebrauchstexte)", lo que parece responder a una solución de compromiso. El artículo, además, no presenta ninguna descripción textual, sino únicamente una descripción del proceso de localización tal y como se suele llevar a cabo en EEUU.

monomodalizado", advirtiendo además que efectivamente en el camino hacia el texto de llegada se lleva a cabo un desacoplamiento de los recursos semióticos, pero que el resultado de la traducción se mide a partir de su forma reintegrada en el conjunto del texto.

Esta monomodalización temporal y la extrema complejidad semiótica y textual de las GUI hacen que el traductor de este tipo de textos se encuentre en una posición muy débil. Veamos en el apartado siguiente qué margen de maniobra tiene a partir de un ejemplo concreto de traducción.

4 Localizando IsoJob

El encargo concreto del que parten las reflexiones de este artículo consistió en la traducción al castellano por parte de una traductora autónoma de la interfaz gráfica de usuario de un programa para la gestión agrícola desarrollado por una pequeña empresa alemana, Gesellschaft für Informationssysteme mbH (GIS). La versión en castellano del producto está destinada a su venta en Argentina en combinación con la maquinaria agrícola para la que el software fue diseñado. El encargo incluía sólo la traducción de la interfaz gráfica de usuario.

Como en cualquier proceso de traducción, también en éste fueron surgiendo algunos problemas de diferente naturaleza. En adelante queremos referirnos a algunos de ellos distinguiendo entre cuestiones relacionadas con el proceso de trabajo, dificultades derivadas de las particularidades semióticas y textuales de las GUI y problemas relacionados con las particularidades de la pareja de lenguas alemán-castellano. Seguiremos, pues, una escala que va de mayor a menor especificidad con respecto a la GUI.

4.1 Cuestiones relacionadas con el proceso de trabajo

La localización de IsoJob se ha caracterizado por la comunicación directa entre desarrollador y traductora, así como por una baja tecnificación del proceso. El hecho de que el emisor o autor del texto de partida y quien encarga la traducción sean la misma persona facilita mucho las cosas. Y aunque no explotáramos al máximo las ventajas que ofrece una infraestructura reducida y una comunicación sin intermediarios, la experiencia nos ha evidenciado algunas cuestiones fundamentales relativas a la organización del trabajo y la comunicación.

El texto que había que traducir fue entregado a la traductora en varias fases y en archivos con formato .ods, .csv y .po. Estos últimos se tradujeron, por sugerencia del desarrollador, utilizando el editor Poedit. Es decir, se trabajó exclusivamente con archivos de texto y herramientas de software libre. Somos conscientes de que existen grandes diferencias entre trabajar con software de localización y memorias de traducción y trabajar simplemente con archivos de texto. Sabemos también que la comunicación directa no es posible cuando se trata de grandes proyectos, con un volumen de trabajo muy grande y diferentes desarrolladores y traductores interviniendo en un mismo texto; sin embargo, nuestro objetivo no es incidir en las diferencias, sino en los aspectos comunes que pueden contribuir a mejorar el proceso de traducción.

Para empezar, el traductor debería tener siempre la posibilidad de familiarizarse con el software que vaya a traducir. Esto, que parece tan evidente, suele ser la excepción y no la regla. Nos parece, sin embargo, que poder acceder al producto, tanto antes como durante el proceso, es condición *sine qua non* para realizar un buen trabajo. No nos referimos a ver capturas de pantalla o el contexto de la cadena de texto (algo que sí permite, p. ej., Catalyst), sino a utilizar el programa y comprobar por uno mismo cómo funciona y para qué sirve.

La comunicación (directa o indirecta) entre traductor y desarrollador es fundamental, pues durante el proceso de traducción surgen dudas que sólo el desarrollador puede contestar. Por otro lado, hay problemas en la configuración lingüística y técnica del programa que el traductor, como primer usuario privilegiado del software que es, puede advertir. Así pues, deberían existir canales de comunicación entre "autor" y traductor que permitieran una comunicación eficiente.[20] El desarrollo ha de ser en ese caso lo suficientemente flexible como para permitir que el *feedback* del traductor pueda resultar beneficioso. Mejor incluso que una buena comunicación sería

---

20 También desde la perspectiva de la gestión de proyectos se contempla esta necesidad; véase Torres (2002:3).

una colaboración más o menos directa.[21] El éxito para ello radica en dos premisas que no siempre se cumplen: el desarrollador debería tener cierto grado de sensibilidad por el lenguaje y conocimientos básicos de lingüística; el traductor debería saber en qué consiste una GUI y cómo se estructura, es decir, disponer de conocimientos sobre el tipo de texto con el que trabaja. A este respecto hay que destacar que el programador de IsoJob ha declarado haber experimentado una sensibilización por las cuestiones lingüísticas y traductológicas gracias a las preguntas planteadas a lo largo del proceso.

4.2 Problemas derivados de las características semióticas y textuales de las GUI

No se trata aquí de una relación exhaustiva de problemas de traducción ni su asignación a las diferentes categorías es absoluta, se trata más bien de una categorización gradual y flexible en la que se pueden apreciar solapamientos.

4.2.1 Integración de recursos y la compresión de significado

Problemas de espacio. Cabe distinguir entre los derivados del uso de abreviaciones no convencionalizadas (y, por lo tanto, difícilmente trasladables) y los derivados de las diferencias tipológicas de la pareja de lenguas (sintética el alemán y analítica el castellano). En cualquier caso, si no se modifica el tamaño de la ventana y se opta por abreviar el texto de llegada, se corre el peligro de dificultar su comprensión:

---

21 Esta idea de una mayor interacción entre desarrollador y traductor, incluso desde el comienzo de la producción, no es nueva ni utópica; véase, por ejemplo, el concepto de *Agile Translation* expuesto por Mika Pehkonen (2006:11), que prevé una evolución paralela y colaborativa del texto de partida y sus traducciones a otras lenguas.

10=Bearb.tiefe mm	10=Profundidad de labrado mm
	10=Prof.labrado mm
Programmverhalten bei geöffneter Auswahlliste (Katalog)	Comportamiento del programa cuando la lista de selección (catálogo) está abierta
	Comportamiento programa con lista sel. (catálogo) abierta

Enmascaramiento de caracteres especiales. El uso de caracteres especiales constituye un problema formal que puede repercutir en la funcionalidad del programa. Si se utilizan caracteres que en el programa tienen asignada una función interna (comillas dobles en el ejemplo), es necesario enmascararlos (con una barra inversa) para que no sean interpretados como código fuente:

Sie können den Mandantenmodus unter 'Optionen' – 'Programmeinstellungen' aktivieren	Puede activar el modo de mandantes en \"Opciones\" – \"Configuración del programa\".

Problemas de concatenación. Aquí nos referimos a los problemas que surgen, por ejemplo, cuando una frase se divide en dos cadenas de texto distintas sin tener en cuenta que la sintaxis en otra lengua va a exigir un reparto bien distinto de los elementos lingüísticos. Véase la posición del verbo en el ejemplo (la cursiva es nuestra):

Die Speicherkarte des ISO-Terminals wurde mit neuen	La tarjeta de memoria del terminal ISO ha sido *sobrescrita*
Aufträgen *beschrieben* und kann jetzt wieder benutzt werden.	con órdenes nuevas y puede utilizarse de nuevo.

Atribución a fases. Recordemos que las dos fases principales son la relativa al objeto y la relativa a la interfaz. Los problemas surgen cuando la cadena de texto puede referirse tanto a una cosa como a la otra, como en el ejemplo siguiente:

Fortschritt	Progreso (referido a la barra de progreso)
	Avance (del apero)

Determinación del acto de habla. Aunque esto es una cuestión principalmente de compresión de significado, está también ligada a la monomodalización. En ocasiones, la cadena de texto es imprecisa en lo que respecta al acto de habla (pregunta o descripción de elemento en el ejemplo):

Was wird gesichert	¿Qué se graba?
	Lo que se graba

4.2.2 Monomodalización

Los problemas de traducción derivados de la monomodalización son también problemas de la integración de recursos y la compresión de significado, pero si los consideramos en un apartado distinto es precisamente porque hay una serie de fenómenos estrechamente vinculados a esa doble descontextualización a la que ha de hacer frente el traductor y que no siempre se resuelve utilizando avanzadas herramientas de localización.

Orden y clasificación de las cadenas de texto. Uno de los grandes problemas de trabajar con archivos de texto es que el material se presenta en forma de listas ordenadas alfabéticamente o sin orden aparente, como fue nuestro caso. Una organización temática del material reduciría el grado de monomodalización al permitir al traductor establecer un vínculo con el material gráfico.

Determinación de categorías sintácticas. Sin contexto a veces resulta imposible determinar la categoría sintáctica:

Aktuell	Actualmente (adverbio)
	Actual (adjetivo)

Concordancia imprecisa. También en este caso se hacen evidentes las particularidades de la pareja de lenguas:

Sichtbar	¿Visible? ¿Visibles?
Exportiert	¿Exportado? ¿Exportados? ¿Exportada? ¿Exportadas?

Polisemia, homonimia. Sin contexto es imposible precisar el significado de los términos polisémicos:

Speicherort	Carpeta (Ordner)
	Dispositivo de almacenamiento (Laufwerk)
Grenze	Límite
	Frontera

Asignación de teclas de acceso rápido (hotkeys/shortcuts). La asignación de teclas de acceso rápido (mediante el símbolo "&") es un procedimiento meramente formal y, por lo tanto, relativo a la integración de recursos. A la hora de traducir, sin embargo, se convierte en un problema cuando, debido a la descontextualización, el traductor no puede descartar una doble asignación dentro de un *cluster*, con las consecuencias que eso tendría para la funcionalidad del programa:

&Abbruch	&Cancelar
&Schliessen	&Cerrar
&EMail an GIS GmbH	&Correo electrónico a GIS-GmbH

4.2.3 Carácter de especialidad de las GUI

Dificultades terminológicas. La presencia de lenguaje especializado en las GUI es un rasgo común a todos los textos especializados, pero no así el carácter de doble especialidad, el de la herramienta (informática) y el del objeto (agricultura). Así, las dificultades terminológicas se dan por partida doble:

Shape-Datei	¿Archivo shape?
Ausbringung	¿Cantidad a distribuir?

Incoherencias terminológicas. También las incoherencias terminológicas se dan en ambos niveles de especialidad:

Dialog/Dialogfenster	Ventana de diálogo
Sicherungsarchiv/Sicherungsdatei/Datensicherung	Copia de seguridad
Schlag/Parzelle	Parcela

Uso de abreviaturas y símbolos convencionalizados. Algunos son internacionales, mientras que otros hay que adaptarlos a la lengua de llegada. También los hay procedentes de otros idiomas:

mm	mm (milímetros)
cbm	m^3
USB-Stick	memoria USB

Uso de anglicismos. En el área de especialidad de la informática los anglicismos tienen una amplia presencia, pero no en todas las lenguas tienen la misma distribución:

Self-extracting Archive	¿Self-extracting Archive? ¿Archivo autoextraíble? ¿Archivo autoextrayente?
Update	¿Update? ¿Actualizar? ¿Actualización?

4.3 Problemas derivados de las particularidades léxicas, morfosintácticas, semánticas y pragmáticas del alemán y el castellano

Aquí tratamos problemas de menor especificidad respecto a las particularidades de la GUI, pero interrelacionados con los tres niveles anteriores.

Uso de mayúsculas y minúsculas. El hecho de que en alemán los sustantivos se escriban con mayúscula plantea problemas de traducción al castellano cuando éstos encabezan la cadena de texto, pues, debido a la monomodalización, no siempre resulta claro si en castellano se ha de empezar con mayúscula o no:

Mandanten verwalten	¿Gestionar mandantes?
	¿gestionar mandantes?

Saltos de línea. Los saltos de línea (marcados con "\n") evidencian claramente las diferencias sintácticas del alemán y el castellano. A la hora de traducir IsoJob, aunque los elementos lingüísticos se han ubicado en las frases de acuerdo con la sintaxis española, se ha respetado la cantidad de los saltos del texto de partida, pero cabría también plantearse la posibilidad de eliminar algunos de ellos o de añadir otros nuevos si fuera necesario, con la consecuente modificación del tamaño de la ventana:

| Das Programm startet jetzt ein Internet-Update.\n Dazu muß der Computer über einen Zugang zum Internet verfügen!\n Beim Update werden KEINE persönlichen Daten übertragen!\n \n Wenn neuere Versionen vorliegen werden diese automatisch geladen\n und installiert.\n | El programa inicia ahora una actualización a través de Internet.\n Para ello, el ordenador debe disponer de conexión a Internet.\n Al actualizar, NO se transfiere NINGÚN dato personal.\n \n Si hay versiones nuevas, éstas se cargarán e instalarán\n automáticamente.\n |

Cuestiones pragmáticas. Nos referimos al uso de exclamaciones en las advertencias, uso del imperativo/infinitivo en las instrucciones, uso del usted, etc. En el último ejemplo, se puede advertir un grado de apelación personal inusual en este tipo de textos (la cursiva es nuestra) cuya traducción cabe cuestionarse:

Fehler beim Einlesen! Aktion wird abgebrochen!	Error de lectura. La acción es cancelada.
Sie müssen das Programm jetzt neu starten!	Reiniciar el programa ahora.
Sie haben seit einem Monat keine Datensicherung mehr durchgeführt!\n Regelmäßige Datensicherungen schützen vor Datenverlust und *sind nervenschonend im Ernstfall!*\n Wollen Sie die Datensicherung jetzt starten?	No ha realizado ninguna copia de seguridad desde hace un mes.\n Realizar copias de seguridad regularmente evita la pérdida de *datos [y le ahorrará un disgusto en caso serio]*.\n ¿Desea realizar ahora una copia de seguridad?

Elementos culturales. La dificultad de los elementos culturales estriba, en primer lugar, en identificarlos como tales y, en segundo lugar, en decidir cómo adaptarlos. En el caso de IsoJob, se presentaba la dificultad añadida de que el programa va dirigido a agricultores argentinos, pero la traductora es española, con lo que la adecuación a la cultura de llegada no está del todo garantizada. En el ejemplo planteamos las posibilidades de traducción directa y oblicua de una unidad de medida problemática, la "Dezitonne" (equivalente a 100 kg), frecuente en la agricultura alemana, pero inusual en otras culturas, donde la tonelada métrica además está siendo sustituida por el megagramo para evitar confusiones con otras acepciones de tonelada (americana, británica o castellana):

Traducción literal	
4=Ausbringung dt/ha	dt/ha (decitoneladas por hectárea)
Equivalencia	
4=Ausbringung dt/ha	Qm/ha (quintales métricos por hectárea)
Adaptación (primer grado)	
4=Ausbringung t/ha	t/ha (toneladas métricas por hectárea)
Adaptación (segundo grado)	
4=Ausbringung Mg/ha	Mg/ha (megagramos por hectárea)

5 Conclusiones

Con nuestro análisis hemos querido mostrar que la labor traductora en el marco de los procesos de localización está fuertemente marcada por las características del tipo de texto y por la organización del trabajo. Innovadores en nuestro enfoque son la descripción textual de las GUI y la presentación de un proceso de localización alternativo. La primera evidencia la complejidad del proceso traductor de interfaces gráficas de usuario, a la vista de la cual no cabe ya degradar al traductor a mero reemplazador de cadenas de texto. Muy al contrario, se hace evidente que la traducción de GUI requiere una gran competencia. La cuestión es si el traductor puede en efecto hacer valer esa competencia en el proceso de localización o no. El encargo descrito deja claro que hay alternativas fuera de los circuitos industriales en las que sí es posible. Abogando por una mayor comunicación y colaboración entre desarrollador y traductor queremos no sólo revalorizar el papel principal que el traductor ocupa en los procesos de traducción de software, sino también potenciar una aproximación crítica por parte de la traductología, en la que también deberían encontrar eco los procesos alternativos. Somos conscientes del poder de la industria y de la cristalización de procederes enfocados al rendimiento empresarial, pero queremos poner el acento en las perspectivas que abren una comunicación bilateral eficiente y un mejor conocimiento del tipo de texto para un mayor entendimiento y reconocimiento de la labor traductora integrada en los procesos de localización de software.

De cara al futuro, cabe incidir en la necesidad de una investigación de la localización que atienda de manera integradora tanto al tipo de texto como a las herramientas, a la organización del trabajo y a la distribución de los textos (véase también Parra 1999 y Pym 2004). En pro de una mayor diversidad, también habría que insistir en la investigación de procesos alternativos, como el aquí presentado o los de localización de software libre, que discurren por caminos bien distintos, no explorados hasta ahora. La diversidad de software amplía el horizonte tanto de la labor traductora como de la traductología, que también puede explotarla con un rendimiento teórico. Es más, mientras la traductología no aporte reflexión teórica a los estudios sobre localización, no estará ejerciendo la función que le corresponde en este ámbito.

Bibliografía

ARDERIU, XAVIER (2002): "Llengua i localització", en: *Revista tradumàtica: Traducció automàtica* 1. http://www.fti.uab.es/tradumatica/revista/index_01.htm. [Consulta: 27-04-2008].

BALDRY, ANTHONY / THIBAULT, PAUL J. (2006): *Multimodal Transcription and Text Analysis. A multimedia Toolkit and Coursebook*. London: Equinox.

BERNAOLA, ITZIAR / MORALES, ANA I. / PAYROS, IRUNE (2006): "Con mala escoba mal se barre: los problemas de la localización de productos informáticos no internacionalizados", en: *Translation Journal* 10:3. http://accurapid.com/journal/37localizacion.htm. [Consulta: 27-04-2008].

BESTE, KAI (2006): *Softwarelokalisierung und Übersetzung*. Trier: Wissenschaftlicher Verlag Trier.

BORRÁS, SILVIA (2006): *La situación de la localización del software en España*. Alicante: Universidad de Alicante.

CRONIN, MICHAEL (2003): *Translation and Globalization*. London / New York: Routledge.

CRONIN, MICHAEL (2006): *Translation and Identity*. London / New York: Routledge.

DIMITRIU, RODICA / FREIGANG, KARL-HEINZ (eds.) (2008): *Translation Technology in Translation Classes*. Iasi: Institul European.

ESSELINK, BERT (2000): *A Practical Guide to Localization*. Amsterdam: John Benjamins.

GERHARDT, STEFAN (2006): "Software-Lokalisierung", en: Snell-Hornby, Mary / Hönig, Hans G. / Kußmaul, Paul / Schmitt, Peter A. (eds.): *Handbuch Translation*. Tübingen: Stauffenburg, 213-216.

GÖPFERICH, SUSANNE (2002): "Lokalisierung und Übersetzung: Abgrenzung – Zuständigkeiten – Ausbildung", en: Henning, Jörg / Tjarks-Sobhani, Marita (eds.): *Lokalisierung von technischer Dokumentation*. Lübeck: Schmidt-Römhild, 27-41.

GÖPFERICH, SUSANNE (2006): "Text, Textsorte, Texttyp", en: Snell-Hornby, Mary / Hönig, Hans G. / Kußmaul, Paul / Schmitt, Peter A. (eds.): *Handbuch Translation*. Tübingen: Stauffenburg, 61-64.

HEINE, CARMEN (2006): "Herausforderung Hypertextübersetzung", en: Heine, Carmen / Schubert, Klaus / Gerzymisch-Arbogast, Heidrun (eds.): *Text and Translation. Theory and Methodology of Translation*. Tübingen: Narr, 17-39.

HESS-LÜTTICH, ERNEST W. B. / SCHMAUKS, DAGMAR (2004): "Multimediale Kommunikation", en: Posner, Roland / Robering, Klaus / Seboek, Thomas A. (eds.): *Semiotik. Ein Handbuch zu den zeichentheoretischen Grundlagen von Natur und Kultur*. Berlin / New York: Walter de Gruyter, 3487-3503 (volumen IV).

HURTADO ALBIR, AMPARO (2001): *Traducción y Traductología*. Madrid: Cátedra.

JAKOBS, EVA-MARIA (2003): "Hypertextsorten", en: *Zeitschrift für germanistische Linguistik* 31:2, 232-252.

KEMMANN, MICHAEL (2005): "Der Lokalisierungsmarkt", en: Reineke, Detlef / Schmitz, Klaus-Dirk (eds.): *Einführung in die Softwarelokalisierung*. Tübingen: Narr, 19-26.

MAZUR, IWONA (2007): "The metalanguage of localization: Theory and practice", en: *Target. International Journal of Translation Studies* 19:2, 337-357.
OTTMANN, ANGELIKA (2005): "Lokalisierung von Softwareoberflächen", en: Reineke, Detlef / Schmitz, Klaus-Dirk (eds.): *Einführung in die Softwarelokalisierung.* Tübingen: Narr, 101-115.
PAGANS, MARTA (2002): "Localització, ens ubiquem?", en: *Revista tradumàtica: Traducció automàtica* 1. http://www.fti.uab.es/tradumatica/revista/index_01.htm. [Consulta: 27-04-2008].
PARRA, JOAN (1999): "Perspectivas de la investigación en localización de software", en: *Perspectives: Studies in Translatology* 7:2, 231-239.
PEHKONEN, MIKA (2006): "The F-Secure Agile Localization Model", en: *AGILE Agile software development of embedded systems. Newsletter* #2, 11. http://www.agile-itea.org/public/deliverables/D.6.4.4_ITEA-AGILE-Newsletter2-2006.pdf. [Consulta: 27-04-2008].
PYM, ANTHONY (2004): *The Moving Text: Localization, translation, and distribution.* Amsterdam / Philadelphia: John Benjamins.
PYM, ANTHONY / PEREKRESTENKO, ALEXANDER / STARINK, BRAM (eds.) (2006): *Translation Technology and its Teaching (with much mention of localization).* Intercultural Studies Group, Universitat Rovira y Virgili. http://isg.urv.es/publicity/isg/publications/technology_2006/index.htm. [Consulta: 27-04-2008].
QUAH, CHIEW KIN (2006): *Translation and Technology.* Houndsmills: Palgrave Macmillan.
REINEKE, DETLEF / SCHMITZ, KLAUS-DIRK (eds.) (2005): *Einführung in die Softwarelokalisierung.* Tübingen: Narr.
SCHMITZ, KLAUS-DIRK / WAHLE, KIRSTEN (eds.) (2000): *Softwarelokalisierung.* Tübingen: Stauffenburg.
SCHUBERT, KLAUS (2003): "Jigsaw Translation", en: Gerzymisch-Arbogast, Heidrun / Hajičová, Eva / Sgall, Petr et al. (eds.): *Textologie und Translation.* Tübingen: Narr, 295-304.
STÖCKL, HARTMUT (2006): "Zeichen, Text und Sinn – Theorie und Praxis der multimodalen Textanalyse", en: Eckkrammer, Eva Martha / Held, Gudrun (eds.): *Textsemiotik. Studien zu multimodalen Texten.* Frankfurt am Main: Peter Lang, 11-36.
TORRES, OLGA (2002): "La gestió de projectes de localització de programari: principis estratègics per a l'elaboració del model genèric de procés de gestió del projecte", en: *Revista tradumàtica: Traducció automàtica* 1. http://www.fti.uab.es/tradumatica/revista/index_01.htm. [Consulta: 27-04-2008].
WAGNER, JÖRG (2002): *Mensch-Computer-Interaktion. Sprachwissenschaftliche Aspekte.* Frankfurt am Main: Peter Lang.
WRIGHT, SUE ELLEN (2004): "Localization Competence for Translation and Project Management", en: Fleischmann, Eberhard / Schmitt, Peter A. / Wotjak, Gerd (eds.): *Translationskompetenz. Tagungsberichte der LICTRA (Leipzig International Conference of Translation Studies 2001).* Tübingen: Stauffenburg, 581-595.

ANKE FRERICH DE VALDEZ

Mikrofunktionen in deutschen und peruanischen Bedienungsanleitungen

1 Einleitung

Der vorliegende Artikel befasst sich mit dem Konzept der Mikrofunktionen in deutschen und peruanischen Bedienungsanleitungen mit zu diesem Zweck neu erarbeiteten übergeordneten Funktionsgruppen. Er basiert auf der 2007 am IALT der Universität Leipzig eingereichten Diplomarbeit *Zu einer Beschreibung ausgewählter romanischer und deutscher Bedienungsanleitungen (unter besonderer Berücksichtigung einer Mikrofunktionenanalyse)*. Besonderer Wert wurde hierbei auf die Ausarbeitung der fünf übergeordneten Funktionsgruppen (nur für Bedienungsanleitungen) gelegt.[1] Innerhalb der einzelnen Funktionsgruppen konnten hier nur solche Merkmale näher spezifiziert und teilweise anhand von Beispielen konkretisiert werden, an denen Auffälligkeiten festgestellt wurden. Die *Empfehlungen für den Übersetzer* am Schluss fassen die Ergebnisse zusammen und geben einen Überblick über die wichtigsten übersetzungsrelevanten Unterschiede zwischen deutschen und peruanischen Bedienungsanleitungen.

2 Vorstellung des Korpus

Gegenstand dieses Artikels sind deutsche und peruanische Anleitungen für Küchengeräte. Damit soll dem gewachsenen Bewusstsein für die Bedeutung der Textsorte *Bedienungsanleitung* für die Wirtschaft und somit für die Übersetzungspraxis Rechnung getragen werden. Der Untersuchung lag ein aus zwölf deutschen und dreizehn peruanischen Bedienungsanleitungen mit

---

1 Die Funktionsgruppen stützen sich auf das von 1999 bis 2002 an der Universität Granada realisierte Forschungsprojekt *Gramática funcional (español-alemán) para traductores y/o intérpretes (enfoque onomasiológico)*, weichen jedoch von der dort vorgenommenen Einteilung ab.

einem Textumfang zwischen acht Zeilen und zwölf DIN A4-Seiten bestehendes Korpus zu Grunde. Um festzustellen, inwieweit firmeninterne Richtlinien für Bedienungsanleitungen eine Rolle spielen, wurden in beiden Sprachen mehrere Texte desselben Herstellers oder eventueller Partner analysiert. Bei den peruanischen Anleitungen fällt hierbei sofort auf, dass sich die Texte in ihren Mikrofunktionen u. U. so stark unterscheiden, dass sogar im firmeninternen Vergleich ganz neue, ansonsten absolut unübliche Arten des Anweisens vorkommen können.[2] Ein Fehlen von Normen oder Richtlinien für Bedienungsanleitungen in Peru[3] zeigt, wie wenig Aufmerksamkeit dieser Textsorte bisher geschenkt wurde, was sich natürlich auf die Qualität der Texte auswirkt. Bei den deutschen Beispielen weisen dagegen mehrere Anleitungen eines Unternehmens kaum Unterschiede in Lexik, Überschriften und typographischen Mitteln auf. Einige Anleitungen zeigen starke Übereinstimmungen in bestimmten Teiltexten (Hinweis auf Umweltschutz, Sicherheits-, Entsorgungshinweise, Wartung, Kundenservice etc.). Teiltexte ohne Abweichungen wurden jeweils nur einfach gewertet. In das Textkorpus sind nur die eigentlichen Anweisungen zu Inbetriebnahme und Gebrauch des Gerätes eingegangen. Eventuelle weitere beiliegende Texte (Montageanleitung, Rezepte, u. ä.) oder Textteile mit anderer Makrofunktion (z. B. Tabellen zur Problembeseitigung) wurden nicht berücksichtigt.

3   Vorgehensweise bei der Auszählung

Für die empirische Analyse wurden die Texte zunächst anhand bestehender Mikrofunktionenlisten von Vilar Sánchez (2004a) und Martín García (2005) untersucht. Mit Hilfe der komparativen Stilistik von Nord (2003) und der Grammatik von Buscha et al. (1998), sowie der Klassifizierung einiger Mikrofunktionen in Anleitungen durch Martín García und der Mikrofunktion *Bedingung ausdrücken* durch Vilar Sánchez (2004b) wurden die sprachlichen Realisierungsmöglichkeiten der Mikrofunktionen herausgestellt. Die Eintei-

---

2   Hierbei handelt es sich um den Imperativ Plural: *Coloquen la tapa de la jarra (…)* oder *No desmonten la jarra llena sin el soporte.*

3   Hier sei verwiesen auf die Website des Institutes zum Schutz des Wettbewerbs und des geistigen Eigentums Indecopi unter www.indecopi.gob.pe, wo sich unter dem Link *Consumidor* nur Angaben zum Verbraucherschutz finden lassen. Im deutschen und europäischen Recht gibt es dagegen Normen speziell für das Verfassen von Bedienungsanleitungen (DIN 8418 – „Hinweise zur Erstellung von Benutzerinformation").

lung der Mikrofunktionen in acht Funktionsgruppen nach Vilar Sánchez wurde hier nicht übernommen, sondern mit Hilfe der benutzerfreundlichen *Grammatik in Feldern* von Buscha et al. jeweils übergeordneten Funktionen beigeordnet. Als besonders relevant für Bedienungsanleitungen konnten hierbei die folgenden übergeordneten Funktionen ausgemacht werden:

ÜBERGEORDNETE FUNKTION	DEUTSCH	SPANISCH
instruktiv	39,87%	36,94%
konditional	32,19%	34,18%
warnend	16,72%	17,77%
Ziel mit konsekutiver bzw. kausaler Bedeutungsvariante	2,7%	2,38%
deskriptiv	8,52%	8,72%

Tabelle 1: Prozentuale Verteilung der Mikrofunktionen

4 Ergebnisse der Analyse

4.1 Instruktive Funktion

Bei der instruktiven Funktion handelt es sich im Sinne der direktiven Funktion nach Searle (siehe hierzu Hindelang 1994) um Sprechakte, die das Verhalten des Lesers beeinflussen sollen, jedoch hier nur im positiven Sinne. Alle negativen Aufforderungen wurden als Warnungen gerechnet, da sie dem Leser eine Handlung „verbieten", die eine Gefahr hervorbringen kann. Gleiches gilt auch für Nords „appellative Kommunikation" (2003:321). Die instruktive Funktion verteilt sich auf die Mikrofunktionen wie in der folgenden Tabelle dargestellt; die Werte in Klammern geben den Anteil an der Gesamtheit der Mikrofunktionen an:

MIKROFUNKTION	DEUTSCH	SPANISCH
Aufforderung	86,27% (36,51)	87,55% (35,09)
Empfehlung	4,1% (1,73)	7,18% (2,87)
Möglichkeit	7,72% (3,27)	3,79% (1,53)
Nicht-Notwendigkeit	1,91% (0,81)	1,48% (0,59)

Tabelle 2: Instruktive Funktion

Wie zu sehen ist, dominiert in beiden Sprachen stark die *Aufforderung*, während alle anderen Mikrofunktionen unter zehn Prozent liegen. Ein geringer Unterschied lässt sich bei der Verteilung von *Empfehlung* und *Möglichkeit* ausmachen, wobei erstere im Spanischen und letztere im Deutschen jeweils häufiger vorkommt, worauf im Folgenden noch eingegangen wird.

4.1.1 Aufforderung

Die absolut häufigste, textsortenkonstituierende Mikrofunktion in Bedienungsanleitungen ist also die der Aufforderung. In deutschen Anleitungen ist der imperativische Infinitiv das häufigste sprachliche Mittel hierfür. Der Grund liegt im ökonomischeren Sprachgebrauch des deutschen Infinitivs gegenüber dem Imperativ (s. „Gerät abkühlen lassen" vs. „Lassen Sie das Gerät abkühlen"). Der Imperativ dagegen taucht in deutschen Bedienungsanleitungen immer in den Fällen auf, in denen die Kontaktaufnahme zum Leser als wichtig erachtet wird (am Anfang / in der Anrede, in werbenden Passagen oder Hinweisen auf den Kundendienst), während er im Hauptteil eher gelegentlich eingestreut wird. In spanischen Bedienungsanleitungen dagegen wird weitaus häufiger imperativisch in der Höflichkeitsform angewiesen. Der spanische Imperativ ist sprachökonomisch (vgl. „Ponga la fruta" vs. „Poner la fruta"), daher muss der Autor nicht auf die Vorteile des Leserkontaktes mit der Höflichkeitsform verzichten, um Platz zu sparen. Es ist nicht ganz klar, in welchen Fällen der imperativische Infinitiv in peruanischen Bedienungsanleitungen vorgezogen wird. Manchmal wird in einer Aufzählung von der unpersönlichen Infinitivform plötzlich zum Imperativ in der Höflichkeitsform und zur direkten Anrede übergegangen. Die spanische Entsprechung zum deutschen Indikativ Präsens Aktiv ist das Futur (vgl. Nord 2003:323). Insgesamt wird in spanischen Bedienungsanleitungen weit häufiger das Futur eingesetzt als im Deutschen. Dies gilt besonders für die deskriptive Funktion, also für

Beschreibungen des Gerätes und produktaufwertende Passagen (siehe 4.5). In den spanischen Texten liegen die Handlungsabläufe und die Reaktionen des Gerätes in der Zukunft. Die deutschen Bedienungsanleitungen dagegen vermitteln den Eindruck, dass die Handlungsschritte während des Lesens durchgeführt werden, womit das Gerät auch in der Gegenwart beim Lesen reagieren kann. Wichtiger Punkt ist auch hierbei der ökonomischere Sprachgebrauch der deutschen Präsensform gegenüber dem Futur („Sie finden" vs. „Sie werden finden").

4.1.2 Ratschlag/Empfehlung

Ratschläge/Empfehlungen sind eine weitere Unterfunktion des Instruierens. Es geht hier um eine Aufforderung mit Adressatenpräferenz, die Ausführung der empfohlenen Handlung liegt nicht im direkten Interesse des Textautors. In manchen Fällen ist es jedoch nicht leicht zu erkennen, ob der Leser mit einer Aussage beraten, oder ob ihm auf diese Weise ein für das Unternehmen vorteilhaftes Verhalten (werbende Elemente) induziert werden soll.[4] Bei den peruanischen Anleitungen fällt auf, dass der Hinweis auf einen qualifizierten Techniker für Reparaturen am Gerät oder der Kauf einer Gasflasche von anerkannter Qualität als Empfehlung ausgedrückt wird. In deutschen Anleitungen werden solche Punkte als Notwendigkeit angesehen und mit hohem Dringlichkeitsgrad formuliert. Daher rührt möglicherweise das häufigere Vorkommen der Mikrofunktion *Empfehlung* im peruanischen Korpus.

4.1.3 Möglichkeit

Die Mikrofunktion der Möglichkeit kann sich auf zwei Dinge beziehen: auf eine Möglichkeit, die der Benutzer bei der Handhabung des Gerätes hat oder auf einen möglichen Zustand / mögliche Funktionen des Produktes („Sie haben die Möglichkeit zu" oder „es kann passieren, dass"). Hier geht es zunächst nur um die dominant instruktive Funktion, also um eine Möglichkeit, die der Benutzer bei der Handhabung seines Gerätes hat (während die Produktbeschreibung unter die deskriptive Funktion fällt). Das kann einmal der Herausstellung mehrerer Alternativen beim Gebrauch dienen, oder dem Ausschluss einer Gefahr für den Benutzer („Sie können ohne Gefahr..."). Ein Indikator für alle Formen der Möglichkeit ist im Deutschen das Modalverb *können* und im Spanischen *poder*:

---
4   Vgl.: „Eine gute Hilfe hierbei ist ein Kurzzeitwecker, z. B. der Fissler magic timer."

Alle Braten *können* Sie in den kalten Backofen schieben.

Si se ha apagado automáticamente, permita que el aislante se enfríe durante 15-20 sg. Entonces *podrá* conectarlo de nuevo.

4.1.4 Nicht-Notwendigkeit

Der Übergang von der Möglichkeit zur Nicht-Notwendigkeit ist fließend. Hier wurden alle Ausdrücke ausgezählt, die den Leser von einer bestimmten Handlung freistellen. Es wird ein Thema angesprochen und herausgestellt, dass kein Handlungsbedarf von Seiten des Benutzers besteht. Ebenfalls hierunter fallen solche Ausdrücke, die den Leser angesichts einer möglicherweise als negativ oder schadhaft empfundenen Eigenschaft des Gerätes „beruhigen" sollen, indem verbalisiert wird, dies sei „völlig normal":

Grundgerät, Zubehör und Zusatzgerät sind *wartungsfrei*.

Generalmente al encender la máquina, la traviesa central (...) tiende a calentarse. *No debe preocuparse: es algo normal.*

4.2 Konditionale Funktion

In Bedienungsanleitungen gibt es eine besondere Art der Instruktion, die von der in anderen Textsorten abweicht. Diese besondere Art des Aufforderns ist nicht verbindlich, sondern impliziert immer eine Wenn-Dann-Relation: „Wenn Sie dieses Gerät in Betrieb nehmen möchten, dann gehen Sie folgendermaßen vor." Es ist daher nicht verwunderlich, dass diese Wenn-Dann-Relation in Anleitungen auch häufig verbalisiert wird. Es ergeben sich die folgenden prozentualen Ergebnisse (Anteil Gesamt in Klammern):

MIKROFUNKTION	DEUTSCH	SPANISCH
Bedingung	40,07% (13,88)	37,74% (14,00)
Art und Weise (AUW)	10,85% (3,76)	22,92% (8,50)
Mittel	14,61% (5,06)	11,29% (4,19)
Gewohnheitsmäßige Handlung	2,17% (0,75)	2,62% (0,97)
Temporale Kategorie	24,21% (8,38)	19,16% (7,11)
Ziel mit konditionaler Bedeutungsvariante	8,1% (2,80)	6,27% (2,34)

Tabelle 3: Konditionale Funktion

Auffällig ist der höhere Anteil der *Art und Weise* in den peruanischen Bedienungsanleitungen. Das könnte damit zusammenhängen, dass die spanische Sprache mit dem Gerundium ein ökonomisches, jederzeit problemlos einzusetzendes sprachliches Mittel zur Verfügung stellt. In vielen Fällen tendieren die deutschen Anleitungen dazu, den erklärenden Aspekt einfach wegzulassen und nur die positive/negative Aufforderung ohne weitere Erläuterung auszusprechen, um Platz zu sparen.[5] Die Mikrofunktion *Bedingung* wird in den deutschen Anleitungen in den meisten Fällen durch die Präposition *bei*, die Konjunktionen *wenn* und *falls* und durch Nebensätze ohne Verbindungswort (Inversionen) gebildet. In den spanischen Anleitungen sind die häufigsten sprachlichen Mittel *(en) caso (de)*, *cuando* und *si*. Hier taucht auch wieder das Gerundium auf, das im Spanischen auffällig häufig eingesetzt wird:

Soltándola, se para automáticamente.

Die häufigsten sprachlichen Mittel zum Ausdruck einer *Handlungsbeschreibung* (AUW) sind im Deutschen die Präpositionen *indem* und *durch* und in den spanischen Texten das Gerundium. Die Mikrofunktion *Mittel* wird im Deutschen meist durch *mit*, *mittels* und *mit Hilfe von* und in den peruanischen Anleitungen fast ausschließlich durch *con* gebildet. Die in deutschen Bedienungsanleitungen üblichen Mittel zum Ausdruck eines Ziels sind die Konjunk-

---

[5] Beispiele: dt. „Knopf drücken" vs. „Nehmen Sie das Gerät in Betrieb, indem Sie den Knopf drücken"; sp. „Presione el botón" vs. „Encienda el aparato presionando el botón". Die sprachökonomischste und häufigste Variante (51,1%) im Deutschen ist die Präposition *durch* mit konditionaler Bedeutungsvariante: "Nehmen Sie das Gerät durch Knopfdruck in Betrieb".

tion *um...zu*[6] und die Präpositionen *für* und *zu*[7]. Hier wurde zwischen *Zielen mit konditionaler Bedeutungsvariante* und *Zielen mit konsekutiv-kausaler Bedeutungsvariante* unterschieden. Der konditionalen Funktion wurden somit alle Fälle beigerechnet, die durch die Konstruktionen „Wenn Sie...wollen, so gehen Sie folgendermaßen vor" bzw. „Im Fall" ersetzt werden können. Dagegen sind Ziele mit konsekutiv-kausaler Bedeutungsvariante durch den Ausdruck *damit* ersetzbar (siehe Näheres hierzu unter 4.4). Im Spanischen steht hier nur die Präposition *para*[8] zur Verfügung.

4.3 Warnende Funktion

Ein weiteres, besonders wichtiges Element in technischer Produktdokumentation sind Sicherheits- und Warnhinweise. Bei technischen Produkten sind Risiken und Gefahren bei normalem und vorhersehbarem Gebrauch nie ganz auszuschließen. Der Verbraucher muss im Rahmen der Instruktionspflicht auf die möglichen Gefahren aufmerksam gemacht und darüber informiert werden, wie diese Gefahren zu vermeiden sind. Warnungen nehmen in Bedienungsanleitungen eine Sonderrolle ein. Sie werden in den meisten Fällen auf die gleiche Weise gebildet wie Aufforderungen (jedoch meist in der negativen Variante als eine Art *Verbot*, etwas zu tun) und, ebenso wie diese, mit anderen Mikrofunktionen kombiniert:

---

6   Die Konjunktion *um...zu* ist in den seltensten Fällen Indikator für eine Bedingung, sondern dient meist der Angabe eines Grundes. Vgl.: „Lassen Sie bis zum Eintreffen des Kundendienstes das Gerät geschlossen, um einen weiteren Kälteverlust zu vermeiden." Natürlich könnte auch hier sinnvoll ersetzt werden mit „Wenn Sie Kälteverlust vermeiden wollen, dann (...)". Die Bedingung ist in diesem Fall jedoch nicht die primäre Intention des Autors. Vielmehr möchte er den Leser darüber informieren, warum er der Instruktion Folge zu leisten habe und welche Nachteile sich für ihn bei Missachtung ergeben.

7   Für die Präposition *zu* gilt das Gleiche wie für die Konjunktion *um...zu*. Vgl.: „Suppen zunächst im offenen Topf *zum* Abschäumen zwei bis drei Mal aufkochen, umrühren und dann den Topf schließen." als Grundangabe (= „Suppen aufkochen, damit sie abschäumen").

8   Auch hier gilt das Gleiche wie im Deutschen. Vgl.: „Antes de que usted empiece a preparar una segunda ronda de café, siempre permita que la cafetera se enfríe (...), *para evitar accidentes*." *Para + evitar* ist stets Indikator für eine kausale Relation (ebenso wie im Deutschen: *um zu verhindern/vermeiden; zur Vermeidung*) und auch die Konstruktion *para + que* steht immer für eine Grundangabe.

MIKROFUNKTION	DEUTSCH	SPANISCH
Warnung ohne andere Mikrofunktionen	47,97% (5,81)	38,78% (4,28)
Kombination mit Möglichkeit	15,27% (1,85)	12,24% (1,46)
Kombination mit Grund	33,17% (4,02)	45,92% (5,72)
Unmöglichkeit	1,91% (0,23)	2,04% (0,25)
Drohung	1,67% (0,20)	1,02% (0,13)

Tabelle 4: Warnende Funktion

In peruanischen Bedienungsanleitungen ist es also üblicher, den Grund für eine Warnung zu nennen. Bei einer Übersetzung ist dies zu berücksichtigen, da sich ein peruanischer Leser durch eine negative Aufforderung ohne Grundangabe eventuell nicht angesprochen fühlt und eine Warnung nicht berücksichtigt bzw. nicht als solche erkennt.

4.3.1 Negative Aufforderung als Warnung

Verbote werden vielfach durch die Androhung von Strafe/Sanktionen durch einen Gesetzgeber oder Vorgesetzten definiert (z. B. bei Nord 2003:322). Eine solche Art von Verboten kommt in Bedienungsanleitungen nicht vor. Nord stellt hierbei den *Verboten die Warnungen* gegenüber als „die (schrecklichen, schmerzhaften) Folgen eines bestimmten Tuns (…). In diesem Fall ist die ‚normgebende Instanz', auf die sich der Warnende beruft, die Zwangsläufigkeit von Ursache und Wirkung" (ebd.). Bei Buscha et al. ist das Wortfeld *verbieten* einfach eine „negativ formulierte Anordnung" (1998:245)[9]. Nord zählt sowohl *Verbote* als auch *Warnungen* zum *Auffordern* als appellativer Kommunikation. Hier sollen als Warnungen solche Mikrofunktionen betrachtet werden, die auf die negativen und unerwünschten Konsequenzen einer Handlung / eines Zustandes hinweisen. Dazu gehören negierte Aufforderungen oder auch schlichte Feststellungen, die entweder allein durch den Kontext als Warnungen zu identifizieren sind oder durch Signalwörter (wie *Achtung, Warnung,* usw.) kenntlich gemacht werden:

Keine scheuernden Reinigungsmittel *benutzen.*

---

9 Vgl. auch Martín García (2003): „Prohibir / expresar una prohibición / impedir" und die möglichen Realisierungsarten in spanischen Anleitungen: *no + inf., no + imp. nunca + imp.* usw.

No se aleje del artefacto cuando lo esté usando.

4.3.2 Einschränkung (als *bedingtes Verbot*)

Ein indirektes Verbot kann auch durch eine Einschränkung (*nur* (*wenn*); *erst* (*dann*); *ausschließlich*) realisiert werden. Hierbei wird ein Soll-Zustand (z. B. ausgeschaltete Küchenmaschine beim Reinigen) verbal geäußert, der gegeben sein muss. Der abweichende, nicht erwähnte Zustand ist somit zu vermeiden. Die Einschränkung ist somit eine positiv ausgedrückte negative Aufforderung (vgl.: „Hochprozentigen Alkohol nur dicht verschlossen und stehend lagern" vs. „Hochprozentigen Alkohol nicht/niemals offen oder liegend lagern"). Oft erscheint diese Realisierungsmöglichkeit im Deutschen in Kombination mit dem Modalverb *dürfen*, im Spanischen mit *deber* oder *hay que*:

Die Glühlampe *darf nur* ausgewechselt werden, *wenn* dieses Teil spannungslos ist.

Y para fijarla en sus extremos *debe utilizarse sólo* abrazaderas de tornillo.

4.3.3 Feststellung

Wird in einem Satz ohne weiteren Kommentar ein neues Thema als die unerwünschte Folge von etwas dargestellt, so handelt es sich hierbei um die indirekte Aufforderung, etwas nicht zu tun. Hierbei werden negative Folgen eines Zustandes / einer Handlung dargestellt, damit der Benutzer den Zustand / die Handlung vermeiden kann.

Unebene Böden *verlängern* die Garzeiten und *erhöhen* den Energieverbrauch!

En el momento de un corto circuito eléctrico, suelo (tierra) *reduce el riesgo* de un choque eléctrico por un cable suelto con corriente eléctrica.

4.3.4 Kombinationen mit anderen Mikrofunktionen

Wie dargelegt, treten Warnungen in Bedienungsanleitungen als Aufforderung (meist negativ) oder seltener als Feststellung auf. In den meisten Fällen werden sie dabei mit anderen Mikrofunktionen kombiniert. Besonders auffällig ist die Kombination mit der *Bedingung* (speziell mit der *Möglichkeit*, also der Verbalisierung einer *möglichen* Gefahr), der *Folge* (Konsequenzen einer Handlung oder einer Unterlassung) und des *Grundes* (Grundangabe, warum eine bestimmte Handlung durchzuführen oder zu unterlassen ist).

Bedingung/Möglichkeit: Die *Bedingung*, und dabei besonders die *Möglichkeit*, ist in solchen Fällen wichtig, um der Warnung den drohenden, Angst machenden Charakter zu nehmen und zu signalisieren, dass die Gefahr durch das richtige Verhalten abzuwenden ist. Auffällig ist in den deutschen Bedienungsanleitungen die Kollokation des Verbs *führen zu* (oder auch seltener *zur Folge haben*), das ausschließlich in Kombination mit *können* gebraucht wird:

> Verzehren Sie keine überlagerten Lebensmittel, sie *können zu* einer Lebensmittelvergiftung *führen*.

In den spanischen Texten des Korpus dagegen wird häufig ein Konditional eingesetzt, was die Gefahr noch unwahrscheinlicher erscheinen lässt:

> (...) caso contrario la llama saldrá dispareja y *podría dañar* el quemador.

Grund/Folge: Die Angabe eines Grundes nimmt einem *Verbot* / einer *Warnung* den autoritären Charakter und appelliert an den gesunden Menschenverstand des Lesers. Wie an den oben gewählten Beispielen zu sehen ist, ist bei Warnungen eine Mehrfachkombination aus Mikrofunktionen durchaus üblich. Die Gefahren im Umgang mit einem technischen Produkt werden häufig durch eine Möglichkeit als potentiell dargestellt und gleichzeitig durch die Angabe eines Grundes / einer Folge oder auch einer ganzen Kette aus Gründen erklärt.

4.3.5 Wiederholung (nicht ausgezählt)

Wiederholungen sind üblich bei der Warnung vor Risiken und Gefahren. Durch die Eigenschaften des Lesers von Bedienungsanleitungen (ungeduldig und unsystematisch; siehe hierzu Ehlich 1994:121) ist es gerade bei höheren Risiken nötig, Warnungen wiederholt im gesamten Text einzustreuen: so erhöht sich die Wahrscheinlichkeit, dass die Information auch beim besonders ungeduldigen Leser ankommt. Tatsächlich werden Warnungen besonders auffällig in den Anleitungen für einen Schnellkochtopf bzw. für einen Gasherd wiederholt, da der Gebrauch dieser Geräte die meisten Gefahren mit sich bringen kann.

4.4 Ziel mit konsekutiv-kausaler Bedeutungsvariante

Neben der bereits besprochenen konsekutiv-kausalen Funktion in Zusammenhang mit einer *Warnung* (siehe 4.3.4) kommt auch die Mikrofunktion des Zieles in konsekutiv-kausaler Funktion vor (vgl. auch *Ziel mit konditionaler Bedeutungsvariante* in 4.2). Der Unterschied zwischen beiden besteht allein darin, dass im letzteren Fall der Grund auf eine positive Aufforderung bzw. einen erwünschten Zustand folgt. Die sprachlichen Mittel sind potentiell die gleichen und in beiden Fällen gibt die Grundangabe Auskunft auf die Frage „Warum soll ich das tun?" bzw. „Warum verhält sich das Gerät so?". Jedoch finden sich im Textkorpus (besonders im Spanischen) weniger sprachliche Realisierungsmöglichkeiten für den Grund in Zusammenhang mit einem Ziel als mit einer Warnung (dt. Warnung: 58,4%, Ziel: 41,6%; sp. Warnung: 71,05%, Ziel: 28,95%):

Um den Dichtungsring *zu schonen*, den Deckel nach der Reinigung umgekehrt auf den Topf legen.

Auch hier konnte im peruanischen Korpus der Einsatz des Gerundiums im Sinne von *um ... zu* festgestellt werden:

Siempre evite abrir la puerta del horno, observe la preparación del alimento por visor de la puerta *economizando tiempo y gas* para obtener un asado uniforme.

4.5 Deskriptive Funktion

Die Analyse hat für die deskriptive Funktion folgende Ergebnisse erbracht:

MIKROFUNKTION	DEUTSCH	SPANISCH
Beschreibung	70,37% (7,69)	65,45% (6,83)
Grundlage	5,03% (0,55)	0,81% (0,09)
Textgestaltende Funktion	8,47% (0,93)	17,07% (1,78)
Produktaufwertende Funktion	16,14% (1,76)	16,67% (1,73)

Tabelle 5: Deskriptive Funktion

Hier fällt zunächst einmal auf, dass die *Grundlage* in den spanischen Texten kaum vorkommt und dass die *textgestaltende Funktion* sehr viel häufiger ist. Diese Ergebnisse lassen sich u. U. mit der geringen Erfahrung des Landes mit der Textsorte und der Technik insgesamt zurückführen. Da es in Peru kaum technische Richtlinien und Normen gibt (siehe Abschnitt 2), kann sich der Textautor auch nicht auf solche berufen (Grundlage) und für ein besseres Verständnis verwendet er mehr textgestaltende Funktionen.

4.5.1 Beschreibung

Der Mikrofunktion der *Beschreibung* wurden alle Aussagen über das Gerät beigerechnet. Sie steht somit als *Produktbeschreibung* im Gegensatz zur *Handlungsbeschreibung* und umfasst Aussagen zu Form und Umfang eines Produktes, zu seinen Funktionen und dazu, was das Gerät eigenständig tut (z. B. nach dem Drücken eines Knopfes). Im Deutschen wird diese Mikrofunktion in den meisten Fällen im Indikativ Präsens Aktiv (72,18%), seltener im Passiv (*werden-*, *sein-* und *bleiben*-Passiv) ausgedrückt. Weitere häufig vorkommende Formulierungen, wie *dienen zu, ausgestattet sein mit* usw., fielen in der Auszählung den jeweiligen Zahlen zu Aktiv bzw. Passiv zu. Der auffälligste Unterschied innerhalb der deskriptiven Funktion ist der verstärkte Einsatz des Futurs (37,5%) in Aktiv und Passiv in den peruanischen Texten:

Presione el botón (...) y *escuchará* un clic.

4.5.2 Grundlage

In allen deutschen Texten des Korpus gibt es Hinweise auf Normen oder Richtlinien. Bei einigen Geräten findet sich nur das CE-Zeichen und bei anderen wird auf mehrere Normen aufmerksam gemacht. Sprachliche Mittel hierfür sind z. B. *entsprechen* („Dieses Gerät entspricht"), *gemäß, laut, nach* (*den Richtlinien*) und *geprüft sein auf*. Im gesamten peruanischen Korpus gibt es nur zwei solche Hinweise. Einer wird mit *conforme* gebildet und bezieht sich auf eine brasilianische Norm und ein weiterer mit *acorde a* bezieht sich allgemein auf den *estándar técnico vigente y al de seguridad*.

4.5.3 Konkretisierung, Aufzählung, Adversativität und Exemplifizierung

Die textgestaltenden Funktionen *Konkretisierung, Aufzählung, Adversativität* und *Exemplifizierung* beziehen sich nur auf einzelne Wörter innerhalb eines Satzes, der eine oder mehrere andere dominante Mikrofunktionen aufweist. Mikrofunktionen auf Wortebene lassen sich besonders schwer in eine Kategorie einordnen. Hier wurden alle Beispiele der deskriptiven Funktion zugeordnet, die dazu dienen, dem Leser zum besseren Verständnis noch einmal konkreter zu beschreiben, was eigentlich gemeint ist:[10]

> Lebensmittel so lagern, dass die Luft gut zirkulieren kann, *also* nicht zu dicht lagern.

> (…) llene el recipiente con agua fría (*es decir*, sin café, …).

4.5.4 Produktaufwertende Funktion

Zuletzt müssen die produktaufwertenden und werbenden Anteile in Bedienungsanleitungen unbedingt eigens erwähnt werden. Direkte Werbung ist nach DIN 8418 in Bedienungsanleitungen eigentlich nicht zulässig. Sehr wohl aber darf und sollte durch eine besonders leserfreundliche Schreibweise und durch Kontaktherstellung zum Leser eine positive Einstimmung des Kunden zum erworbenen Produkt erfolgen. Mittel zum Kontaktaufbau oder -erhalt, leserfreundliche Ausdrucksweisen und werbende Anteile auf Wort- und Satzebene oder in ganzen Passagen sind textkonstituierend für Bedienungsan-

---

10 Das Mikrofunktionen-Konzept hat sich ganz und gar von der Einteilung auf Satzebene getrennt und kann sich auch auf einzelne Wörter beziehen. Nach Vilar Sánchez kann sogar „In manchen Fällen (…) ein konkretes sprachliches Mittel durchaus auch zwei verschiedenen oder sogar mehreren Funktionen zugeordnet werden" (2004:215).

leitungen. Besonders auffällig ist diese Funktion in bestimmten Teiltexten (Einführung, Hinweise auf den Kundenservice), deren einzige erkennbare Funktion es oft ist, den Leser dem Produkt oder dem Hersteller gegenüber positiv einzustimmen. Die peruanischen Anleitungen beschränken sich, neben den einleitenden Worten mit direkter Anrede des Lesers, im eigentlichen Anweisungsteil eher auf eine nüchterne Darstellung von Handlungsschritten und Sicherheitswarnungen mit höchstens einigen wenigen Mitteln zum Kontakterhalt, wie Possessivpronomen („*su* nuevo producto") oder das Unternehmen in Wir-Form („recomend*amos*"), während in den deutschen Texten verstärkt versucht wird, den Text aufzulockern und werbende Anteile einzustreuen. Auffällig ist wiederum der Einsatz des Futurs in den peruanischen Anleitungen:

> Con esto, el vapor generado *penetrará más* sus granos, produciendo así un perfecto cocimiento y un gusto exquisito.

Direkte Werbung wird oft als Empfehlung getarnt. In solchen Fällen ist es nicht leicht zu entscheiden, ob es sich tatsächlich um eine „harmlose" Produktempfehlung als Hilfestellung für den Leser handelt (VIM, ATA) oder ob die empfohlenen Reiniger und Zusatzgeräte eventuell von demselben Hersteller produziert werden[11]:

> Anschließend die Platte mit Scheuerpulver (*VIM, ATA*) oder Putzschwämmen reinigen.

Eine weitere Eigenart der deutschen Bedienungsanleitungen ist der Hinweis auf den Umweltschutz (umweltfreundliche Verpackung und Materialien), der in den peruanischen Anleitungen überhaupt nicht vorkommt. In den deutschen Exemplaren aus dem Textkorpus lässt sich ausschließlich in der produktaufwertenden Mikrofunktion auch das Futur ausmachen: „Schnell werden Sie mit Ihrem Gerät vertraut sein" bzw. „eigene Erfahrungen sammeln".

---

11 Vgl. hierzu Schmitt (1999:207), der das Beispiel mit VIM und ATA als Prototypen für Scheuerpulver in Deutschland aufgreift. Hierbei ergäben sich wiederum Schwierigkeiten beim Übersetzen, da entsprechende Äquivalente in der Zielkultur gefunden werden müssten.

Abschließend lassen sich aus der empirischen Analyse insgesamt grob die im folgenden Kapitel zusammengestellten wichtigen Empfehlungen für den Übersetzer festhalten.

4.6 Empfehlungen für den Übersetzer

Aufforderungen werden in deutschen Bedienungsanleitungen eher im platzsparenden imperativischen Infinitiv, im Spanischen eher im persönlichen Imperativ formuliert. Um Nähe zum Leser herzustellen, sollte in deutschen Bedienungsanleitungen hin und wieder der Imperativ eingestreut werden, besonders in bestimmten Teiltexten, wie Anrede, Hinweis auf Kundendienst, produktaufwertenden Teiltexten (zu beachten ist hierbei v. a. die *Corporate Identity* des jeweiligen Unternehmens). Im Spanischen sollte hin und wieder (besonders in Aufzählungen) der Infinitiv eingestreut werden, da dieser seriöser klingt. Jedoch wäre es auch im Spanischen vorteilhaft, innerhalb einer Aufzählung nicht plötzlich vom Infinitiv zum Imperativ überzugehen.

In peruanischen Bedienungsanleitungen sollten wichtige Hinweise häufiger als Empfehlungen formuliert werden und seltener wie „Kommandos" klingen. Besonders wichtige Aspekte, wie der Kauf einer Gasflasche in einem Betrieb von anerkannter Qualität oder das Durchführen von Reparaturen durch einen qualifizierten Fachmann, sind in Peru keine Selbstverständlichkeit, sondern teilweise sogar die Ausnahme (höhere Preise). Daher sollten diese Punkte unbedingt erwähnt werden, jedoch nicht im Befehlston.

Anscheinend ist es in deutscher Produktdokumentation üblicher, mehrere Möglichkeiten für Handlungsabläufe aufzuzeigen. Auch die sprachlichen Realisierungsmöglichkeiten sind bei der Mikrofunktion *Möglichkeit* im Deutschen vielfältiger (instruktiv und *Möglichkeit* in Kombination mit einer Warnung).

In peruanischen Bedienungsanleitungen sollten mehr Handlungsbeschreibungen erfolgen. Diese lassen sich sprachökonomisch mit dem Gerundium realisieren, wo im Deutschen oft nur eine simple Aufforderung steht. Insgesamt können kurze deutsche Sätze im Spanischen häufig durch ein Gerundium miteinander kombiniert werden.

Warnungen sollten in peruanischen Bedienungsanleitungen häufiger mit einer Grundangabe verbunden werden.

In peruanischen Bedienungsanleitungen „agiert" das Gerät in der Zukunft, während das Futur im Deutschen (zumindest im Korpus) ausschließlich in

Zusammenhang mit der „Beziehung" des Käufers zum Gerät (Erfahrung, Vertrautheit) gebraucht wird.

5   Fazit und Ausblick

Der vorliegende Artikel trägt der Erkenntnis des Warencharakters der Textsorte Bedienungsanleitung und den damit einhergehenden zunehmenden Qualitätsanforderungen Rechnung. Bei der empirischen Analyse wurde von drei Funktionsebenen ausgegangen: die kommunikative Makrofunktion der Textsorte, die kommunikative Funktion der einzelnen Aussage (instruktiv, konditional, deskriptiv, konsekutiv-kausal und warnend als die relevantesten Funktionen in Bedienungsanleitungen) und die konkreten Mikrofunktionen nach dem Konzept von Vilar Sánchez und der *Gramática funcional contrastiva* (Grafunco). Hiermit wurde versucht, unterschiedliche bestehende Ansätze in die Analyse einfließen zu lassen, wenn auch die Mikrofunktionenanalyse Hauptgegenstand war. Es konnte gezeigt werden, dass die kommunikative Makrofunktion der Textsorte zu einer ähnlichen Verteilung der übergeordneten Funktionen führt (mit einer Dominanz der instruktiven Funktion in beiden Kulturkreisen), auf Mikrofunktionsebene jedoch ergaben sich zum Teil bemerkenswerte Unterschiede. Angefangen bei der bereits weithin bekannten[12] Gegenüberstellung von imperativischem Infinitiv und Imperativ in deutschen und romanischen Anleitungen, ziehen sich die Unterschiede hin zu einem unterschiedlichen Zeitverständnis (siehe Einsatz des Futurs im Spanischen), unterschiedlichem Umweltbewusstsein (vgl. 4.5.4) und grammatikalischen Ausdrucksmöglichkeiten (Gerundium im Spanischen, das nahezu in allen Funktionen verwendet werden kann und oft einfach Sätze verknüpft, die im Deutschen getrennt werden müssen). Das Mikrofunktionen-Projekt reiht sich in die Liste der pragmatischen Ansätze moderner Übersetzungswissenschaft mit ein, wobei es als eine Ergänzung derselben gesehen werden sollte. Die immer zahlreicher werdenden ein- und mehrsprachigen kommunikativen Grammatiken widerspiegeln die wachsende Bedeutung, die der kommunikativen Funktion bei der Wahl der sprachlichen Mittel beigemessen wird. Mit den Mikrofunktionen, welche die kleinste Funktionseinheit eines Textes unterhalb der Satzebene darstellen und dabei ihre Einbettung in eine bestimmte Text-

---

12 Vgl. die Ergebnisse von Martín García (2003) und Nord (2003).

sorte bzw. kommunikative Makrofunktion berücksichtigen, tut sich eine Vielzahl an Möglichkeiten für zukünftige Untersuchungen auf. Der Artikel stellt einen Vorschlag für eine benutzerfreundliche Einteilung der Mikrofunktionen dar, der von der ursprünglichen Einteilung auf acht Funktionsgruppen abweicht. Auf den ersten Blick wirkten die Gruppen des Grafunco-Katalogs (Textgliederung; logische und temporale Gliederung; Modifikation; Meinungsausdruck; Gefühlsausdruck; Kontakt/Höflichkeit; Fördern; Hemmen) sehr abstrakt. Die kommunikativen Grammatiken von Buscha et al. für das Deutsche und Matte Bon für das Spanische sind Beispiele für besonders benutzerfreundliche Nachschlagewerke. Anhand des jeweiligen Inhaltsverzeichnisses kann ohne große Vorarbeit schnell das Gesuchte aufgefunden und in der Praxis angewandt werden. Daher dienten die Wortfelder der *Grammatik in Feldern* von Buscha et al. als Vorbild für die Einteilung der Mikrofunktionen in übergeordnete Funktionen. Die vorgenommene Einteilung ist dabei stark auf die untersuchte Textsorte abgestimmt; bei einer Berücksichtigung mehrerer Textsorten kämen noch weitere Mikrofunktionen und übergeordnete Funktionen oder Funktionsgruppen hinzu und es wäre zu prüfen, ob sich die vorgeschlagene Einteilung dann noch beibehalten ließe.

Literaturverzeichnis

BUSCHA, JOACHIM et al. (1998): *Grammatik in Feldern*. Ismaning: Verlag für Deutsch.

EHLICH, KONRAD (1994): „Verweisungen und Kohärenz in Bedienungsanleitungen. Einige Aspekte der Verständlichkeit von Texten", in: Ehlich, Konrad / Noack, Claus / Scheiter, Susanne (Hrsg.): *Instruktion durch Text und Diskurs: zur Linguistik „Technischer Texte"*. Opladen: Westdeutscher Verlag, 116-149.

FRERICH DE VALDEZ, ANKE (2007): *Zu einer Beschreibung ausgewählter romanischer und deutscher Bedienungsanleitungen (unter besonderer Berücksichtigung einer Mikrofunktionenanalyse)*. Diplomarbeit. Universität Leipzig (Institut für Angewandte Linguistik und Translatologie).

HINDELANG, GÖTZ (1994[2]): *Einführung in die Spreckakttheorie*. Tübingen: Niemeyer.

MARTÍN GARCÍA, ENRIQUE (2005): "Las funciones comunicativas en algunos tipos de texto - análisis contrastivo", in: Schmitt, Christian / Wotjak, Barbara (Hrsg.): *Studien zum romanisch-deutschen und innerromanischen Sprachvergleich*. Bonn: Romanistischer Verlag, 215-226 (Band II).

MATTE BON, FRANCISCO (2005): *Gramática comunicativa del español*. Madrid: Edelsa (2 Bände).

NORD, CHRISTIANE (2003): *Kommunikativ Handeln auf Spanisch und Deutsch: ein übersetzungsorientierter funktionaler Sprach- und Stilvergleich*. Wilhelmsfeld: Egert.

SCHMITT, PETER A. (1999): Translation und Technik. Tübingen: Stauffenburg.

VILAR SÁNCHEZ, KARIN (2004a): "Diccionario de sinónimos funcionales", in: Faber, Pamela / Jiménez Hurtado, Catalina / Wotjak, Gerd (Hrsg.): *Léxico especializado y comunicación interlingüística*. Granada: Granada Lingvistica, 297-322.

VILAR SÁNCHEZ, KARIN (2004b): „Sprachliche Mittel zum Ausdruck der Bedingung in unterschiedlichen Textsorten", in: *Estudios Filológicos Alemanes* 5, 213-229.

VESSELA IVANOVA (UNIVERSITÄT LEIPZIG) /
KARIN VILAR SÁNCHEZ (UNIVERSIDAD DE GRANADA)

El análisis cualitativo de datos aplicado al estudio lingüístico contrastivo: recursos para indicar la fuente normativa en contratos de trabajo

1 Introducción

Las nuevas tecnologías de la información y comunicación han propiciado entornos de trabajo y aprendizaje distintos a los ya consolidados y susceptibles de una transformación constante. Ésta última siempre implica una acción pionera que, a su vez, desencadena otras acciones encaminadas a modificarla, perfeccionarla o ampliarla. Así, gracias a las nuevas tecnologías se ha podido dar un nuevo impulso a la aplicación de métodos cualitativos a numerosos estudios empíricos que, tradicionalmente, se solían realizar dentro de unos parámetros cuantitativos y con la ayuda de técnicas menos sofisticadas. En el presente trabajo utilizamos el paradigma de la investigación cualitativa informatizada para acercarnos a fenómenos lingüísticos no perceptibles a primera vista en la estructura superficial[1] textual, para luego estudiarlos desde una perspectiva contrastiva.

1.1 Investigación cualitativa

La investigación cualitativa puede entenderse como "una metodología que intenta acercarse al conocimiento de la realidad social a través de la observación participante de los hechos o del estudio de los discursos" (Revuelta Domínguez / Sánchez Gómez 2003). No es de extrañar, por consiguiente, que haya empezado a aplicarse en el seno de las ciencias sociales, que pretenden dar cuenta del intrincado carácter de la realidad social. Tanto es así que Anguera, citada por Revuelta Domínguez / Sánchez Gómez (2003),

---

[1] Para la distinción entre "estructura superficial" y "estructura profunda" de un texto remitimos a la contribución individual de Vilar Sánchez en el presente volumen.

pone de manifiesto tal complejidad definiendo la investigación cualitativa como

> una estrategia de investigación fundamentada en una depurada y rigurosa descripción contextual del evento, conducta o situación que garantice la máxima objetividad en la captación de la realidad, siempre compleja, y preserve la espontánea continuidad temporal que le es inherente, con el fin de que la correspondiente recogida sistemática de datos, categóricos por naturaleza, y con independencia de su orientación preferentemente ideográfica y procesual, posibilite un análisis que dé lugar a la obtención de conocimiento válido con suficiente potencia explicativa (1986:24).

Los métodos cualitativos son inevitablemente variados, pero, como afirma Íñiguez (2004), "tienen en común un compromiso con una aproximación naturalista e interpretativa" de la realidad, que siempre está sujeta a la visión heurística del investigador. Dicha aproximación, como cualquier enfoque científico, ha recibido críticas, por ejemplo, en términos de falta de objetividad o relativismo.[2] Es cierto que no puede negarse la naturaleza ocasionalmente subjetiva de este tipo de análisis; sin embargo, las críticas pierden fuerza al argumentar que todo estudio empírico conlleva una perspectiva particular inherente que no necesariamente resta validez y relevancia al método empleado, cuyo uso asume su legitimidad desde la propia puesta en práctica (cf. Íñiguez 2004), sin tener por qué ser compartido por todos los miembros de una comunidad científica. De hecho, sin las perspectivas metodológicas cualitativas se habría dejado en el tintero más de una conclusión o reflexión importante no cuantificable.

Con el tiempo, la investigación cualitativa ha ido encontrando su lugar paralelo a la aparición de las teorías críticas (cf. Íñiguez 2004) y está recibiendo una atención teórica y técnica cada vez mayor. En la actualidad, ya existen estudios en niveles considerables que han hecho uso de los métodos cualitativos como una de las formas más acertadas de obtener mejores conclusiones (cf. Revuelta Domínguez / Sánchez Gómez 2003). El auge que han experimentado se debe también a la revolución informática de los últimos años.

---

2 Para más detalles acerca del debate sobre metodología cualitativa versus cuantitativa, véase Íñiguez (2004).

1.2 Herramientas informáticas de ayuda al análisis cualitativo

Los primeros programas de ayuda al análisis cualitativo comienzan a aparecer a principios de la década de los años 80. Se trata de herramientas informáticas, que tienen como objetivo facilitar el arduo trabajo del investigador cualitativo, conocidas con el nombre genérico de CAQDAS (Computer Assisted Qualitative Data Analysis Software o Análisis de datos cualitativos asistidos por ordenador).[3] La tarea principal de estas aplicaciones consiste en sintetizar, ordenar y organizar la información recogida para presentar así los resultados del análisis, lo que permite obtener una visión de conjunto casi inmediata del objeto de estudio.

Como su nombre indica, los programas están diseñados para *asistir* el análisis cualitativo y no pueden "reemplazar la capacidad deductiva del investigador, pero sí ayudar en fases instrumentales del análisis" (Revuelta Domínguez / Sánchez Gómez 2003). El papel del investigador sigue siendo insustituible; lo que cambia es la sofisticación de los métodos, los cuales, hace no demasiados años, se reducían a la utilización de "lápiz y papel", rotuladores o diferentes colores de fuente del procesador de textos. Vallés Martínez (2002) aborda la noción de *transición tecnológica* en el análisis cualitativo y habla de "permanencia metodológica y cambio tecnológico". Es precisamente la diferencia en la sistematización de los datos y su grado de exhaustividad (cf. Muñoz Justicia 2005:13) lo que ha animado nuestro esfuerzo de realizar un estudio de naturaleza cualitativa con la ayuda de una herramienta informática de este tipo en el campo de la lingüística aplicada. A continuación, apuntamos algunas reflexiones sobre el procedimiento de trabajo con el programa *Atlas.ti*, para después contextualizarlas con una muestra concreta, que deja patente la utilidad de dicha aplicación en su función de asistente para indagar niveles de análisis poco explorados hasta la fecha.

---

3 Actualmente, la oferta de estos programas es amplia y los creadores han ido perfeccionando sus prestaciones, que incluyen no sólo el análisis de datos "sensibles" textuales, que son los que aquí nos ocupan, sino también gráficos, sonoros y de vídeo. Aunque están concebidas para el mismo fin y su diseño es parecido, las distintas herramientas presentan características técnicas que pueden variar. Para una descripción comparada de los programas más utilizados, véase Revuelta Domínguez / Sánchez Gómez (2003).

2 Investigación cualitativa informatizada y análisis lingüístico

Atlas.ti es una herramienta que ha gozado y sigue gozando de una gran popularidad en numerosos círculos científicos. Su versatilidad y utilidad se ponen de manifiesto si se examinan los ámbitos en los que ha tenido aplicación: sociología, ciencias políticas, antropología, ciencias de la educación, criminología, economía, historia, derecho, estudios de literatura, etc. En la parcela de la lingüística (comparada) y, sobre todo, en la traductología, sin embargo, todos los indicios apuntan a su escaso conocimiento y difusión. El potencial de esta aplicación para análisis lingüísticos (contrastivos), con o sin pretensiones traductológicas, es inagotable. No es el objetivo de este artículo explicar todas y cada una de las prestaciones del programa, pues ya ha recibido atención pionera por varios autores, entre los cuales cabe destacar a Muñoz Justicia (2005), quien incluso ha elaborado un manual completo en castellano. Para el objeto de estudio que nos ocupa, remitimos a Ivanova / Krüger / Tabares / Reischert / Vilar Sánchez (2007), Vilar Sánchez (ed.) (2007), Vilar Sánchez (2008) y a la aportación de Vilar Sánchez en este volumen. No obstante, sí creemos conveniente apuntar en las líneas que siguen algunas ventajas de interés para el investigador proveniente del amplio campo de la lingüística aplicada.

2.1 Ventajas del programa *Atlas.ti*

El programa *Atlas.ti* se caracteriza por su orientación hacia el análisis sistemático, aunque creativo, de datos de naturaleza desestructurada, dentro de una gran cantidad de textos, difícilmente abordable con métodos rudimentarios.[4] Su manejo es sencillo e intuitivo y permite mostrar, sin perder la visión de conjunto, los elementos textuales analizados en su entorno original, lo que ofrece una defensa a la crítica de la descontextualización (cf. Vallés Martínez 2002). Asimismo, el usuario tiene a su disposición opciones de búsqueda, recuperación y navegación que le ayudan a localizar rápidamente la

---

4   Así se expresa en la siguiente página web donde puede encontrarse la descripción de un curso dedicado al programa *Atlas.ti*, realizada por la profesora Ruiz Jiménez: http://portal.uam.es/portal/page/portal/ UAM_ORGANIZATIVO/Departamentos/CienciaPoliticaRelacionesInternacioales/doctorado/Seminarios%20y%20cursos%20de%20profesores%20invitados/Materiales%20A%20Ruiz/Programa%20T%E9cnicas%20Cualitativas.Atlas-ti.doc.

información deseada, previamente codificada por el investigador en función de los objetivos del análisis llevado a cabo.

Se dispone así de un banco de datos dinámico que contiene datos susceptibles de tratamiento cuantitativo, pero también de indagación cualitativa, pues, además de la posibilidad de crear categorías de naturaleza variopinta, se pueden establecer relaciones y conexiones entre los diferentes elementos formando agrupaciones y redes o mapas conceptuales que posibilitan el descubrimiento de fenómenos complejos, ocultos en la mencionada estructura profunda del texto (véase nota 1). De esta manera se puede llegar a corroborar o refutar hipótesis, revelar nuevos hallazgos e incluso generar modelos teóricos. Aquí cabría añadir otra finalidad para la que dichas herramientas informáticas no han sido desarrolladas en su origen: la aplicación didáctica en un contexto universitario[5], que nos sirvió de fuente inspiradora para realizar un estudio lingüístico microfuncional, del que trazaremos algunas pinceladas a continuación.

2.2 Aplicación al análisis lingüístico microfuncional

Este proyecto debe su existencia en primer lugar a Vilar Sánchez, que inició su labor de investigación en el campo funcional del lenguaje, movida, por un lado, por la cierta dificultad que implica el reconocimiento y el trasvase de contenidos funcionales de una lengua a otra, reflejada en el comportamiento de sus estudiantes de Traducción, y por la escasa existencia de estudios de envergadura en esta parcela del saber[6], por otro. Las propuestas teóricas y metodológicas de Vilar Sánchez se pueden encontrar en diversos trabajos (2000, 2002a, 2002b, 2003, 2004 y 2005, entre otros), que nos sirvieron de punto de partida para dicho proyecto de investigación, realizado conjuntamente por las universidades de Granada y Leipzig (2005-2006) bajo el nombre de *Descripción funcional contrastiva de textos especializados en español,*

---

5   Acerca del uso de los CAQDAS en la enseñanza de lenguas, véase Vilar Sánchez (2008).
6   En Vilar Sánchez (2005) e Ivanova (2007) se puede consultar una relación de los principales estudios llevados a cabo para las lenguas española y alemana. Ivanova (2007) ofrece, además, una propuesta didáctica en este campo para la carrera de Traducción e Interpretación.

alemán y francés, enfocada hacia la traducción.[7] Para el estudio contrastivo alemán-español se eligió el subgénero textual *contrato de trabajo*.[8]

Los resultados se publicaron en CD-ROM en forma de una base de datos creada con el programa *Atlas.ti* (véase Vilar Sánchez (ed.) 2007). El objetivo primordial fue elaborar una herramienta que facilitara a los (futuros) traductores y/o intérpretes la labor traductora, proporcionándoles el catálogo de las microfunciones comunicativas y semántico-gramaticales[9] más relevantes de dicho subgénero textual, así como los recursos lingüísticos con que éstas se realizan en los textos del corpus recopilado. Para crear el repertorio de recursos en cuestión hemos realizado una serie de pasos que conforman lo que podríamos denominar el "proceso general del análisis cualitativo de datos", que suele dividirse en tres actividades principales: *reducción de datos, disposición y transformación* y *obtención y verificación de conclusiones* (véase Chacón 2004). Algunos autores han establecido cuatro fases del análisis cualitativo. En la línea de Chacón (2004), preferimos hablar de:

- (1) preparación de datos (recogida, almacenamiento y digitalización de los documentos, llamados "primarios" en el programa *Atlas.ti*)
- (2) reducción de datos (categorización y codificación – análisis inicial)
- (3) organización y presentación de datos (relaciones entre códigos/ conceptos, creación de las llamadas *networks* – análisis principal)
- (4) interpretación y verificación de resultados (establecimiento de relaciones, modelos y conclusiones)

Al segmentar la información en el proceso de categorización teórica y codificación operacional, hemos seguido, en general, un procedimiento inductivo, asignando a cada unidad un sentido funcional contextualizado, es decir, una microfunción concreta como la principal categoría de análisis, acompañada de otras dos subcategorías que indican la naturaleza gramatical y el recurso concreto empleado. Sin embargo, también nos hemos dejado guiar

---

7 Para más detalles acerca del proyecto véanse las aportaciones de Reischert / Tabares Plasencia y Vilar Sánchez en el presente volumen.

8 Por razones de espacio y para evitar repeticiones, no vamos a tratar aquí las características de los contratos de trabajo, que quedan recogidas en Vilar Sánchez (ed.) (2007), entre otros. Así mismo, remitimos a la contribución de Reischert / Tabares mencionada en la nota 7.

9 El análisis microfuncional parte de la motivación funcional de los recursos lingüísticos empleados en un determinado género textual (véase Vilar Sánchez en este volumen).

por ciertos criterios de identificación y clasificación microfuncional previamente establecidos por el equipo de investigadores encabezado por Vilar Sánchez (2006) (procedimiento deductivo). Como indica Vallés Martínez (2002), "ambas estrategias analíticas pueden coexistir en un mismo proyecto y muchos de los programas de análisis cualitativo no oponen ningún obstáculo a esta iniciativa del investigador". Asímismo, Muñoz Justicia denomina la fase 2 "nivel textual" y la fase 3 "nivel conceptual", entre los cuales existe un continuo ir y venir, dado que dichos pasos no se desarrollan de forma secuencial (2005:14). Se trata, más bien, de un proceso recursivo, condicionado por la dinámica establecida por el (equipo) investigador, el cual goza de una libertad enorme para alcanzar el máximo grado de productividad posible.

Una vez finalizadas las fases 2 y 3, examinamos los resultados obtenidos con la ayuda del análisis estadístico y de las representaciones gráficas o mapas conceptuales. Las estadísticas dieron cuenta de la frecuencia de uso de determinadas microfunciones y estructuras. El usuario puede explorarlas para sacar sus propias conclusiones sobre el conjunto de unidades analizadas o sobre una parte concreta de éste para satisfacer sus necesidades informativas en un momento dado. La combinación de datos cuantificables con relaciones establecidas entre los distintos elementos permite hacer transparente lo que subyace a la estructura superficial textual, que viene a denominarse estructura profunda, como apuntamos en las líneas anteriores.[10] La siguiente tabla muestra el catálogo de microfunciones encontradas en los contratos de trabajo españoles y alemanes sin indicación de su distribución cuantitativa. Dado que, en este trabajo, no es posible añadir todo el material contextual existente, imprescindible, por lo demás, para poder sacar conclusiones fundadas, hemos preferido prescindir aquí de esta información. El lector interesado encuentra todos los datos cuantitativos del estudio en Vilar Sánchez (ed.) (2007). Sin embargo, el orden de enumeración refleja en alguna medida el peso cuantitativo de las microfunciones nombradas:

---

10 Dicha idea queda recogida también en la aportación individual de Vilar Sánchez en esta obra. Según la autora, la estructura profunda se configura en correlación con su estructura superficial y puede variar de una lengua a otra.

	español	alemán
1	expresar condición	expresar condición
2	indicar la fuente normativa	expresar consecuencia
3	expresar consecuencia	expresar una obligación
4	expresar necesidad	indicar un derecho
5	indicar un derecho	indicar la fuente normativa
6	expresar una obligación	expresar necesidad
7	expresar objetivo	avisar explícitamente
8	exhortar	expresar concesión
9	declarar	declarar
10	expresar causa	prohibir
11	expresar concesión	expresar objetivo
12	avisar explícitamente	amenazar
13	permitir con limitaciones	expresar causa
14	prohibir	expresar posibilidad*[11]
15	advertir[12]	advertir
16	amenazar	permitir con limitaciones
17		exhortar
18		expresar no necesidad*

Tabla 1: Microfunciones en los contratos de trabajo ordenadas por su frecuencia

La constelación microfuncional[13] muestra "el carácter funcional" del contrato de trabajo como documento jurídico, que se expresa, sobre todo, en condiciones y consecuencias, obligaciones y derechos, fuentes normativas reguladoras y necesidades para que algo se cumpla. Este tipo de contrato tampoco está exento de exhortaciones, declaraciones, permisos limitados e incluso amenazas. Se podría decir que la composición y distribución de las

---

11 Las microfunciones señaladas con asterisco son propias del corpus alemán.
12 Para la consideración de la microfunción *advertir* en el corpus español, véase la contribución de Reischert / Tabares Plasencia en esta obra.
13 Al catálogo de microfunciones habría que añadir, al menos, dos funciones genéricas: *expresar acuerdo* y *limitar*, que están latentes en toda la estructura textual.

microfunciones entre los agentes implicados en el contrato reflejan realmente las relaciones de poder que se dan entre el empresario y el trabajador. El empresario y, con mucha más frecuencia, el trabajador tienen que cumplir numerosos requisitos y deberes para gozar de ciertos derechos. Sin embargo, la composición microfuncional que se emplea para expresar dichos deberes y derechos varía de una lengua a otra.

No vamos a entrar de lleno en la descripción de todos los aspectos (contrastivos) que nos han llamado la atención, pues carecemos aquí del espacio necesario para tal propósito. A modo de ejemplo, podría afirmarse que el mayor número de exhortaciones en el corpus español en comparación con el alemán se debe al mecanismo de intervención estatal en la relación laboral en España, tal y como hemos señalado recientemente en otro lugar[14], puesto que los contratos españoles constituyen textos altamente estandarizados, con un estilo rígido[15] y una estructura formulaica que incluye el uso de expresiones de carácter imperativo, mayoritariamente en nota a pie, referidas al hecho de que es necesario marcar la opción que procede.

El análisis minucioso de los recursos lingüísticos empleados para expresar las diversas microfunciones revela un evidente grado de convencionalización en la materialización lingüística, sobre todo en los textos españoles. Cada microfunción cuenta con un repertorio de recursos específicos y, dentro de él, con expresiones más o menos prototípicas. Siguiendo la distinción realizada por Wilske (1998:107), se podría hablar del centro o núcleo y de la periferia o del margen de una microfunción (véase nota 8), que puede variar (considerablemente) desde el punto de vista interlingual. Una exposición detallada de las "capas" de las que se componen todos los campos microfuncionales estudiados quedará reservado para otras publicaciones. Aquí nos hemos decantado por exponer los resultados contrastivos más significativos de una microfunción[16] que nos parece importante para el subgénero textual que nos ocupa. Confiamos en que, de estas reflexiones, se desprenda igualmente un número suficiente de conclusiones generalizables y

---

14 Véanse las referencias bibliográficas en la parte introductoria del apartado 2.
15 Los textos alemanes muestran un estilo más flexible, aunque caracterizado por claras preferencias por ciertos patrones de redacción (véase Göbbels 2006).
16 Los primeros resultados contrastivos del análisis de esta microfunción se presentaron en el congreso LICTRA en 2006 en la Universidad de Leipzig (Alemania).

quede demostrada la importancia de la indagación de índole cualitativa basada en el análisis estadístico realizado a priori.

3 Estudio de caso: recursos para *indicar la fuente normativa*

La exploración inductiva en el proceso de categorización descrita en el apartado 2.2 nos sirvió también de instrumento para establecer los rasgos definitorios de todas las microfunciones del catálogo en función de las características del subgénero textual en cuestión.

3.1 Definición de la microfunción *indicar la fuente normativa*

Hemos definido así la microfunción *indicar la fuente normativa*[17] como "señalar una fuente normativa que regula un hecho determinado o la que sirve de base para la justificación de un enunciado que normalmente implica otra microfunción, como la de *exhortar*, *expresar una obligación* o *indicar un derecho*". La definición muestra un carácter bipartito de esta microfunción en el marco de un contrato de trabajo, aunque creemos que éste también está presente, en una constelación evidentemente distinta, en otros géneros textuales propios de las ciencias jurídicas. Dicha convicción se basa en observaciones realizadas con la lectura de textos pertenecientes a diferentes géneros jurídicos, todos caracterizados por el fenómeno de la "intertextualidad", pues con la indicación de la base jurídica se remite de forma automática a otro documento ya existente. Esta remisión se da con bastante frecuencia en el ámbito jurídico en general y, como queda reflejado en las líneas que siguen, también en los contratos de trabajo.

3.2 Estudio contrastivo español-alemán

La microfunción *indicar la fuente normativa* ocupa un puesto relevante en la escala representada en la tabla 1: en el caso de los contratos españoles, aparece en el segundo puesto y en el de los alemanes, en el quinto. Esta diferencia en la frecuencia de uso tiene muy probablemente su origen en el carácter formulaico

---

17 En el mencionado proyecto de investigación recibió la denominación en alemán *Grundlage*. Así mismo, Vilar Sánchez (2008) habla de "indicación de la base jurídica" al referirse a esta microfunción.

de los contratos españoles, como ya apuntamos en el apartado 2.2, en los que se alude a fuentes normativas relevantes para las opciones consideradas en el tipo de contrato. Igualmente interesante resulta la distribución relativa de los diferentes recursos empleados para expresar la microfunicón en ambos idiomas recogidos en la tabla 2:

	español (297)	alemán (103)
1	verbo / frase verbal (59%)	verbo / frase verbal (41%)
2	preposición / frase preposicional (28%)	preposición / frase preposicional (38%)
3	frase nominal (entre paréntesis) (9%)	adjetivo (19%)
4	adjetivo (4%)	frase nominal (entre paréntesis) (1%)
5		adverbio (1%)

Tabla 2: Distribución de las categorías gramaticales para indicar la fuente normativa

La categoría más representada con diferencia en el caso del corpus español es la de "verbo / frase verbal", seguida de la "preposición / frase preposicional", mientras que en el corpus alemán ambas categorías cuentan con parecida representación. En este sentido, se confirma el aserto sobre el carácter más nominal de los textos jurídicos alemanes en comparación con los españoles que se caracterizan por un estilo más verbal. Las categorías restantes no pueden considerarse tan relevantes desde el punto de vista cuantitativo, aunque aquí cabría mencionar, por un lado, el uso más frecuente de la frase nominal (entre paréntesis) en los textos españoles y, por otro, el mayor empleo de los adjetivos en alemán. En los contratos alemanes hay dos recursos que sólo se emplean en una sola ocasión. De este modo, y teniendo en cuenta la enorme escala de posibilidades de la lengua para expresar la microfunción que tratamos aquí, la utilización de los medios lingüísticos resulta poco difusa e indica cierta convencionalización. No obstante, estos datos puramente estadísticos no dan cuenta de los casos específicos en los que habría que emplear un recurso determinado y no otro, es decir, de su motivación semántica y gramatical en un contexto dado. Para dicho propósito es necesario un análisis más profundo de los ejemplos concretos analizados. En la tabla 3 se recogen las materializaciones de las categorías lingüísticas empleadas en ambas lenguas:

español	recursos lingüísticos	alemán	recursos lingüísticos
verbo / frase verbal	- *establecer* (23%) - *prever* (8%) - *ser de aplicación* (6%) - otros[18] (22%): ejemplos: *regular por, respetar* + gerundio, *determinar, estar a, haber de respetar, referirse a, pactar, fijar, recoger*	verbo / frase verbal	- *gelten* (21%) - *sich richten nach* (10%) - otros (10%): *entnehmen, maßgebend sein, untersagen, verweisen auf, zugrunde liegen, entsprechen, behandeln nach, Anwendung finden*
preposición / frase preposicional	- *de conformidad con* (7%) - *con arreglo a* (7%) - *según* (7%) - *de* (3%) - *al amparo de* (3%) - otros (1%): *en virtud de, conforme a, a los efectos de*	preposición / frase preposicional	- *gemäß* (18%) - *nach* (11%) - otros (8%): *im Rahmen der/des, auf Grundlage, entsprechend, im Sinne von, unter Berücksichtigung*
frase nominal (entre paréntesis)	(9%)	adjetivo	- *tariflich* (10%) - *gesetzlich* (10%)
adjetivo	- *legal* (4%)	frase nominal (entre paréntesis)	(1%)
		adverbio	- *gesetzlich* (1%)

Tabla 3: Distribución de los recursos empleados para indicar la fuente normativa

Al analizar la "intercambiabilidad" de los recursos, descubrimos que, en algunos casos, es posible sustituir un recurso empleado por otro del catálogo sin alterar el significado y la estructura sintáctica, como en los siguientes ejemplos:

- (1) En caso de que el convenio colectivo permita una duración mayor a la *establecida legalmente*, señálelo con una X: → En caso de que el convenio colectivo permita una duración mayor a la *legalmente prevista*, señálelo con una X:

---

18 La categoría "otros" incluye ejemplos que no sobrepasan el 10% del total de usos registrados.

- (2) Für Verbesserungsvorschläge der Mitarbeiterin *gelten* die Bestimmungen des betrieblichen Vorschlagwesens. → Für Verbesserungsvorschläge der Mitarbeiterin *finden* die Bestimmungen des betrieblichen Vorschlagwesens *Anwendung*.

En otros supuestos, el empleo de recursos diferentes implica un cambio en la estructura gramatical:

- (3) Verbesserungsvorschläge der Mitarbeiterin werden *nach den Bestimmungen* des betrieblichen Vorschlagswesens behandelt.

Esto no debería llevar a la conclusión de que la distribución de los recursos es arbitraria. Al contrario; la mayoría de las veces, el uso concreto de dichos recursos viene determinado por los factores contextuales. De este modo, los diferentes verbos se emplean siempre en el caso de que se quiera indicar que una ley o una norma es de aplicación, pero sin mencionar los efectos concretos de dicha aplicación, por ejemplo:

- (4) El presente contrato *se regulará por* lo dispuesto en la legislación vigente que resulte de aplicación y, particularmente, por los artículos 12 y 15 del Estatuto de los Trabajadores, por la Ley 12/2001 de 9 de julio (B.O.E. de 10 de julio), y Real Decreto 2.720/1998, de 18 de diciembre (B.O.E. de 8 de enero), y en su caso, por lo establecido en la Disposición adicional novena y transitoria sexta de la Ley 45/2002, de 12 de diciembre (B.O.E. de 13 de diciembre).
- (5) Al presente Contrato *le será de aplicación* la Disposición Adicional primera del Real Decreto Ley 5/2001 de 2 de marzo.
- (6) Im Übrigen *gelten* die gesetzlichen Regelungen des Bundesurlaubsgesetzes.
- (7) Die regelmäßige wöchentliche Arbeitszeit *richtet sich nach* den Bestimmungen des jeweils gültigen Rahmentarifvertrag.

En el caso del alemán, por ejemplo, los verbos más utilizados son *gelten* y *sich richten nach*. Un análisis pormenorizado de los ejemplos encontrados para cada uno revela la existencia de ciertas preferencias por un verbo u otro en combinación con otros elementos oracionales. *Gelten* "se asocia" en muchas ocasiones con *im Übrigen*, mientras que el verbo *sich richten nach* va unido en varias situaciones con *Urlaub* o *Arbeitszeit*. Esta constatación pone de manifiesto la motivación "colocacional" de los diferentes recursos.

Como queda demostrado, con la categoría verbal el énfasis se pone en la aplicación de una norma jurídica sin especificar las consecuencias concretas, caso que es típico al emplear la preposición o la frase preposicional,[19] donde se nombra la ley, el reglamento o la norma jurídica que rige el enunciado en la oración principal que, a su vez, se expresa con otra microfunción, como la de *declarar* en el ejemplo 9 o *expresar consecuencia* en 12:

- (8) Las horas de que se habla en la cláusula 2ª son lectivas, a las que hay que añadir las correspondientes no lectivas, *según* convenio vigente.
- (9) Declaran que reúnen los requisitos exigidos para la celebración del presente contrato y, en consecuencia acuerdan formalizarlo *con arreglo a* las siguientes: cláusulas
- (10) Ambas partes se comprometen a comunicar el fin de la relación laboral a los Servicios Públicos de Empleo cuando ésta se produzca, *de conformidad con* lo establecido en el artículo 42.3 de la Ley 51/1980, de 8 de octubre, Básica de Empleo.
- (11) Das Recht zur Kündigung des Vertrages aus wichtigem Grund *gem.* § 626 BGB bleibt unberührt.
- (12) Verlängert sich die Kündigungsfrist *nach* den gesetzlichen Bestimmungen, so gilt diese Verlängerung auch für die Kündigung des Arbeitnehmers.

La tendencia a asociarse con determinados elementos oracionales también puede observarse en esta categoría. Así, *con arreglo a* aparece siempre al principio del contrato con la palabra *cláusulas*, al mismo tiempo que *de conformidad con* viene ligado a *lo establecido en el artículo X* en la fórmula de cierre del contrato.

Por todo ello, puede afirmarse que no existe una "competencia" entre las distintas categorías, pues cada una se emplea en función de lo que se desea

---

19 En los contratos españoles también las oraciones de relativo, los participios y el gerundio.

expresar (véase apartado 3.1) , sino más bien dentro de una misma categoría[20], aunque, en este caso, debería considerarse la motivación colocacional o fraseológica a la hora de decidirse por un recurso u otro. Si la finalidad es de naturaleza translaticia y carecemos de colocaciones equivalentes en la otra lengua, se podría recurrir a la frecuencia de uso de los recursos registrados como criterio para seleccionar aquel que funcionalmente cumpliría los mismos objetivos. Sólo por este hecho queda justificada la elaboración de repertorios de recursos propios de los distintos géneros textuales.

4   Conclusiones

Este trabajo debe entenderse como una pequeña contribución desde los estudios de lingüística y traducción al campo de la investigación cualitativa aplicada. Aunque carece de pretensiones de exhaustividad en la exposición del tema que nos ocupa, es obvio que tanto la frecuencia de uso, en general, como la materialización concreta de las microfunciones suponen informaciones valiosas al redactar o traducir un contrato de trabajo concreto. En el caso que nos concierne nos informan sobre la relevancia de incluir la microfunción *indicar la fuente normativa* en un contrato de trabajo y además nos ofrece una serie de recursos concretos para realizar dicha función, indicando asimismo cuál o cuáles son las más representativas. Queda patente, igualmente, la diferencia estilística que hay entre ambas lenguas. Para poder entender las motivaciones de uso de los distintos recursos en profundidad, es decir, sus condicionamientos o dependencias contextuales (semánticos y gramaticales) últimos, hace falta representar el contexto completo. Para obtener esta información completa, imprescindible para un estudio profundo, remitimos al CD-ROM publicado por el equipo investigador de Granada y Leipzig (Vilar Sánchez (ed.) 2007). De esta forma quedarán también aclarados los matices semánticos o estilísticos que puede haber entre los distintos recursos, absolutamente necesarios para poder redactar o transferir de forma correcta el contenido del texto.

---

20   También incluyendo aquellos recursos que, en un contexto dado, serían teóricamente posibles pero, debido a la pertenencia a un determinado género textual, no se han empleado.

La intención de este artículo es ubicar el análisis microfuncional en un marco epistemológico cualitativo, aportando ejemplos e ideas en relación con la aplicación informatizada a los estudios lingüísticos (contrastivos). Como subraya Chacón (2004), aquí juegan un papel fundamental el conocimiento del método aplicado y del tema tratado, el manejo de la herramienta informática, así como la capacidad interpretativa del investigador. Dicho análisis puede, así mismo, resultar de una gran riqueza en su vertiente didáctica. En este sentido, parece razonable concluir que, cuando menos, su uso permite una "disección" textual pormenorizada, así como un importante grado de abstracción conceptual, dos aspectos necesarios en el proceso de aprendizaje general y específico.

Bibliografía

ANGUERA, MARÍA TERESA (1986): "La investigación cualitativa", en: *Educar* 10, 23-50.

CHACÓN, EDIXON (2004): "El uso del ATLAS/TI (sic) como herramienta para el análisis de datos cualitativos en Investigaciones Educativas". http://www.uned.es/jutedu/ChaconEdixon-IJUTE-Comunicacion.PDF. [Consulta: 18-05-08].

GÖBBELS, FRIEDERIKE (2006): *Arbeitsverträge in Textbausteinen*. Freiburg / München / Berlin / Würzburg: Haufe.

ÍÑIGUEZ, LUPICINIO (2004): "El debate sobre metodología cualitativa versus cuantitativa". http://antalya.uab.es/liniguez/Aula/ic_METODOLOGIA_CUALITATIVA.pdf. [Consulta: 16-05-2008].

IVANOVA, VESSELA (2007): "Von der Funktion zum Sprachmittel – und zurück. Didaktische Überlegungen für die Übersetzerausbildung", en: Emsel, Martina / Cuartero, Juan (eds.): *Brücken: Übersetzen und interkulturelle Kommunikation*. Frankfurt am Main: Peter Lang, 183-193.

IVANOVA, VESSELA / KRÜGER, ELKE / TABARES, ENCARNACIÓN / REISCHERT, MIRJAM / VILAR SÁNCHEZ, KARIN (2007): "Kontrastive Mikrofunktionsanalyse als Mittel zur Verbesserung der Translationsqualität von Fachtexten", en: Schmitt, Peter A. / Jüngst, Heike E. (eds.): *Translationsqualität*. Frankfurt am Main: Peter Lang, 267-277.

MUÑOZ JUSTICIA, JUAN (2005): "Análisis de datos textuales con Atlas.ti 5". http://psicologiasocial.uab.es/juan/index.php?option=com_content&task=view&id=3&Itemid=13. [Consulta: 17-05-08].

REVUELTA DOMÍNGUEZ, FRANCISO I. / SÁNCHEZ GÓMEZ, Mª CRUZ (2003): "Programas de análisis cualitativo para la investigación en espacios virtuales de formación", en: *Teoría de la educación* 4. http://www.usal.es/~teoriaeducacion/rev_numero_04/n4_art_revuelta_sanchez.htm. [Consulta: 15-04-2008].

VALLÉS MARTÍNEZ, MIGUEL S. (2002): "Ventajas y desafíos del uso de programas informáticos (e. g. ATLAS.ti y MAXqda) en el análisis cualitativo. Una reflexión metodológica desde la *grounded theory* y el contexto de la investigación social española" (Documento de trabajo S2001/05). http://public.centrodeestudiosandaluces.es/ pdfs/S200105.pdf. [Consulta: 16-05-08].

VILAR SÁNCHEZ, KARIN (2000): "Functional-Communicative Grammar (Spanish-German for Translators and/or Interpreters: a Project", en: *Babel. International Journal for Translation* 47.2, 109-120.

VILAR SÁCHEZ, KARIN (2002a): "Funktional-pragmatisch fundierte Grammatikerschließung für Übersetzer: Möglichkeiten und erste Resultate", en: *Jahrbuch Deutsch als Fremdsprache* 28, 69-84.

VILAR SÁNCHEZ, KARIN (2002b): "Las microfunciones comunicativas y sus realizaciones materiales en función del tipo de texto: estudio inter e intralingüístico", en: Carretero González, Margarita et al.(eds.): *A Life in Words*. Granada: Universidad de Granada, 297-318.

VILAR SÁNCHEZ, KARIN (2003): "Wer die Wahl hat, hat (nicht unbedingt) die Qual. Die funktionale Textanalyse als Wegweiser bei der Wahl textadäquater Mittel", en: *Estudios Filológicos Alemanes* 4, 79-94.

VILAR SÁNCHEZ, KARIN (2004): "Sprachliche Mittel zum Ausdruck der Bedingung in unterschiedlichen Textsorten", en: *Estudios Filológicos Alemanes* 5, 203-212.

VILAR SÁNCHEZ, KARIN (2005): "Diccionario de sinónimos funcionales", en: Faber, Pamela / Jiménez, Catalina / Wotjak, Gerd (eds.): *Léxico especializado y comunicación interlingüística*. Granada: Granada Lingvistica, 297-322.

VILAR SÁNCHEZ, KARIN (2006): "Übersetzungsrelevante Textbeschreibung anhand der Mikrofunktionsanalyse", en: *Lebende Sprachen* 51/3, 116-126.

VILAR SÁNCHEZ, KARIN (ed.) (2007): *Mikrofunktionen in Arbeitsverträgen deutsch-spanisch*. Bern: Peter Lang.

VILAR SÁNCHEZ, KARIN (2008): "El análisis de texto informatizado en la enseñanza de lenguas", en: *Homenaje al profesor Neil McLaren*. Granada: Editorial Universidad de Granada (en prensa).

WILSKE, LUDWIG (ed.) (1988): *Fremdsprachliche Kommunikation. Aufgaben, Handlungstypen, sprachliche Mittel*. Leipzig: Enzyklopädie.

ELKE KRÜGER (UNIVERSITÄT LEIPZIG) /
ENCARNACIÓN TABARES PLASENCIA (UNIVERSITÄT LEIPZIG)

¿Qué es una necesidad? Reflexiones acerca de una microfunción y sus formas de realización en contratos de trabajo españoles y alemanes

OSMIN
Ne dites-vous pas que tout est nécessaire?

SÉLIM
Si tout n'etait pas nécessaire, il s'ensuivirait que Dieu aurait fait des choses inutiles.
(Voltaire, *Dictionnaire philosophique ou la raison par l'alphabet: Nécessaire*)

κρεῖσσον οὐδὲν Ἀνάγκας
Nada hallé más poderoso que la Necesidad[1]
(Eurípides, *Alcestis*: v. 965)

1 Introducción

Las reflexiones presentadas en este trabajo, como también otras que aparecen en este volumen (véanse Ivanova / Vilar Sánchez; Reischert / Tabares Plasencia), son fruto del estudio contrastivo de contratos de trabajo españoles y alemanes realizado en el marco de un proyecto de cooperación entre la Universidad de Leipzig y la Universidad de Granada. Remitimos para los detalles del mismo a Ivanova / Krüger / Tabares / Reischert / Vilar Sánchez (2007) y Vilar Sánchez (ed.) (2007).

---

1 Traducción de Alberto Medina González (1983).

En el ámbito del proyecto fueron analizados veinte contratos auténticos españoles y veinte alemanes,[2] siguiendo el modelo de análisis microfuncional propuesto por Vilar Sánchez (2004, entre otros muchos), con el objetivo de establecer una estilística de estos textos especializados. Para Vilar Sánchez (2004:304), una microfunción sería "la unidad comunicativa más pequeña o la intención comunicativa" del emisor del texto. Ésta abarcaría unidades de diferentes planos lingüísticos y pragmáticos, que irían desde los que tradicionalmente se han considerado actos de habla hasta las relaciones semántico-gramaticales que pueden materializarse de forma bastante diversa en cada lengua y cultura.

En contraste con los modelos deductivos,[3] en el análisis microfuncional que propugna Vilar Sánchez se procedería, de forma inductiva, intuitiva y empírica, al registro de las unidades comunicativas y semantogramaticales mínimas y más relevantes de distintos géneros textuales, así como de los recursos lingüísticos con que éstas se expresarían (véase Vilar Sánchez 2006, donde se recoge un catálogo de las microfunciones extraídas de los textos estudiados hasta ese momento).

En dicho catálogo se incluye una de las categorías quizá más problemáticas en cuanto a su delimitación conceptual: la *necesidad* o la expresión de que *algo es necesario*. Seguidamente pasaremos a exponer las dificultades que entrañó el examen de esta microfunción en los contratos de trabajo españoles y alemanes y su encuadre teórico y práctico desde una perspectiva comunicativo-pragmática y traductológica.

---

2 El corpus forma parte de la tesis doctoral de Vessela Ivanova *Recherche im juristischen Übersetzen. Theoretische, empirische und didaktische Grundlagen der Übersetzung von Arbeitsverträgen im Sprachenpaar Spanisch-Deutsch.*

3 Cf. por ejemplo los trabajos que parten de la teoría de los actos de habla (Austin 1962; Searle 1969, 1979; Wunderlich 1976; Motsch / Pasch 1987; Weigand 2003, entre muchos otros) o los que siguen el modelo de Bühler (Nord 2003; Reiss / Vermeer 1984, entre otros).

2 Marco teórico: la categoría *necesidad*. Intento de una definición

Desde un punto de vista didáctico se percibe la necesidad de expresar la *necesidad*. Sin embargo, como ocurre con el término lingüístico *función*, no encontramos criterios unánimes para definir estos conceptos. Muchas veces, se habla de ellos sin decir qué se entiende por ellos. En las obras dedicadas a la enseñanza de lenguas (tanto maternas como extranjeras) se suelen recoger las expresiones e indicadores más obvios que no siempre son los que realmente se usan en una determinada situación comunicativa. En el supuesto concreto que nos ocupa, aparecen habitualmente para el español expresiones como *ser necesario* + infinitivo (*que* + subjuntivo), *haber que (de)* + infinitivo, *hacer falta* + infinitivo, *tener que* + infinitivo, etc.; y, para el alemán, *notwendig / nötig / erforderlich sein, brauchen, benötigen, bedürfen* + *Genitivobjekt*, etc. En realidad, se trata de expresiones que, por sí solas y teniendo en cuenta su componente semántico, indican que algo es necesario. Hay otras en las que no se evidencia tan palmariamente la expresión de lo necesario y que, sin embargo, se utilizan, también frecuentemente, tanto en la comunicación cotidiana como especializada y que, creemos, sería interesante investigar para disponer de un inventario de las mismas basado en textos auténticos tanto orales como escritos.

La definición de esta categoría, así como la delimitación de las unidades de estudio y su posterior aplicación al análisis práctico es difícil, sobre todo, cuando se trata de unidades inferiores al acto de habla. La *necesidad* es un concepto híbrido que reúne tanto aspectos filosóficos[4] como lingüísticos, pragmáticos, lógicos y jurídicos y que se solapa con otros conceptos filosóficos

---

4 La Filosofía, ya desde antiguo, y la Filosofía del Derecho sitúan el concepto de necesidad muy cerca del de la obligación y de la posibilidad. Dentro del mundo griego, fue importantísima la consideración de la dualidad *Anánke/Týche* – Necesidad/Azar. La necesidad de *Anánke* es lo que viene dado, lo establecido, lo que no se puede evitar; representa la personificación de la obligación absoluta (Grimal 1989: s. v. *Anánke*). Lo que se escapa de este orden o aparente necesidad es el azar o *Týche*, todo lo que no ocurre por una causa aparente. Cf. Schischkoff (1991: s. v. *notwendig*) "notwendig ist, was aus dem Bereich des Möglichen heraus durch Hinzutritt weiterer Bestimmungsstücke ins Dasein gezwungen wird. (…) Notwendigkeit und Möglichkeit bilden eine Kette dergestalt, dass die Notwendigkeit eines Dinges immer zugleich die Möglichkeit für wenigstens ein anderes Ding (in der Regel für viele andere Dinge) ist. (…) Logisch n., denkn. heißt ein Gedanke, wenn er nicht mit bestimmten Voraussetzungen in Widerspruch geraten soll (Postulat); real oder physisch n. ist ein Geschehen, das unbedingt eintreten muss, wenn bestimmte Bedingungen gegeben sind, oder geschehen muss, wenn etwas erfolgen soll."

como el de la posibilidad y, en el análisis microfuncional, con la condición, la obligación y la exhortación.

Por la amplitud de planos desde los que, de acuerdo con el modelo de Vilar Sánchez, habría que operar y por la falta de límites claros que tiene el concepto de *necesidad*, se nos han planteado enormes problemas a la hora de aplicarlo de forma congruente a los contratos de trabajo.

La *necesidad*, desde un punto de vista general, podría definirse como 'requisito imprescindible para la consecución de un fin'. Según lo que hemos observado, en los textos alemanes, implicaría, normalmente, un requisito o requisitos que debe cumplir el trabajador para alcanzar un fin o evitar un mal, es decir, en su propio interés, y cuyo logro no constituye una conducta debida jurídicamente, esto es, una obligación contractual que suponga, en caso de incumplimiento, la imposición de una sanción por parte del empleador.[5] En los españoles, si bien encontramos ejemplos que se orientan en la dirección que hemos apuntado para los contratos alemanes, hay que tener en cuenta que, muchas veces, el cumplimiento de un requisito o requisitos no se exige sólo al trabajador, sino también al empleador o a ambos conjuntamente,[6] puesto que, en los contratos españoles, vamos a encontrarnos, por regla general,[7] con dos emisores: la autoridad laboral y el empleador. Es, por ello, que la necesidad se muestra, en numerosas ocasiones, en los textos españoles como una imposición desde fuera de la relación laboral, para que el contrato pueda desplegar toda su

---

5 Cf. también Duden (*Deutsches Universalwörterbuch* 2003):
notwendig (...)(Adj.)(eigentl.=die Not wendend) 1.a) im Zusammenhang mit etw. nicht zu umgehen; von der Sache selbst gefordert; unbedingt erforderlich; unerlässlich (...) b) unbedingt, unter allen Umständen (...). 2. in der Natur einer Sache liegend, zwangsläufig (...)
Notwendigkeit (...) 1. (o. Pl.) das Notwendigsein (...). 2. etw., was notwendig ist (...)
DRAE (2001):
necesario (...) 1. adj. Que forzosa o inevitablemente ha de ser o suceder. 2. adj. Que se hace o ejecuta obligado por otra cosa, como opuesto a voluntario y espontáneo. (...) 4. adj. Que es menester indispensablemente, o hace falta para un fin.
necesidad (...) 2. Aquello a lo cual es imposible sustraerse, faltar o resistir.

6 Hemos de aclarar, en este punto, que, en los contratos alemanes, también hay, como veremos, ejemplos de requisitos cuyo cumplimiento viene referido a ambas partes contratantes. Estas muestras deben ponerse en relación con cláusulas que se insertan en los contratos alemanes que reproducen de una manera más o menos fiel algún precepto legal.

7 Decimos "por regla general", ya los contratos celebrados con empresas de trabajo temporal son emitidos por dichas empresas, aunque, en gran medida, haciendo uso, para su redacción, de los modelos oficiales confeccionados por la Administración. No nos pronunciaremos acerca de los contratos celebrados en el ámbito de las llamadas *relaciones laborales especiales* (cf. art. 2 del *Estatuto de los Trabajadores*; en adelante ET), puesto que, en nuestro corpus, no hemos incluido ningún contrato de este tipo.

eficacia o cumpla el objetivo buscado por las partes; fundamentalmente, que se adecue legalmente a una de las diferentes modalidades de contratación laboral de que dispone el ordenamiento jurídico español. Por el contrario, los textos alemanes son emitidos siempre por el empleador. Sobre este aspecto volveremos más adelante.

La *necesidad*, como las desgracias, nunca viene sola en los contratos de trabajo. Conlleva frecuentemente una condición y suele ser un elemento modificador de proposiciones o enunciados más complejos, sobre todo, actos de habla directivos y representativos, como ocurre en el siguiente ejemplo: "Im Rahmen einer leistungsabhängigen Vereinbarung wird eine Prämienzahlung *bei Zielerreichung* vereinbart". En muchos de los supuestos, aparece, asimismo, en enunciados que ya en nuestro anterior estudio, definimos como advertencias (cf. Vilar Sánchez (ed.) 2007 y Reischert / Tabares Plasencia en este volumen, para más detalles): "A la finalización del contrato, el trabajador tendrá derecho a recibir una indemnización económica *siempre que se cumpla el contrato en su totalidad*"; "Auslagen für Telefonkosten werden dem Mitarbeiter *auf Nachweis* erstattet". Por lo demás, en los contratos españoles forma parte, igualmente, de actos de habla comisivos como: "Ambas partes se comprometen a comunicar el fin de la relación laboral al INEM", donde el compromiso supone una exigencia o requisito legal (cf. art. 42 de la antigua Ley 51/1980, de 8 de octubre, Básica de Empleo).

3 Análisis contrastivo

3.1 Diferencias más relevantes entre los contratos de trabajo españoles y alemanes

Una gran dificultad para definir el concepto de *necesidad* en el subgénero textual en cuestión se deriva de la diferencia intercultural en el procedimiento de redacción del contrato de trabajo. En el caso del español es la autoridad laboral quien establece el marco legal tanto para el empleador como para el trabajador, mientras que en Alemania el empleador es la "autoridad" que fija el contenido del contrato, teniendo en cuenta, por supuesto, la legislación vigente. Recordaremos aquí, pues ya hemos aludido a esta cuestión en Vilar Sánchez (ed.) (2007), que, en el ámbito de la contratación laboral en España, las partes (*de facto*, el empleador), suelen servirse de los *modelos* (así denominados, como puede verse en http://www.inem.es) de contratos elaborados por la Administración.[8] Así pues, los contratos españoles son textos, en su mayor parte, estereotipados (*formelhafte Texte*; cf. Stein 1995; Gülich / Krafft 1998). Están constituidos por *expresiones marco* (*Rahmenausdrücke*, en palabras de Gülich / Krafft 1998) o *matrices* (según Gouadec 1994) en las que pueden insertarse elementos variables, rellenarse con información específica o ambas cosas. Así, por ejemplo, en la declaración preceptiva de capacidad para contratar y consentir en obligarse, que se encuentra tras la identificación de las partes y antes del clausulado, se repite, en todos los textos (100% = 20 contratos), el siguiente esquema:

DECLARAN

Que reúnen [X] para [*celebrar*] el presente contrato y, [Y], acuerdan formalizarlo con arreglo a las siguientes:

CLÁUSULAS[9]

donde [X] puede presentar las variantes funcionales sinonímicas "los requisitos exigidos" (65% de los casos = 13 contratos) o "las condiciones necesarias" (35% de los casos = 7 contratos); [*celebrar*] se corresponde siempre con la colocación *celebrar un contrato* en sus correlatos de sintagma verbal, es decir, "celebrar [el presente contrato]" (15% de los supuestos = 3 contratos), y de sintagma nominal deverbal "la celebración d[el presente contrato] (85% de los supuestos = 17 contratos); [Y], por su parte, muestra también dos variantes funcionalmente sinonímicas: "en consecuencia" (80% de los casos = 16 contratos) y "por tanto" (20% de los casos = 4 contratos). Estas estructuras

---

8 Los modelos pueden verse y descargarse en http://www.inem.es/inem/ciudadano/ empleo/contratos/tipologia.html. Este link se encuentra en la página del INEM (Instituto de Empleo), el Servicio Público de Empleo Estatal, un organismo autónomo dependiente del actual Ministerio de Trabajo e Inmigración. Aunque, de acuerdo con el art. 8.1 del *Estatuto de los Trabajadores*, los contratos de trabajo se pueden formalizar tanto por escrito como verbalmente, lo cierto es que se suele recurrir a la forma escrita con el fin de lograr una mayor seguridad jurídica. Además, y aun siendo la libertad de forma un principio general, el art. 8.2 del ET establece no pocas excepciones al mismo indicando todas las modalidades que deben celebrarse por escrito (los contratos de obra o servicio determinado, los contratos a tiempo parcial, etc.). En algunos casos, incluso, no sólo requiere la forma escrita, sino la utilización, precisamente, del modelo oficial (contratos para la formación y contratos de prácticas, por ejemplo).

9 Tanto *declaran* como *cláusulas* se encuentran siempre en mayúscula en los originales. Normalmente se resaltan, además, con negrita, subrayado o con ambas cosas, aunque no parece haber un criterio uniforme.

estereotipadas de carácter oracional o supraoracional, por lo demás, suelen sustentarse en otras unidades más o menos fijas o, igualmente, estereotipadas de carácter suboracional que pueden ser propias del género o subgénero textual estudiado o no. Por ejemplo, las colocaciones léxicas (*celebrar un contrato*), las llamadas colocaciones gramaticales (*con arreglo a*; cf. Benson 1985) u otras estructuras formulaicas.

Así mismo, en la cláusula primera de los contratos españoles se indica siempre qué servicios habrá de prestar la persona contratada y el que sigue es el esquema que, indefectiblemente (100% de los casos = 20 contratos), se utiliza para ello:

[X] prestará sus servicios como ...

siendo que, en un 70% de los casos (14 contratos), en la posición de [X] aparece "La persona contratada". En el 30% restante, dicha posición la ocupa "El/la trabajador/a" (15% = 3 contratos), "El trabajador contratado" (10% = 2 contratos) o "El/la trabajador/a contratado/a" (5% = 1 contrato). La línea de puntos se cumplimenta con los datos referentes al puesto que desempeñará el empleado.

También se utiliza en todos los contratos españoles analizados la misma matriz para señalar el periodo de prueba[10]:

Se establece un periodo de prueba de ...

que se completa con el lapso temporal (computado en meses, pero, también en días) en que el trabajador prestará sus servicios a prueba.

Éstos son sólo unos pocos ejemplos de los muchos que podrían presentarse para mostrar el elevado grado de estandarización de los contratos de trabajo españoles. Realmente, la parte de los contratos españoles "más creativa" y que mayores similitudes, desde el punto de vista comunicativo, guarda con los

---

10 La referencia al periodo de prueba se realiza, por regla general, en todos los contratos analizados, en la cláusula tercera de los mismos (70% = 14 contratos). En tres de ellos (15%) esta información se recoge en la cláusula cuarta y en otros tres (15%) en la séptima.

contratos alemanes es en la que se contienen las denominadas *cláusulas adicionales*, emitidas exclusivamente por el empleador con objeto de precisar o completar el contenido de las puestas por la autoridad laboral o de establecer excepciones a las mismas.

En los contratos laborales alemanes, por su parte, se nota también una clara tendencia a la estereotipicidad; a utilizar estructuras preformadas que permitan solucionar labores comunicativas recurrentes (Gülich / Krafft 1997), como identificar a las partes contratantes, indicar cuál será la actividad desarrollada por el trabajador, la jornada laboral, etc.; pero el hecho de que los interesados no dispongan de unos modelos confeccionados por la autoridad laboral alemana,[11] sino que sea cada empleador el que elabore los textos, implica una mayor variedad expresiva. Así, por ejemplo, en el encabezamiento de los contratos alemanes, parcialmente[12] equivalente —desde el punto de vista pragmático-comunicativo, que no formal— al encabezamiento de los contratos españoles, donde se determina quiénes son las personas del trabajador y del empleador y se expresa su consentimiento para obligarse, hay un patrón que aparece con cierta frecuencia (60% = 12 contratos)[13], aunque con variantes de diversa índole:

Zwischen
… (nombre del empleador) … (dirección del empleador)
und
… (nombre del trabajador) … (dirección del trabajador)
wird [X] [*Vertrag*] [*geschlossen*]

En el lugar ocupado por [X] podemos encontrar el adjetivo "folgender" como único modificador de [*Vertrag*] (aprox. el 58% = 7 contratos de los 12 donde se ha aislado el esquema antecedente), siendo que también pueden darse otras especificaciones más difíciles de sistematizar (aprox. 42% de los 12). [*Vertrag*], por su parte, suele presentar las variantes sinonímicas "Arbeitsvertrag" (aprox.

---

11 Evidentemente, el empleador no puede sustraerse de las disposiciones normativas en materia de contratación laboral; cf., a este respecto, entre otras muchas, la llamada *Nachweisgesetz*; concretamente, su art. 2, en el que se establecen cuáles son las condiciones o elementos indispensables del contrato de los que el empleador deberá informar por escrito al trabajador.

12 En los textos alemanes analizados nunca se explicita la declaración de capacidad para contratar.

13 En el 40% restante se utilizan otras formulaciones menos pacíficamente reductibles a patrones estables.

el 58% = 7 contratos) y "Anstellungsvertrag" (aprox. el 33% = 4 contratos), siendo que el genérico "Vertrag" aparece sólo una vez (aprox. el 9% = 1 contrato). [*geschlossen*] se halla representado por la formas "geschlossen" (75% = 9 contratos) y —con preverbio— "abgeschlossen" (25% = 3 contratos).[14]

De la misma manera, en la cláusula primera de los contratos alemanes —como ocurre también en los españoles—, donde se fija la actividad que tendrá que realizar el trabajador en la empresa, es posible aislar un marco expresivo sólo relativamente recurrente (55% = 11 contratos):

[X] wird als ... eingestellt

[X] se corresponde con las variantes "(der) Arbeitnehmer" (aprox. el 55% = 6 contratos), "Frau (nombre); Herr (nombre)" (aprox. el 18% = 2 contratos), "der Mitarbeiter; die Mitarbeiterin" (aprox. el 18% = 2 contratos) y "Frau/Herr (nombre)" (aprox. 9% = 1 contrato). Por lo demás, dentro de esta matriz suelen incluirse otros elementos —con mayor o menor grado de fijación— cuya variabilidad nos impide efectuar, en estos momentos, un intento de ordenación cabal.

Sería interesante, en el futuro, realizar, con un corpus más amplio, un estudio contrastivo exhaustivo de este subgénero textual en Alemania y España con el objeto de establecer todos los marcos expresivos que se utilizan y sus variantes más frecuentes. Creemos que un trabajo de este tipo sería de gran ayuda para los traductores, ya que les facilitaría la labor de producción de textos de las mismas características.[15] Consideramos, además, que constituiría un magnífico complemento al análisis microfuncional.

Por el momento, nuestra intención ha sido, con estas modestas muestras, dejar patente algunas diferencias entre los contratos laborales españoles y alemanes, que también afectan a la microfunción que estamos analizando, pues, seguidamente, veremos cómo ésta se expresa en el marco de enunciados

---

14 Nótese que el núcleo de la expresión marco es la colocación *einen Vertrag (ab)schließen*.
15 Nos consta que, en su tesis doctoral (cf. nota 2 del presente trabajo), Ivanova tiene la intención de tratar esta cuestión.

totalmente estereotipados (en el caso de los textos españoles, sobre todo) o se materializa mediante estructuras fijadas en la lengua (en ambos casos).

Pero veamos ya cuáles son los recursos que se más usan para indicar el requisito o requisitos indispensables para conseguir un fin o evitar un mal (cf. *supra* para la definición en detalle que hemos ofrecido de esta microfunción). No consignamos índices de frecuencia. Remitimos, para su conocimiento, a Vilar Sánchez (ed.) (2007).

3.2 Recursos más frecuentes en los contratos de trabajo españoles y alemanes para expresar *necesidad*

Empezaremos este apartado hablando de cuál es la situación en los textos españoles. Posteriormente, nos referiremos a la de los contratos alemanes para, finalmente, en el apartado de las conclusiones establecer las comparaciones pertinentes.

En los contratos laborales en España, la *necesidad* se materializa, fundamentalmente, mediante:

- construcciones de gerundio, que restringen a la proposición principal. Tanto la proposición principal como la subordinada suelen presentarse —aunque no en todos los casos— en estructuras preformadas que se repiten o bien en todos los contratos o bien en todos los de la misma modalidad (de duración determinada, por ejemplo)[16]:

---

16 En los cuadros de ejemplos se incluirá un apartado de **comentario** sólo cuando se estime que hay información relevante que el lector debería conocer en relación con el ejemplo citado.

> **CONSTRUCCIONES DE GERUNDIO**
>
> Sexta : El contrato de duración determinada se celebra para :
> La realización de la obra o servicio (11) ...**INSTALACIONES PANTALLAS EN SEDE "GENERAL"**..., *teniendo dicha obra autonomía y sustantividad propia dentro de la actividad de la empresa.*[17] (negrita, mayúscula y subrayado en el original)
>
> **Comentario**. La construcción de gerundio que hemos marcado introduce un requisito que le exige la ley al empleador para que el contrato que desea celebrar pueda ser considerado dentro de la modalidad de contrato *de obra o servicio determinado*. Todo el enunciado en el que se encuentra dicha construcción aparece, sin variación alguna, en todos los contratos de duración determinada y en uno celebrado con empresa de trabajo temporal. El empleador, en caso de decidirse por esta modalidad, sólo tiene que indicarlo con una cruz y consignar el tipo de obra o servicio que, *necesariamente*, tendrá que cumplir el requisito de *autonomía y sustantividad* dentro de la empresa. Por lo demás, la expresión *autonomía y sustantividad propia dentro de la empresa* es una reproducción fiel de la del texto del art. 15.1.a del ET y, por tanto, una "intertextualidad".
>
> SEGUNDA.- La jornada laboral será de:
> (...)
> (X)   **A tiempo Parcial**: la jornada de trabajo ordinaria será de ...20... horas (_) Al día (X) A la semana (_) Al mes (_) Al año ... , *siendo esta jornada inferior a la de "un trabajador a tiempo completo comparable"* (negrita, mayúscula y comillas en el original).
>
> **Comentario.** La ley exige al empleador, que quiera celebrar un contrato a tiempo parcial, indicar el elemento de comparación que permita establecer el porcentaje de reducción de jornada. En este caso, se ha consignado *la de un trabajador a tiempo completo comparable*, expresión, por lo demás, que recoge el art. 12.1 del ET (otro supuesto de "intertextualidad"). Cabe decir también que toda la estructura en la que se inserta la construcción de gerundio es una expresión marco que se reproduce, con pequeñas variaciones, en todos los textos de los contratos de duración determinada, en uno de los cinco indefinidos y en dos de los tres celebrados con empresas de trabajo temporal que formaban parte de nuestro corpus.
>
> Y para que conste, se extiende este contrato por triplicado ejemplar, en el lugar y fecha a continuación indicados, *firmando las partes interesadas*.
>
> **Comentario**. Ésta es otra de las expresiones marco que se halla en todos los contratos con mínimas variaciones. En este caso, se exige a las dos partes la firma como prueba de conformidad con el contenido del contrato.

- Oraciones subordinadas introducidas por la locución conjuntiva *siempre que*, en las que se establece el requisito o condición imprescindible para lograr la meta que se propone en la oración principal; en ocasiones,

---

17   Utilizamos la cursiva para marcar los recursos empleados para expresar la *necesidad*.

disfrutar de un derecho del que virtualmente dispone, o bien el trabajador, o bien el empleador:

ORACIONES SUBORDINADAS INTRODUCIDAS POR *SIEMPRE QUE*
Igualmente, podrán bonificarse las cooperativas o sociedades laborales (...) *siempre que la entidad haya optado por un régimen de Seguridad Social propio de trabajadores por cuenta ajena.*
A la finalización del contrato, el trabajador tendrá derecho a recibir una indemnización económica *siempre que se cumpla el contrato en su totalidad.*
(...) *siempre que tales acciones formativas estén financiadas por cualquiera de las Administraciones Públicas.*
Comentario. El ejemplo citado es el texto de una nota a pie de página que se incluye en uno de los contratos y hay que ponerla en relación con el enunciado al que va referido: "Sustituir a trabajadores en formación por trabajadores beneficiarios de prestaciones por desempleo", que supone una submodalidad dentro de los contratos de duración determinada. Así pues, el requisito para poder celebrar dicho contrato es el que se indica en la oración introducida por *siempre que*.

- Oraciones subordinadas con *cuando* + subjuntivo y *si* + indicativo. Éstas oraciones, como las introducidas por *siempre que*, contienen el requisito o los requisitos que deben cumplirse para alcanzar el fin. A veces, en estas oraciones, la exteriorización de la *necesidad* viene intensificada mediante elementos léxicos como la palabra *requisitos* o la expresión *condiciones exigidas*:

ORACIONES SUBORDINADAS CON *CUANDO* + SUBJUNTIVO Y *SI* + INDICATIVO
Cuando las contrataciones previstas en las letras c), d), e), f) y h) se realicen a tiempo completo con mujeres desempleadas, las bonificaciones de cuotas se incrementarán en 10 puntos. **Comentario.** El enunciado completo se repite, con mínimas variaciones, en los contratos de trabajo indefinidos.
<u>Séptima</u>: *Si se reúnen los requisitos establecidos en el artículo 47 de la Ley 53/2002 de 30 de diciembre*, la empresa (8) se bonificará en las siguientes cuotas empresariales a la Seguridad Social por contingencias comunes. (subrayado en el original) **Comentario.** Cabe decir lo mismo que en el ejemplo anterior.
<u>Sexta</u> : El contrato de duración determinada se celebra para: (...) ( )Reducir la jornada de trabajo y el salario en un ...(15), *cuando el trabajador reúna las condiciones generales exigidas para tener derecho a la pensión contributiva de jubilación de la Seguridad Social* (...). **Comentario.** El enunciado en el que se enmarca la oración introducida por *cuando* se reproduce, sin variaciones, en diez de los doce contratos de duración determinada de que consta nuestro corpus.

- Perífrasis *haber de* + infinitivo y *deber* + infinitivo. Éstos son unos de los pocos recursos clásicos de expresión de la necesidad que encontramos en los contratos españoles. En algunos supuestos, el valor de la perífrasis *haber de* + infinitivo se ve acentuado por su coaparición con la locución adverbial *en todo caso* y la de *deber* + infinitivo con el adverbio *siempre*. Por lo demás, suelen aparecer en el ámbito de enunciados directivos (notas a pie de página que pone la autoridad laboral en los textos españoles y que constituyen breves pautas de actuación para la correcta cumplimentación de partes determinadas del contrato):

PERÍFRASIS VERBALES *HABER DE* + INFINITIVO Y *DEBER DE* + INFINITIVO
Se *ha de* referir al mismo periodo al que establece la jornada en este contrato.
Se *deberá consignar* el porcentaje de la jornada (*siempre* inferior al 77%).
Habrá de respetarse, en todo caso, lo dispuesto en el art. 14.1 del Texto Refundido de la Ley del Estatuto de los Trabajadores, aprobado por R. D. Legislativo 1/1995, de 24 de marzo (B.O.E. de 29 de marzo).

- Otros recursos: dentro de este apartado cabría mencionar la locución adverbial *en cualquier caso*, que modifica a algunos enunciados añadiéndoles un matiz de perentoriedad; expresiones que implican nocionalmente *condición/requisito*, como *quedar condicionado/a a*. En algunos supuestos, es necesario conocer la realidad extralingüística para reconocer la manifestación de la *necesidad* en los contratos de trabajo. Lo indicábamos *supra* cuando recogíamos el ejemplo: "Ambas partes se comprometen a comunicar el fin de la relación laboral al INEM". Remitimos a la explicación dada entonces:

OTROS RECURSOS
En cualquier caso dicha jornada es inferior a la jornada a tiempo completo prevista en el Convenio Colectivo de aplicación (5) ...UNIVERSIDADES PRIVADAS... (6) ...1685... horas o, en su defecto, a la jornada máxima legal. (mayúscula en el original)
Comentario. Este enunciado se reproduce sin cambios —evidentemente, con diversa información específica— en algunos contratos.
La fecha de inicio de vigencia del presente contrato *queda condicionada a la incorporación del trabajador a su puesto de trabajo en dicha fecha*.

Pasaremos ahora a exponer los recursos más importantes que hemos observado en los contratos alemanes. Se trata, sobre todo, de:

- Oraciones subordinadas introducidas por la conjunción *wenn* que establecen el requisito imprescindible para hacer uso del derecho o derechos reconocidos en la oración principal, que, en todo caso, y como indica el adverbio *nur*, se concede sólo en determinados supuestos. Aún más usuales, por ser más expresivos, son los enunciados en los que en la oración principal se advierte de un mal o menoscabo y en la oración subordinada, introducida por *wenn nicht,* se contiene el requisito imprescindible para evitarlo:

ORACIONES SUBORDINADAS INTRODUCIDAS POR *WENN*
Ein Anspruch auf Über- oder Mehrarbeitsstundenregelung besteht nur, *wenn die Über- oder Mehrarbeitsstunden angeordnet oder vereinbart worden sind oder wenn sie aus dringenden betrieblichen Interessen erforderlich waren und der Arbeitnehmer Beginn und Ende der Über- oder Mehrarbeit spätestens am folgenden Tag anzeigt.*
Alle Ansprüche aus dem und im Zusammenhang mit dem Arbeitsverhältnis verfallen, *wenn sie nicht binnen einer Frist von 2 Monaten nach Fälligkeit schriftlich geltend gemacht werden und nicht spätestens innerhalb eines weiteren Monats nach Ablauf dieser Frist Klage erhoben wird.*

- El verbo *bedürfen* + genitivo. Se trata de uno de los recursos clásicos que forma parte de las expresiones recurrentes *der Zustimmung / Genehmigung bedürfen* y *der Schriftform bedürfen*. La primera puede verse modificada o intensificada por la locución adverbial *in jedem Fall* o por los adjetivos *vorherig, schriftlich* o *ausdrücklich* y se refiere a un requisito imprescindible para el posible desempeño, por parte del trabajador, de otros cargos u ocupaciones, tanto remunerados como no remunerados, distintos a la actividad pactada en el contrato (*Nebentätigkeit*): el trabajador debe informar al empleador (*Arbeitgeber/Geschäftsführung*) de su intención (obligación) y, para realizarla, necesita el consentimiento del mismo. También es usual la forma antonímica *darf ohne Zustimmung (...) nicht (...)*. La expresión *der Schriftform bedürfen,* por su parte, puede presentar cierta variación y, muchas veces, se ve ampliada por elementos como *zu ihrer Wirksamkeit / Rechtswirksamkeit / Gültigkeit / Rechtsgültigkeit*. Se usa, fundamentalmente, para referirse a un aspecto formal que ambas partes han de cumplir para o bien rescindir o resolver el contrato, o bien para introducir modificaciones o cláusulas adicionales.

BEDÜRFEN + GENITIVO
Veröffentlichungen und Vorträge des Mitarbeiters *bedürfen der Zustimmung des Arbeitgebers*.
Die Übernahme einer entgeltlichen oder unentgeltlichen Nebentätigkeit im beruflichen Bereich, von Ehrenämtern, Aufsichtsrats- oder ähnlichen Mandaten *bedarf der vorherigen Zustimmung der Geschäftsführung*.
Die Beteiligung an einer anderen Firma sowie für (sic) die Mitwirkung in Aufsichtsorganen einer anderen Gesellschaft *bedarf der ausdrücklichen vorherigen Zustimmung der Geschäftsführung*.
Auch jegliche Nebenbeschäftigung *bedarf der schriftlichen Genehmigung des Arbeitgebers*.
Comentario. Se trata de expresiones estereotipadas que presentan cierta variación: el cargo u ocupación distintos de la actividad pactada en el contrato pueden aparecer de forma generalizada como *Nebentätigkeit* o *Nebenbeschäftigung*, o precisados, de la misma forma que ocurre en *Veröffentlichungen und Vorträge* y *die Beteiligung an einer anderen Firma sowie für (sic) die Mitwirkung in Aufsichtsorganen einer anderen Gesellschaft*.
Die Kündigung *bedarf der Schriftform*.
Änderungen oder Ergänzungen dieses Arbeitsvertrages *bedürfen der Schriftform*.
Änderungen und Ergänzungen dieses Vertrages *bedürfen zu ihrer Wirksamkeit der Schriftform*.
Änderungen und Ergänzungen der vorstehenden vertraglichen Vereinbarungen *bedürfen zu ihrer Gültigkeit der Schriftform*.

- El verbo modal *müssen*. Es otro recurso clásico que, como parte de expresiones marco más complejas (por ejemplo: *Kündigung muss schriftlich erfolgen, Ansprüche (...) müssen (...) geltend gemacht werden*), se emplea para indicar un requisito indispensable que deben cumplir ambas partes a la hora de resolver o rescindir el contrato o de introducir modificaciones o cláusulas adicionales. A veces, también se utiliza dentro de advertencias, tal y como han sido definidas por Reischert / Tabares Plasencia (en este volumen) para referirse a la condición que debe cumplir el trabajador para poder gozar de un derecho:

MÜSSEN
Die Kündigung *muss schriftlich erfolgen*.
Änderungen oder Ergänzungen dieses Vertrages *müssen*, auch wenn sie bereits mündlich getroffen wurden, *schriftlich festgelegt und von beiden Vertragspartnern unterschrieben werden*.
Alle *Ansprüche* aus dem Arbeitsverhältnis *müssen* spätestens drei Monate nach dem Entstehen bzw. nach deren Fälligkeit *geltend gemacht werden*.
Ansprüche aus dem Anstellungsverhältnis *müssen* innerhalb eines Monats nach Zugang der letzten Gehaltsabrechnung *geltend gemacht werden*; andernfalls sind sie verwirkt.

- El infinitivo modal, como forma gramatical en la que se usa una serie de expresiones con mayor o menor grado de estereotipicidad:

INFINITIVO MODAL
Die Kündigung *hat* für beide Teile schriftlich gemäß den tarifvertraglichen Fristen *zu erfolgen*.
Zahlungsansprüche aus dem Arbeitsverhältnis sind binnen einer Ausschlussfrist von drei Monaten nach Fälligkeit gegenüber der Y *schriftlich geltend zu machen*, andernfalls sind sie verfallen.
Ein Anspruch auf Über- oder Mehrarbeitsstundenregelung besteht nur, wenn die Über- oder Mehrarbeitsstunden angeordnet oder vereinbart worden sind oder wenn sie aus dringenden betrieblichen Interessen erforderlich waren und der Arbeitnehmer Beginn und Ende der Über- oder Mehrarbeit spätestens am folgenden Tag anzeigt. Entsprechende Anträge *sind* vom jeweiligen Abteilungsleiter *abzuzeichnen*.
Comentario. En el último ejemplo, aunque su forma sugiera lo contrario, se trata, de hecho, de un requisito que debe cumplir el trabajador para hacer uso de su derecho a solicitar el reconocimiento de las horas extraordinarias de trabajo.

- Preposición *bei* + dativo con valor condicional, siendo que el término de la preposición, en ocasiones, implica nocionalmente 'cumplimiento' de un requisito, de un logro (como en el ejemplo mencionado supra: *bei Zielerreichung* o en *bei Erfüllung* o *Übererfüllung der (gesetzten) Ziele*):

PREPOSICIÓN *BEI*
Bei Erfüllung der gesetzten Ziele wird der Nominalbetrag am Jahresende ausbezahlt.
Bei Übererfüllung der Ziele wird eine entsprechend höhere Prämie ausbezahlt.
Nach Ablauf der Probezeit wird *bei entsprechender Bewährung* das Jahresbruttogehalt erhöht.

- Locuciones preposicionales como in *Abstimmung / Absprache mit* + dativo; *nach Abstimmung / Absprache mit* + dativo.

LOCUCIONES PREPOSICIONALES
Veröffentlichungen, die im Zusammenhang mit diesem Arbeitsverhältnis stehen, sind *in Abstimmung mit* Y gestattet.
Arbeitnehmer ist zu Weisungen gegenüber Dritten nur *nach Absprache mit* Arbeitgeber berechtigt.

4 Conclusiones

Las diferencias más importantes entre los contratos de trabajo españoles y alemanes se derivan fundamentalmente de la cuestión de quién emite los textos y para quién. En España, como ya hemos indicado, es la autoridad laboral la que, fundamentalmente —por lo menos en nuestro corpus—, fija el marco textual del que las partes han decidido servirse. En Alemania, por el contrario, es el empleador el que emite los contratos, respetando, claro está, la legislación vigente, pero también atendiendo a las necesidades concretas del servicio que presta o de la actividad que realiza.

Como consecuencia, los contratos españoles, en su mayoría, son "impresos" constituidos por esquemas lingüísticos o matrices que pueden rellenarse con la información pertinente, mientras que los alemanes, aunque también muestran una fuerte tendencia a la estandarización, ofrecen un mayor grado de variabilidad con respecto a la macroestructura y los recursos expresivos utilizados.

Para expresar la *necesidad*, tal como se ha definido para los fines de este estudio, en lugar de recursos directos como *es necesario que* o *es ist notwendig / erforderlich*, se suelen usar formas de realización indirectas, pero convencionalizadas y estandarizadas. En los contratos laborales españoles, se trata, concretamente, de:

- Construcciones de gerundio
- Oraciones subordinadas condicionales o de valor condicional
- Las perífrasis *haber de* + infinitivo y *deber* + infinitivo
- Otros recursos como la locución adverbial *en cualquier caso* o expresiones que implican nocionalmente *condición/requisito*, como *quedar condicionado/a a*.

En los contratos alemanes, en cambio, la *necesidad* se materializa, sobre todo, mediante:

- Oraciones subordinadas condicionales introducidas por la conjunción *wenn*
- El verbo *bedürfen* como parte integrante de las expresiones *der Zustimmung / Genehmigung bedürfen* y *der Schriftform bedürfen*
- El verbo modal *müssen*, en muchos casos, formando parte de expresiones marco másy complejas como, por ejemplo: *Kündigung muss schriftlich erfolgen* y *Ansprüche (…) müssen (…) geltend gemacht werden*
- El infinitivo modal
- Preposición *bei* con valor condicional + dativo
- Locuciones preposicionales

Creemos, por lo demás, que, puesto que —en nuestra opinión— ha quedado demostrado que estos recursos para expresar la *necesidad* están enmarcados en unas estructuras más complejas, caracterizadas, en muchos casos, por su estereotipicidad, sería útil realizar, como apuntábamos en 3.1, un estudio contrastivo exhaustivo de este subgénero textual en Alemania y España con el objeto de consignar y catalogar, de forma sistemática, todos los esquemas expresivos que se emplean en los textos y sus equivalentes comunicativos en la otra lengua, dando cuenta, además, de sus elementos variables más frecuentes. Los resultados de un trabajo de estas características podrían aliviar la labor de producción textual a los traductores. Ello supondría, igualmente, una forma muy práctica de completar el análisis microfuncional.

Bibliografía

AUSTIN, JOHN L. (1962): *How to do things with words*. Oxford: Clarendon.
BENSON, MORTON (1985): "Collocations and Idioms", en: Ilson, Robert (ed.): *Dictionaries, Lexicography and Language Learnin*. Oxford: Pergamon, 61-68.
DRAE = *Diccionario de la Real Academia Española*. 22a edición (2001). http://www.rae.es. [Consulta: 15-01-2007].
DUDEN = *Deutsches Universalwörterbuch*. Mannheim / Leipzig / Wien / Zürich: Dudenverlag.
Estatuto de los Trabajadores [ET]. Real Decreto Legislativo 1/1995, de 24 de marzo, por el que se aprueba el texto refundido de la Ley del Estatuto de los Trabajadores. http://noticias.juridicas.com/base_datos/Laboral/rdleg1-1995.t1.html. [Consulta: 21-04-2008].
GOUADEC, DANIEL (1994): "Nature et traitement des entités phraséologiques", en: Gouadec, Daniel (ed.): *Terminologie et phraséologie. Acteurs et amenageurs. Actes de la deuxième Université d'Automne en Terminologie*. Paris: La Maison du Dictionnaire, 164-193.
GRIMAL, PIERRE (1989): *Diccionario de mitología griega y romana*. Barcelona: Paidós.
GÜLICH, ELISABETH / KRAFFT, ULRICH (1997): "Le rôle du 'préfabriqué' dans les processus de production discursive", en: Martins-Baltar, Michel (ed.): *La locution: entre langue et usages*. Paris: ENS Editions, 241-276.
GÜLICH, ELISABETH / KRAFFT, ULRICH (1998): "Zur Rolle des Vorgeformten in Textproduktionsprozessen", en: Wirrer, Jan (ed.): *Phraseologismen. Text und Kontext*. Bielefeld: Aisthesis, 11-32.
IVANOVA, VESSELA / KRÜGER, ELKE / TABARES, ENCARNACIÓN / REISCHERT, MIRJAM / VILAR SÁNCHEZ, KARIN (2007): "Kontrastive Mikrofunktionsanalyse zur Verbesserung der Translationsqualität von Fachtexten", en: Schmitt, Peter A. / Jüngst, Heike E. (eds.): *Translationsqualität*. Frankfurt am Main: Peter Lang, 267-277.
LÓPEZ FÉREZ, JUAN A. (ed.) (1983): *Eurípides. Tragedias I*. Madrid: Gredos (Introducción, traducción y notas de Alberto Medina González).
MOTSCH, WOLFGANG / PASCH, RENATE (1987): "Illokutive Handlungen", en: Motsch, Wolfgang (ed.): *Satz, Text, sprachliche Handlung*. Berlin: Akademie Verlag, 11-79.
Nachweisgesetz. Gesetz über den Nachweis der für ein Arbeitsverhältnis geltenden wesentlichen Bedingungen. http://bundesrecht.juris.de/bundesrecht/nachwg/gesamt.pdf. [Consulta: 21-04-2008].
NORD, CHRISTIANE (2003): *Kommunikativ Handeln auf Spanisch und Deutsch*. Wilhelmsfeld: Gottfried Egert.
REISS, KATHARINA / VERMEER, HANS J. (1984): *Grundlagen einer allgemeinen Translationstheorie*. Tübingen: Niemeyer.
SCHISCHKOFF, GEORGI (1991): *Philosophisches Wörterbuch*. Stuttgart: Kröner.

SEARLE, JOHN R. (1969): *Speech Acts: An essay in the Philosophy of language.* Cambridge: Cambridge University Press.

SEARLE, JOHN R. (1979): *Expression and Meaning: Studies in the Theory of Speech Acts.* New York: Cambridge University Press.

STEIN, STEPHAN (1996): *Formelhafte Sprache. Untersuchungen zu ihren pragmatischen und kognitiven Funktionen im gegenwärtigen Deutsch.* Frankfurt am Main: Peter Lang.

VILAR SÁNCHEZ, KARIN (2004): "Diccionario de sinónimos funcionales", en: Faber, Pamela / Jiménez, Catalina / Wotjak, Gerd (eds.): *Léxico especializado y comunicación interlingüística.* Granada: Granada Lingvistica, 297-322.

VILAR SÁNCHEZ, KARIN (2006): "Übersetzungsrelevante Textbeschreibung anhand der Mikrofunktionsanalyse", en: *Lebende Sprachen* 51/3, 116-126

VILAR SÁNCHEZ, KARIN (ed.) (2007): *Mikrofunktionen in Arbeitsverträgen deutsch-spanisch.* Bern: Peter Lang.

WEIGAND, EDDA (2003): *Sprache als Dialog. Sprechakttaxonomie und kommunikative Grammatik.* Tübingen: Niemeyer.

WUNDERLICH, DIETER (1976): *Studien zur Sprechakttheorie.* Frankfurt am Main: Suhrkamp.

CHRISTIANE NORD

Los actos declarativos en alemán y español

1 Introducción

Las gramáticas contrastivas, como la de Cartagena y Gauger (1989), son una herramienta útil para comparar dos sistemas lingüísticos. Para la traducción nos sirven menos porque raras veces ofrecen información acerca de cómo o cuándo o cuántas veces se suelen emplear las estructuras léxicas y sintácticas ofrecidas por el sistema en la comunicación real entre los miembros de la comunidad lingüístico-cultural correspondiente. Estos aspectos del uso comunicativo se rigen esencialmente por convenciones que, como hemos demostrado en otras ocasiones (Nord 1993, 2003, entre otros), son un fenómeno cultural más que lingüístico.

Las convenciones regulan la selección de ciertas estructuras ofrecidas por el sistema lingüístico para expresar determinadas intenciones comunicativas. Por lo tanto, pertenecen al ámbito de lo que Coseriu (1953) denominó *norma*, concepto que este autor añadió a las categorías saussurianas de lengua y habla. Al estudiar las convenciones comunicativas en un ámbito determinado, nos interesan, sobre todo, los aspectos de forma, frecuencia y distribución. Para hablar o escribir bien, es decir, para producir un texto no sólo correcto sino a la vez estilísticamente aceptable, tenemos que saber cuáles de las formas expresivas ofrecidas por el sistema lingüístico se usan, con qué frecuencia, en qué situación comunicativa — por ejemplo, en un género o tipo textual determinado, para expresar una intención comunicativa específica, etcétera. Es la única manera de anticipar si una forma concreta será considerada como usual o convencional en un determinado contexto situacional, o si, por el contrario, sorprenderá al lector por su originalidad. Cuando la forma usada para expresar una intención comunicativa corresponde a las convenciones culturales, no interfiere en el proceso de recepción de los oyentes o lectores, que entonces pueden centrar toda la atención sobre el contenido del mensaje. Una forma no convencional u original, en cambio, atrae la atención y, por lo tanto, puede o bien añadir un significado connotativo o bien dificultar o incluso a veces impedir la comprensión del contenido. Si conoce las convenciones expresivas, el redactor de un texto (y el traductor en su función de productor del texto meta) puede escoger la mejor estrategia para lograr sus objetivos comunicativos — ya sea adecuando la forma del texto a las convenciones (si quiere que sea conforme a ellas) ya sea evitando las pautas convencionales (si quiere producir un texto que destaque por su originalidad).

Cuando queremos comparar las convenciones expresivas de dos culturas distintas, tenemos que determinar, en primer lugar, las unidades de comparación y, en segundo lugar, el *tertium comparationis*, es decir, la base de la comparación. La gramática contrastiva se basa en las estructuras gramaticales o léxicas como unidades de comparación (por ejemplo, una expresión idiomática o una oración de relativo). Para nuestros fines, en cambio, nos parece más práctico tomar una perspectiva pragmático-funcional. Partiendo de la hipótesis de que las intenciones comunicativas son transculturales (aunque quizás no sean universales), mientras que las formas en que se verbalizan dependen de las convenciones culturales, la unidad comunicativa ideal sería un enunciado o acto de habla, como fue definido por Austin (1962) o Searle (1969). Porque los actos de habla se consideran como enunciados con potencial ilocutivo, es decir, destinados a lograr un determinado objetivo comunicativo. Esta definición incluye también los actos de habla indirectos, como el enunciado aparentemente afirmativo "Hace mucho frío aquí", pero que, en realidad, está pensado para pedir al receptor que cierre la ventana. Los actos de habla tienen la ventaja de ofrecernos también el *tertium comparationis*: la ilocución o intención (desde la perspectiva del hablante) o función (desde el punto de vista del receptor) comunicativas (para la distinción entre intención y función, véase Nord 1995:54 ss.).

Nuestras unidades de comparación serán, pues, los actos de habla determinados por su función comunicativa y tomados de un corpus de textos auténticos en lengua alemana y española. Para excluir diferencias culturales dentro de un mismo ámbito lingüístico, nos hemos limitado a textos publicados en Alemania y España. Nos hemos basado, en primer lugar, en los textos obligativos incluidos en un corpus general empleado para una estilística comparativa (Nord 2003). Puesto que se trataba de un número muy reducido

de textos obligativos, lo hemos ampliado añadiendo más textos destinados a
esta función (varios tipos de contratos, condiciones generales y algunos
certificados de garantía). De estos textos hemos aislado los actos de habla
performativos, que suman un total de 128: 61 (47,7%) de ellos en español y 67
(52,3%) en alemán. El corpus es demasiado reducido para llegar a
conclusiones generalizadoras, pero nos muestra las tendencias más
importantes, ya que los actos declarativos parecen altamente estandarizados.

2 Las declaraciones como actos referenciales

Para facilitar el análisis, nos basamos en el modelo cuatrifuncional presentado
ya detalladamente en otro lugar (véanse, por ejemplo, Nord 1994, en español, y
Nord 2002, en alemán). Las cuatro funciones básicas de este modelo son la
fática, la referencial, la expresiva y la apelativa, con sus respectivas
subfunciones. Primero, justificaremos brevemente la clasificación de los
enunciados declarativos como actos de habla referenciales.

Las declaraciones se definen como actos de habla mediante los cuales se
efectúa un estado nuevo de realidad. Por ejemplo, por medio de una fórmula
de bautizo se efectúa el nuevo estado de estar bautizado, que, a su vez, implica
algún compromiso u obligación para el sujeto en cuestión. En nuestra decisión
de considerar las declaraciones o actos declarativos como pertenecientes a la
función referencial, nos hemos guiado por las siguientes ideas:

- Las declaraciones se usan, sobre todo, en los géneros obligativos (por
  ejemplo, contratos o acuerdos), mediante los cuales las partes se
  comprometen a obligarse recíprocamente, hecho que queda
  documentado en el texto en cuestión.
- Las declaraciones no se refieren a actuaciones o procesos pasados y
  concluidos sino a actuaciones y procesos previstos para el futuro, pero
  cuyo fundamento se establece en el momento en que se enuncia el texto.
- Las declaraciones crean nuevos estados de realidad, que culminan con la
  firma de las partes contratantes, un acto de confirmación (por ejemplo,
  un apretón de manos) o una fórmula fija (por ejemplo, un juramento, o
  una fórmula como ¡Así Dios me salve! / So wahr mir Gott helfe).

- Para ser efectivas, las declaraciones necesitan un marco institucional (normas jurídicas o legales, una institución que controle o garantice la observación de ciertas normas de actuación) o un sistema de valores en función del cual las partes pueden confiar en su efectividad (por ejemplo, en el caso de un acto de promesa).

Para clasificar las declaraciones como pertenecientes a una de las cuatro funciones básicas nos valdremos de un procedimiento de exclusión. Las declaraciones no son fáticas porque no abren ni cierran el canal comunicativo — funciones que en los contratos corresponden a la introducción de las partes contratantes en el inicio del texto (ver ejemplos 1 y 2) y a la constatación de lugar y fecha de la conclusión de los mismos y la firma de las partes al final. Tampoco son expresivas ya que no expresan la opinión, actitud o las emociones del emisor (ver ejemplo 3), ni apelativas puesto que no apelan al destinatario a reaccionar de una manera determinada. Los enunciados que incluyen indicadores apelativos (por ejemplo, verbos modales como *deber*, *müssen* o estructuras como *zu Xen sein/haben*, ver ejemplo 4) no son declaraciones sino demandas o exigencias (cf. Nord 2003:334 ss.; ver ejemplos 5 y 6), que en algunos contratos se enumeran en una cláusula bajo el epígrafe *Obliegenheiten* u *Obligaciones*.

- (1)   Don (), mayor de edad, con D.N.I (), vecino de (), con domicilio en calle (), de una parte; y Don (), mayor de edad, con D.N.I. () vecino de (), con domicilio en calle (), de otra, acuerdan celebrar un CONTRATO DE ARRENDAMIENTO, atendiendo a las siguientes:... (mayúscula en el original).
- (2)   **Verlagsvertrag** zwischen NAMEN (Adresse), im folgenden Autor genannt, und VERLAGSNAME (Adresse), im folgenden **Verlag** genannt. Für die Wahrnehmung von Nutzungsrechten zwischen dem Autor und dem Verlag wird folgende Vereinbarung getroffen:... (negrita en el original).
- (3)   Stratic-Gepäckstücke sind weltweit anerkannte Spitzenprodukte mit einer 2-jährigen Verarbeitungs- und Qualitätsgarantie.
- (4)   Für die Einräumung von Nebenrechten oder Lizenzdruckrechten ist neu zu verhandeln...

- (5) Der Anspruch auf Versicherungsleistungen muss unverzüglich geltend gemacht werden. Der Versicherungsnehmer hat auf Verlagen des Versicherers jede Auskunft zu erteilen…
- (6) El vehículo no podrá llevar más pasajeros que los permitidos por las leyes. / SE PROHIBE EXPRESAMENTE AL ARRENDATARIO… (mayúscula en el original).

En los textos obligativos, pueden clasificarse como referenciales las descripciones del objeto de contrato (ver ejemplos 7 y 8), los enunciados metalingüísticos o metacomunicativos (ver las definiciones en los ejemplos 9 y 10) y las declaraciones (ejemplos 11 y 12).

- (7) Gegenstand dieses Vertrages ist das Werk mit dem (Arbeits-) Titel: TITEL. Der endgültige Titel wird in Abstimmung zwischen Autor und Verlag festgelegt.
- (8) Que el arrendador cede en arrendamiento la casa descrita a Don (), arrendatario, para satisfacer la necesidad permanente de vivienda de éste.
- (9) **Agente Autorizado:** Se refiere a una persona física o jurídica que el Transportista ha autorizado para representarle en la venta de títulos de transporte aéreo para sus servicios o, cuando esté autorizado, para los servicios de otros Transportistas aéreos (negrita en el original).
- (10) Im Sinne dieses Vertrages bedeutet: „Flugschein" dieser Flugschein und Gepäckabschnitt, dessen Bestandteil diese Bedingungen und Hinweise sind; „Luftfrachtführer" alle Luftfrachtführer, die den Fluggast oder sein Gepäck aufgrund dieses Flugscheins befördern oder sich hierzu verpflichten oder die sonstigen Dienstleistungen im Zusammenhang mit der Beförderung erbringen…
- (11) La empresa arrendataria se obliga a … / ITAL-INTERRENT se reserva el derecho de … / El arrendatario asume completa responsabilidad por …
- (12) Der Autor versichert, dass… / Der Autor ist verpflichtet, … / Der Autor überträgt dem Verlag das ausschließliche Recht… / Der Verlag ist verpflichtet, …

Como vemos en los ejemplos 11 y 12, los enunciados declarativos se refieren a la representación o documentación de actos performativos, consumándolos, y se emplean en textos o tipos textuales que, por regla general, son referenciales aunque pueden incluir algún enunciado apelativo.

3 Formas de declaración

Siguiendo a Sowinski (1973:344), consideramos textos obligativos, sobre todo, los contratos, acuerdos, promesas, convenios y pactos. Los contratos se concluyen entre dos o más partes y documentan las actuaciones y comportamientos de las partes con respecto a ciertos objetos o relaciones interpersonales. Las promesas, en cambio, son declaraciones obligativas por parte de una persona, que se refieren al comportamiento del emisor de la promesa, definiendo, por regla general, ciertas condiciones que han de cumplirse para que la promesa adquiera o tenga validez. Los contratos de compraventa representan el primer caso, los certificados de garantía (ver ejemplos 13 y 14), el segundo. En los dos tipos no podemos constatar diferencias fundamentales con respecto a las declaraciones, por lo cual nos limitaremos en lo que sigue a una diferenciación entre las declaraciones explícitamente e implícitamente performativas. Las primeras son actos de habla que explicitan la ilocución mediante un verbo performativo (*prometer, comprometerse a, sich verpflichten, garantieren*, etcétera). Las segundas no emplean verbos performativos sino que se refieren de manera indirecta a los actos a cuya realización u omisión se comprometen las partes contratantes.

- (13)   Im Garantiefall beseitigt Stratic derartige Mängel auf eigene Kosten.
- (14)   El titular de la garantía tendrá derecho a la sustitución del mueble.

Los ejemplos demuestran que estos actos de habla pueden verbalizarse de forma diferente. Para la comparación de las formas específicas o típicas de cada cultura, tenemos que analizar las estructuras de léxico y sintaxis empleadas en nuestro corpus. Sowinski (1973:345) constata para los enunciados obligativos en lengua alemana que suelen introducirse por el sujeto gramatical y que las afirmaciones imprecisas o formuladas en el subjuntivo alemán (*Konjunktiv*) son casi inexistentes. Según este autor, las referencias deícticas al texto como instrumento de obligación son un rasgo típico de este género. Partiendo de estas consideraciones, empezaremos por analizar los tiempos, modos y voz de los verbos, para después considerar la sintaxis con respecto a las funciones denominativas del sujeto gramatical y la congruencia entre el sujeto gramatical y el sujeto semántico (agente). Además, prestaremos atención a los verbos y las expresiones performativas y a las referencias deícticas al texto como instrumento generador de obligaciones.

4   Las declaraciones explícitamente performativas

El corpus contiene un total de 63 declaraciones explícitamente performativas, de las que 25 (39,7%) corresponden al sub-corpus español y 38 (60,3%) al sub-corpus alemán. Esto significa que el 41 por ciento de las declaraciones españolas y el 56,7 por ciento de las declaraciones alemanas son explícitamente performativas. En ambos idiomas, esta clase de declaraciones se formulan preferentemente en presente de indicativo (ejemplos 11 y 13), la mayoría en voz activa (ejemplo 15; español: 92%; alemán: 81,6%). En los textos españoles se halla un solo ejemplo de la pasiva refleja, que también podría interpretarse como activa impersonal (ejemplo 20) y una pasiva resultativa (*quedan prohibidos*), mientras que en los textos alemanes predomina la pasiva resultativa (15,8%), además de un caso de la pasiva de proceso con *werden* (ejemplo 22).

En la mayoría de las declaraciones explícitamente performativas (español: 80%; alemán: 100%) el sujeto gramatical se refiere a las partes contratantes o al emisor de la promesa. La referencia se expresa en la primera persona del plural (ejemplo 16) o mediante un sustantivo que denota el papel social del referente (*die Käuferin, la parte vendedora, las partes*, ver ejemplo 15, 17 y 19). Esta costumbre se deberá al hecho de que se trata de textos altamente convencionalizados y, muchas veces, formulares, de modo que se mencionan los individuos una vez al comienzo del texto por su nombre y apellido o razón social (ver ejemplo 18), añadiendo el apelativo que después servirá para referirse a las mismas, por ejemplo *Herr Herbert Bernhard (Verkäufer)* (Engel 1988:164).

- (15) Para resolver cualquier cuestión derivada del presente contrato las partes se someten expresamente a los Tribunales de ..., con renuncia del fuero propio.
- (16) Wir behalten uns vor, die Preise ohne Ankündigung zu ändern.
- (17) Die Verkäufer bewilligen und die Käufer beantragen hiermit die Eintragung der Vormerkung... (Engel 1988:165)
- (18) ITAL-INTERRENT se reserva el derecho de rescindir anticipadamente el contrato.
- (19) Por la presente, el vendedor entiende prevalerse de todas las exclusiones y límites de garantía jurídicamente admitidos..., lo que el comprador reconoce y acepta.

Como muestran los ejemplos, el sujeto gramatical se suele referir al agente del acto declarado, es decir que se trata de una congruencia sujeto-agente. En los textos españoles, esto vale además para las declaraciones formuladas en estructuras impersonales, cuyo sujeto implícito se refiere también al agente (español: 8%; ver ejemplo 20), así como para las declaraciones con sujeto metonímico que se refiere al propio contrato (español: 12%; ver ejemplo 21).

- (20) Por el presente contrato se garantiza mediante fianza la compraventa realizada por el deudor, Don(), de la mercancía detallada en el anexo 1.
- (21) La garantía cubre el cambio de las piezas reconocidas como defectuosas o su reparación...
- (22) Kostenloser Transfer wird von/zum Hotel oder dem nächstgelegenen Treffpunkt gewährleistet.

La sintaxis está muy estereotipada. La mayoría de las declaraciones se construyen como oraciones principales simples con el orden sujeto-predicado-complemento (SPC) (español: 68%; alemán: 86%). Las frases u oraciones adverbiales o (en alemán) objetos antepuestos al sujeto, que aumentarían la variación sintáctica, aparecen con muy poca frecuencia. También se evitan las sustituciones pronominales. La repetición de las estructuras sintácticas con el sujeto al principio de la frase y la congruencia sujeto-agente produce un efecto monótono que, sin embargo, aumenta la comprensibilidad y reduce el riesgo de malentendidos e interpretaciones erróneas.

Es natural que la selección de los verbos performativos esté determinada por el género textual, al menos en parte. Presentaré una lista de los verbos que aparecen con más frecuencia en el corpus (ejemplos 23 y 24). Las formas empleadas como sinónimos se separan por "/":

- (23) Acordar (+ infinitivo), declarar, garantizar, someterse a (la Jurisdicción, los Tribunales), aceptar, (no) responsabilizarse de / asumir (completa) responsabilidad por / no responder de (los gastos), reservarse el derecho de (rescindir del contrato), obligarse a / estar obligado a, entregar en arriendo / ceder en arrendamiento, cubrir (ver ejemplo 8);
- (24) Sich einig sein, dass…, versichern/erklären/bestätigen, für etw. einstehen / zusichern / gewährleisten, anerkennen, (keine) Haftung übernehmen / haften, sich (das Eigentum) vorbehalten, verpflichtet / gehalten sein, das Recht haben / berechtigt sein, (das Recht…) übertragen, verkaufen, bewilligen, beantragen.

De los ejemplos citados se desprende que las referencias deícticas supuestamente típicas de las declaraciones explícitamente performativas no son tan frecuentes como se podría esperar. En los textos españoles encontramos tres ejemplos de *por el presente (contrato, documento)* o *por la presente (cláusula)* (12%; ver ejemplos 19 y 20), en los alemanes hay un solo ejemplo de *hiermit* (2,6%; ver ejemplo 17).

5   Las declaraciones implícitamente performativas

Las declaraciones implícitamente performativas se caracterizan por verbos y expresiones que describen el comportamiento futuro de las partes contratantes o del emisor de la promesa, documentando así indirectamente su disposición u compromiso a comportarse de esta manera. Está claro que la semántica de los verbos depende del objeto de la declaración. Se puede observar que las declaraciones implícitamente performativas no siguen unos estándares tan rigurosos como las explícitas. Seguidamente analizaremos los tiempos y voces usados; continuaremos con la sintaxis y la distribución de las informaciones en los enunciados.

La mayoría de los verbos españoles que implican performatividad se usan en el tiempo de futuro (69,4%, la mitad de ellos expresados por *deber* o *poder*), pero también hay verbos en presente (18,4%, uno expresado por *deber*) o en forma de gerundio (10,5%). En los textos alemanes predomina el presente (93,1%; de ellos, dos ejemplos con *sollen*), y sólo hay dos verbos en futuro.

- (25) El deudor cancelará la hipoteca cuando finalicen los pagos...
- (26) En el plazo de los siete primeros días de cada mes, el arrendatario deberá ingresar la renta mensual en el número de cuenta...
- (27) Der Autor bekommt Freiexemplare gem. §8.

También en estas declaraciones predomina la voz activa. Los verbos españoles en voz pasiva (13,9%) se construyen sobre todo en pasiva refleja (ver ejemplo 28), mientras que la pasiva con *ser* aparece una sola vez (ejemplo 29). Los verbos alemanes en voz pasiva (17,3%) usan casi siempre la pasiva de proceso con *werden* (en 5 de 6 casos; ver ejemplo 30).

- (28) En el caso de fallecimiento del arrendatario se subrogará en el contrato su cónyuge, Doña ()... (Arriendo)
- (29) El presente documento podrá ser elevado a documento público notarial...
- (30) Innerhalb der Garantiezeit werden alle Mängel... kostenlos behoben.

En las declaraciones implícitamente performativas, la congruencia sujeto-agente es mucho menos frecuente (español: 55,5%; alemán: 37,9%) que en las explícitas. Muchas veces, el sujeto se refiere a las claúsulas del contrato (español: 25%; alemán: 48,3%), al propio contrato o al arbitraje en caso de litigio. La sintaxis presenta mayor variación. En lugar del orden SP(C) casi exclusivo en las declaraciones explícitamente performativas, las implícitas se introducen con relativa frecuencia mediante frases u oraciones adverbiales (ejemplos 31 y 32; ver también ejemplos 28 y 30).

- (31) En caso de venta de la vivienda arrendada el arrendatario tendrá derecho de adquisición preferente sobre la misma.
- (32) Bei Herabsetzung des Ladenpreises wird der Autor vorher benachrichtigt.

6   Conclusiones

Para concluir, resumiremos los resultados del análisis comparativo. Tanto en español (de España) como en alemán (de Alemania), los actos de habla declarativos obedecen a unas convenciones relativamente rígidas. Llama la atención el uso casi exclusivo del presente de indicativo en las declaraciones explícitamente performativas, lo que pone de manifiesto que la acción declarada es efectuada en el mismo momento de enunciarse la declaración. En cambio, el tiempo de futuro empleado en las declaraciones implícitamente performativas en español indica que se trata de compromisos para el futuro. El hecho de que los enunciados alemanes prefieran, para la misma función, el presente, se explica por el contexto pragmático inequívoco que, en alemán, permite el empleo del presente con valor de futuro.

En general, los textos con enunciados declarativos parecen más bien monótonos y estilísticamente poco atractivos. Pero no están pensados para ser interesantes. Su intención es documentar los derechos y deberes de las partes contratantes de forma inequívoca y lo menos ambigua posible. Esta finalidad se consigue mejor mediante recurrencias, una estructura SP(C) estereotipada, una clara congruencia sujeto-agente y un empleo homogéneo de los tiempos verbales que por medio de sustituciones pronominales o variaciones sinonímicas. Las divergencias que, a pesar de estas condiciones pragmáticas — las mismas para ambas culturas—, se observan entre los textos españoles y alemanes demuestran una vez más que son las convenciones culturales las que predominan sobre las condiciones pragmáticas y que son además relativamente independientes de las estructuras ofrecidas por el sistema lingüístico. A fin de asegurar la aceptabilidad de un texto declarativo traducido para los receptores, una adaptación de las formas a las convenciones de la cultura meta sería probablemente más funcional que una reproducción de las formas del original.

Bibliografía

AUSTIN, JOHN L. (1975²): *How to do things with words.* Cambridge, Mass.: Harvard University Press.

CARTAGENA, NELSON / GAUGER, HANS-MARTIN (1989): *Vergleichende Grammatik Spanisch-Deutsch.* Mannheim: Duden-Verlag.

COSERIU, EUGENIO (1953): "Sistema, norma y habla", en: Coseriu, Eugenio: *Teoría del lenguaje y lingüística general.* Madrid: Gredos.

ENGEL, ULRICH (1988): *Deutsche Grammatik.* Heidelberg: Groos.

NORD, CHRISTIANE (1993): *Einführung in das funktionale Übersetzen. Am Beispiel von Titeln und Überschriften.* Tübingen: Francke.

NORD, CHRISTIANE (1994): "Traduciendo funciones", en: Hurtado Albir, Amparo (ed.): *Estudis sobre la traducció.* Castelló: Universitat Jaume I, 97-112.

NORD, CHRISTIANE (1995³): *Textanalyse und Übersetzen. Theoretische Grundlagen, Methode und didaktische Anwendung einer übersetzungsrelevanten Textanalyse.* Tübingen: Stauffenburg.

NORD, CHRISTIANE (2002): *Fertigkeit Übersetzen. Ein Selbstlernkurs zum Übersetzen lehren und lernen.* Alicante: Editorial Club Universitario.

NORD, CHRISTIANE (2003): *Kommunikativ handeln auf Spanisch und Deutsch. Ein übersetzungsorientierter funktionaler Sprach- und Stilvergleich.* Wilhelmsfeld: Gottfried Egert.

SEARLE, JOHN R. (1969): *Speech Acts.* Cambridge: Cambridge University Press.

SOWINSKI, BERNHARD (1973): *Deutsche Stilistik.* Frankfurt am Main: Fischer.

MIRJAM REISCHERT (UNIVERSIDAD DE GRANADA) /
ENCARNACIÓN TABARES PLASENCIA (UNIVERSITÄT LEIPZIG)

Advertir, avisar y *amenazar*. Notas sobre algunas microfunciones comunicativas en los contratos de trabajo españoles y alemanes

1 Introducción

El presente artículo es fruto de las reflexiones que llevamos a cabo durante nuestra participación en el proyecto de investigación *Descripción funcional contrastiva de textos especializados en español, alemán y francés, enfocada hacia la traducción*.[1] Por una cuestión de tiempo y por la indisponibilidad sobrevenida de los especialistas en francés que, en un principio, habían mostrado interés en formar parte de nuestro grupo de investigación, decidimos centrarnos en el análisis contrastivo del subgénero (Gamero 1998:157) o variante genérica (Heinemann / Heinemann 2002:142 ss.) *contrato de trabajo* en España y Alemania,[2] siguiendo las propuestas teóricas y metodológicas de Vilar Sánchez. Dichas propuestas habían sido ya expuestas

---

1   Dicho proyecto, en el que colaboraron la Facultad de Traducción e Interpretación de la Universidad de Granada y el Departamento de Lingüística Aplicada y Traductología (Institut für Angewandte Linguistik und Translatologie = IALT) de la Universidad de Leipzig, fue financiado por el Ministerio de Educación y Ciencia de España y por el Servicio Alemán de Intercambio Académico (Deutscher Akademischer Austauschdienst = DAAD) y se desarrolló a lo largo de dos años (de enero de 2005 a diciembre de 2006). Dicho proyecto fue dirigido por Karin Vilar Sánchez (Universidad de Granada) y Gerd Wotjak (Universidad de Leipzig).

2   La decisión de limitarnos al análisis de este subgénero textual se basó fundamentalmente en dos motivos: 1) la traducción de contratos, como han puesto de manifiesto Schmitt (1990) para Alemania y Vilar Sánchez / Pree (2004) para España, cubre un porcentaje bastante significativo de las necesidades de traducción en general. Y la traducción de contratos de trabajo, como ha expuesto Ivanova (2007), basándose en los resultados de una encuesta que realizó entre distintos colectivos (traductores profesionales, agencias de traducción, abogados y empresas) para establecer este particular, ocupa un puesto relevante dentro de los géneros relacionados con el Derecho del Trabajo tanto en España como en Alemania; 2) Ivanova puso amablemente a nuestra disposición el corpus textual completo de la tesis doctoral en la que se encuentra trabajando, *Recherche im juristischen Übersetzen. Theoretische, empirische und didaktische Grundlagen der Übersetzung von Arbeitsverträgen im Sprachenpaar Spanisch-Deutsch*, constituido por un conjunto bastante numeroso de contratos de trabajo alemanes y españoles auténticos. De dicho corpus extrajimos los 40 textos paralelos, en el sentido de Nord (1997, entre otros), 20 por cada lengua, que sirvieron para efectuar nuestro análisis. Para más detalles acerca de los textos seleccionados y de los criterios de selección, véanse Ivanova / Krüger / Tabares / Reischert / Vilar Sánchez (2007) y Vilar Sánchez (ed.) (2007).

por la autora en diversos trabajos (2000, 2002a, 2002b, 2003, 2004 y 2005, entre otros) que traen causa, en gran medida, del proyecto de investigación que ésta dirigió en la Universidad de Granada entre 1999 y 2002, *Gramática funcional (español-alemán) para traductores y/o intérpretes (enfoque onomasiológico)*,[3] con el que se pretendía crear una herramienta que facilitara a los traductores y/o intérpretes la labor traductora, ofreciéndoles el catálogo de las microfunciones comunicativas y semántico-gramaticales más relevantes de los géneros textuales[4] que más habitualmente se traducen del alemán al español y viceversa, así como de los recursos expresivos con que aquéllas se realizan en los textos.

En el marco del mencionado proyecto de colaboración entre la Universidad de Granada y Universidad de Leipzig, las autoras de este trabajo nos encargamos del análisis de, prácticamente, las mismas microfunciones en los contratos de trabajo; cada una en los textos redactados en su lengua materna. Entre las microfunciones que debimos estudiar conjuntamente se encontraban las que ahora trataremos y que, ya entonces, nos resultaron muy interesantes porque, si bien desde el punto de vista expresivo los enunciados en los que se contenían no presentaban grandes diferencias, creemos que mostraban actitudes enunciativas diversas, por lo menos, en los textos que nos ocupaban. En la publicación conjunta que, en su momento, los miembros del proyecto presentamos (véase Vilar Sánchez (ed.) 2007) no tuvieron cabida[5] las observaciones que, sobre las microfunciones *avisar*, *advertir*[6] y *amenazar*, habíamos realizado. Por ello, nos ha parecido que esta obra, dedicada al

---

3 Cf. también las contribuciones de otros participantes en el proyecto como Mesa Arroyo (2002, 2004) y Martín García (2002, 2005)

4 Nosotras preferimos utilizar el término *género textual* y no *tipo de texto* como hacen los miembros del grupo de Granada (remitimos a los trabajos citados de Vilar Sánchez, Mesa Arroyo y Martín García) siguiendo a Brinker: "Textsorten sind konventionell geltende Muster für komplexe sprachliche Handlungen und lassen sich als jeweils typische Verbindungen von kontextuellen (situativen), kommunikativfunktionalen und strukturellen (grammatischen und thematischen) Merkmalen beschreiben. [...] sie besitzen zwar ein normierende Wirkung, erleichtern aber zugleich den kommunikativen Umgang, indem sie den Kommunizierenden mehr oder weniger feste Orientierungen für die Produktion und Rezeption von Texten geben." (Brinker 1997:132).

5 Dicha publicación, en CD-ROM, constituyó la presentación de los resultados obtenidos tras efectuar el análisis contrastivo de los textos. Sin embargo, la forma en que dichos resultados fueron presentados, esto es, mediante el programa de análisis cualitativo de datos *Atlas.ti*, y la finalidad eminentemente práctica que se perseguía con la publicación no hicieron conveniente la inclusión de estas consideraciones.

6 La microfunción *advertir* se añadió al catálogo de microfunciones del corpus español en una revisión posterior a la publicación en CD-ROM.

análisis de textos especializados en español y alemán, era una buena ocasión de que vieran la luz, siquiera para que puedan ser objeto de crítica.

Por cuestiones de espacio y con el fin de evitar repeticiones, no vamos a exponer aquí cuáles son las características textuales de los contratos de trabajo en los ordenamientos jurídicos en cuestión. Remitimos al apartado introductorio (*Theoretische Grundlagen*) de Vilar Sánchez (ed.) (2007), así como a la contribución de Krüger / Tabares Plasencia en este volumen para este particular.[7] Sin más preámbulos pasamos al objeto de nuestro artículo.

2 *Advertir, avisar* y *amenazar* en los contratos de trabajo españoles y alemanes. Rasgos comunes

Cuando analizábamos los recursos lingüísticos utilizados para *expresar obligación, autorización, prohibición* o *exhortación* en los contratos de trabajo, fuimos cada vez más conscientes de lo que suponía la celebración de un contrato de este género. Pudimos comprobar que, sin duda, la idea de Hobbes del "contrato de sumisión" sigue siendo válida y que es perfectamente aplicable al mismo.

Tanto es así que, tras la lectura de los 20 contratos alemanes y 20 españoles, incluso tuvimos que cambiar, por ejemplo, la denominación de la microfunción *permitir* por *permitir de forma limitada*, dado que, ni una sola vez, nos encontramos en los textos con la expresión de un *permitir* —de todas formas, siempre hipotético— que no implicara limitaciones. Y es más, esta nueva denominación no dejaba de ser eufemística, pues no podía descartarse que trabajadores escépticos interpretaran ese *permiso limitado* como una *prohibición condicional*.[8]

---

7 Cf. igualmente las unidades hermenéuticas (*Hermeneutische Einheiten*) en Vilar Sánchez (ed.) (2007) para ver las microfunciones estudiadas y quiénes se encargaron de cada una de ellas.

8 Un ejemplo típico en los textos alemanes es la cláusula referida a la compatiblidad para el desempeño de otros cargos u ocupaciones, tanto remunerados como no remunerados, distintos a la actividad pactada en el contrato: "Die Ausübung einer Nebentätigkeit ist nur mit schriftlicher Genehmigung von Y [el empleador] gestattet." Según la experiencia personal del trabajador, el puesto que ocupe y, claro está, el tipo de actividad u ocupación que se ha planteado desempeñar al margen de la establecida en el contrato, el enunciado anterior podría tener una doble lectura: 1) que la autorización del empleador es sólo un requisito formal, que si se cumple, no obstará para la realización de la actividad "extraña" al contrato proyectada por el

Pero sea como sea que denominemos a los actos comunicativos realizados en los contratos de trabajo, parece que tenemos que imaginarnos al trabajador como a alguien siempre a punto de caer al abismo; y al empleador, "preocupado", intentando, con sus llamadas de atención, que se aparte de la sima y que retome la recta vía o evitando que se haga falsas expectativas. Esto puede verse, de forma muy clara, en el caso de las microfunciones *avisar*, *advertir* y *amenazar*, que, si bien desde el punto de vista puramente cuantitativo no son las microfunciones más representativas de los contratos de trabajo, reflejan realmente las relaciones de poder que se dan entre los sujetos protagonistas de los mismos. Además, éstas se encuentran en estrecho vínculo con otras microfunciones muy importantes presentes en el género textual o variante genérica que nos ocupa.

Hablaremos, en primer lugar, de la función *advertir* y qué dimensión tiene en el caso concreto de los contratos de trabajo. Seguidamente, de la función *avisar explícitamente* y, finalmente, de la función *amenazar*.

2.1 Advertir

En 2007 (véase Vilar Sánchez (ed.) 2007) habíamos establecido que la función *advertir* en los contratos de trabajo suponía que el empleador llamaba la atención del trabajador o bien sobre la posible pérdida de derechos o sobre posibles perjuicios en su esfera personal o patrimonial que éste, actuando o comportándose de manera concreta, podría evitar o bien, formulado de otra manera, sobre la necesidad de actuar o comportarse en una dirección determinada si quería lograr un fin.[9]

El empleador "asesora" al trabajador con una intención "absolutamente altruista" y, así, le apercibe de cualquier probable contrariedad: de que, por

---

trabajador o 2) que se trata de una prohibición formulada de manera cortés por el empleador.

9 En relación a las microfunciones *proponer, aconsejar* y *advertir*, señala Wotjak (2008:77) lo siguiente: "Hierbei kann es auch darum gehen, dass der Sender (X) an den Empfänger (Y) apelliert <aufmerksam, vorsichtig, folgsam, etc.> zu sein, also nicht selbst zu handeln, sondern ein gewünschtes Verhalten zu zeigen." Nord (2003:329), por su parte, en referencia a la advertencia, indica: "Eine Warnung ist ein Ratschlag, von einer bestimmten Handlungs- oder Verhaltensweise abzusehen, da diese für den Adressaten oder für Dritte gefährlich oder unvorteilhaft sein würde." Nuestro desacuerdo con la propuesta de Nord está en que no necesariamente en todos los géneros textuales la advertencia aparece como la recomendación de un no hacer o un no comportarse de una manera concreta, sino todo lo contrario: como un llamamiento a que se actúe o se muestre un comportamiento determinado si no se quiere sufrir un mal o si se quiere disfrutar de una ventaja.

ejemplo, por su falta de atención o por negligencia, pueda perder ventajas o beneficios a los que tendría derecho o de que, por un descenso de su rendimiento laboral, obtenga una remuneración menor de la que hubiera podido percibir. Ejemplos de estas advertencias sobre posibles perjuicios que el trabajador podría impedir mostrando un determinado comportamiento o desplegando u omitiendo cierta actividad se encuentran en las siguientes muestras textuales:

	CONTRATOS ALEMANES
A.	Ein Anspruch auf Über- oder Mehrarbeitsstundenregelung besteht nur, wenn die Über- oder Mehrarbeitsstunden angeordnet oder vereinbart worden sind oder wenn sie aus dringenden betrieblichen Interessen erforderlich waren und der Arbeitnehmer Beginn und Ende der Über- oder Mehrarbeit spätestens am folgenden Tag anzeigt.
B.	Eine konkrete Einstufung des Bruttolohnes wird jedoch erst nach Ablauf des ersten Arbeitsmonats vorgenommen und zwar unter dem Gesichtspunkt der Beurteilung der erbrachten Leistungen des Arbeitnehmers.
C.	Zahlungsansprüche aus dem Arbeitsverhältnis sind binnen einer Ausschlussfrist von drei Monaten nach Fälligkeit gegenüber der Y schriftlich geltend zu machen, andernfalls sind sie verfallen.

	CONTRATOS ESPAÑOLES
A.	El trabajador deberá cumplir fielmente su horario de trabajo según las horas y distribución fijada en la cláusula tercera del presente contrato, de forma que cualquier actividad realizada a instancia o por voluntad o decisión del propio contratado fuera de dicho horario, será ajena al presente contrato y no tendrá la consideración de hora complementaria, salvo requerimiento expreso de trabajo efectivo por parte de la empresa.
B.	A la finalización del contrato, el trabajador tendrá derecho a recibir una indemnización económica siempre que se cumpla el contrato en su totalidad.
C.	La fecha de inicio de vigencia del presente contrato queda condicionada a la incorporación del trabajador a su puesto de trabajo en dicha fecha.

En todos estos casos, el empleador apela a un ejercicio de responsabilidad por parte del trabajador: única y exclusivamente, en sus manos está obtener una ventaja o evitar un perjuicio. Esta advertencia suele aparecer vinculada con una condición formulada más o menos explícitamente. Al trabajador se le dice claramente lo que tendría que hacer si desea alcanzar algún objetivo o si no quiere sufrir un desagradable quebranto.[10] En este sentido la advertencia es también, en los contratos de trabajo, un "acto filantrópico", porque al trabajador se le recomienda una serie de pautas de actuación que, de seguirlas escrupulosamente, lo pueden proteger de cualquier menoscabo.

Si nos fijamos en el ejemplo A. de los contratos alemanes, el empleador indica al trabajador que sólo se van a considerar horas extraordinarias las hechas a su requerimiento o si éstas se han pactado o si su prestación obedece a necesidades urgentes del servicio o empresa y, además, éste prueba su realización en el plazo estipulado. Únicamente en ese caso se le van a pagar como tales. Lo mismo ocurre en el ejemplo A. de los contratos españoles en el supuesto de las horas complementarias, aunque expresado de una forma menos expeditiva que en el texto alemán.[11]

---

10 Este tipo de enunciados en los contratos de trabajo podría relacionarse con los conceptos de *directriz o norma técnica* de von Wright (1963 y 1971) y de *regla indicativa o instrucción* de Schauer (1991) opuestos, en estos mismos autores, a los de *prescripción o regulación* y *reglas imperativas o regulativas* respectivamente. Las primeras se caracterizarían porque generarían *necesidades prácticas*, que implicarían que se tiene que realizar una acción concreta si se quiere alcanzar un determinado fin o evitar un mal, pero que no se está obligado a ello. El logro del fin o la evitación del mal estarían supeditados a la voluntad del sujeto; estas reglas tendrían, por tanto, un carácter optativo y ofrecerían sólo unas pautas útiles de comportamiento que, de no seguirse, conllevarían a la imposibilidad del objetivo perseguido o a la producción del mal. Las segundas, por el contrario, traerían aparejadas *obligaciones*, que una autoridad normativa —en nuestro caso, el empleador— impone y cuyo incumplimiento acarrearía la imposición de una sanción, es decir, con ellas se pretende influir directamente en la conducta del sujeto a quien va dirigida, para que éste se comporte del modo pretendido por la autoridad. Así, mientras que en las directrices o instrucciones se pone el acento en la voluntad del receptor de la regla, en las prescripciones o reglas regulativas lo verdaderamente relevante es la voluntad de quien las formula. Los enunciados que hemos analizado como amenazas en los contratos de trabajo se enmarcarían en este segundo tipo. Detallaremos más esta cuestión cuando hablemos de la amenaza.

11 Por motivos evidentes, el empleador no le dice al trabajador que no trabaje más horas de las estipuladas en el contrato si esa es su voluntad; le hace consciente de la restricción o pérdida de su derecho al pago de las mismas como horas extraordinarias o complementarias si no tiene en cuenta las condiciones que le impone. La actitud que muestra el empleador es la siguiente: —yo te prevengo y te instruyo acerca de cómo tienes que actuar para defender tus intereses. Es una actitud semejante a la que muestra la voz del famoso *Romance del rey don Sancho* castellano: "—Guarte, guarte, rey don Sancho / no digas que no te aviso / [...]." Cf. Charaudeau (2004) cuando se refiere a los objetivos o actitudes enunciativas principales de los actos comunicativos. Éste considera uno de estos objetivos en la *instrucción*, que se describe con el siguiente esquema: "yo quiere 'hacer saber hacer' y se encuentra a la vez en posición de autoridad de saber y de legitimación para transmitir saber; tú está en posición de 'deber saber hacer' según un modelo (o modo de empleo) que es propuesto por yo". Y a este esquema añadiríamos, para completar el contenido de lo que nosotras hemos denominado *advertencia* en los contratos de trabajo, que el tú 'debe saber hacer' para evitar un mal o conseguir un beneficio.

2.2 Avisar explícitamente

La posibilidad de prevenir cualquier situación, que pueda tener efectos negativos para el trabajador y en la que el empleador quiere que se dirija de una manera especial la atención del trabajador, no se da siempre. Esto nos ha llevado a establecer otra función que nosotras consideramos, en el contexto de los contratos de trabajo, muy estrechamente ligada a la de *advertir* y que hemos denominado *avisar explícitamente*. Ésta se diferencia de la *advertencia* en que se pone en conocimiento del trabajador un hecho o las consecuencias que éste podría acarrearle, sobre los cuales no puede ejercer ninguna influencia, y, muy probablemente, percibirá como negativos (de ahí la necesidad de efectuar el aviso explícitamente). Además, en algunos casos, el trabajador podría tener —y no sólo por la inclinación natural del ser humano a albergar esperanzas— buenos motivos para suponer lo contrario de lo que se le ha comunicado de forma tan categórica.[12]

Algunos ejemplos prototípicos en los contratos de ese *aviso explícito*, que, por lo demás, se da con mayor frecuencia que la *advertencia*,[13] son:

	CONTRATOS ALEMANES
D.	Mit der Zahlung des vereinbarten Gehaltes ist die Leistung gebotener Mehrarbeit als abgegolten anzusehen.
E.	Bei der Pflege erkrankter Kinder erfolgt keine Lohnfortzahlung.
F.	Vorübergehend kann die Mitarbeiterin auch mit einer weniger qualifizierten Arbeit beauftragt werden.

---

12 Como, en líneas generales, viene a decir Meyer (1986), lo evidente, lo obvio no se comunica y si se hace no hay nada que justifique el acto de comunicación. En el caso que nos ocupa, resulta evidente que la explicitud es absolutamente necesaria, pues se trata, la mayoría de las veces, de establecer excepciones a determinadas cláusulas que aparecen con anterioridad en el contrato o de derogar derechos que podrían legalmente asistir al trabajador. Este tipo de enunciados podría vincularse, siguiendo a Charaudeau (2004), con el objetivo de *información*: "yo quiere 'hacer saber', y está legitimado en su posición de saber; tú se encuentra en la posición de 'deber saber' algo sobre la existencia de los hechos, o sobre el por qué o el cómo de su surgimiento."

13 En el corpus analizado, constituido, como ya hemos apuntado, por 40 textos (20 por cada lengua), la microfunción *avisar explícitamente* es la que aparece con mayor frecuencia en detrimento de las de *amenazar* y *advertir*.

	CONTRATOS ESPAÑOLES
D.	La duración del contrato estará supeditada a la realización de la obra o servicio recogido en la cláusula primera del presente anexo, pudiendo el mismo extinguirse con carácter previo a lo establecido en la cláusula anterior, en caso de finalización anticipada del servicio.
E.	La empresa podrá asignar al trabajador funciones o tareas distintas a las realizadas usualmente sin más limitaciones que las derivadas de la pertenencia al grupo profesional y el mantenimiento del salario acordado.
F.	Los horarios podrán ser revisados cuando las circunstancias así lo aconsejen.

Estos avisos explícitos son, por tanto, si se quiere, una forma radical de reafirmación de las prerrogativas que tiene el empleador en esa relación laboral, basadas fundamentalmente en el llamado *ius variandi* que le reconoce la ley,[14] o de anunciar al trabajador que no podrá ejercer, en el seno de la misma, determinados derechos que potencialmente podrían —o que éste cree que podrían— ampararle. Así, en el ejemno E. dentro de los contratos alemanes, se le comunica al trabajador que no podrá ejercitar el derecho al pago del salario el tiempo que se encuentre impedido para el trabajo en caso del cuidado de hijos enfermos contenido virtualmente en el art. 616 del Código Civil alemán (BGB).[15] Por su parte, en F. de los contratos españoles se expresa la posible excepción, protegida por ese *ius variandi* del que hemos hecho mención, a la cláusula en la que consta cuál será la distribución de la jornada laboral.[16]

---

14 El *ius variandi* consiste en la potestad que se reconoce al empleador de modificar, dentro de ciertos límites, las modalidades de prestación de las tareas del trabajador. Así, podrán ser modificados su lugar de trabajo, su horario y su función.

15 En el mencionado precepto del Código Civil alemán se reconoce el derecho del trabajador a percibir el salario correspondiente al tiempo que éste no ha cumplido efectivamente la prestación a que viene obligado contractualmente, siempre que sea por un periodo de tiempo no excesivamente prolongado y que exista una causa atinente a su persona no ocasionada por su culpa o negligencia. La jurisprudencia alemana ha interpretado ese "motivo personal" como la enfermedad propia y el cuidado del cónyuge o hijos enfermos, en los casos en los que no exista otra persona o personas que puedan asumir dicho cuidado, entre otros. No obstante, por convenio colectivo o por contrato individual se puede restringir o incluso dejar sin efecto el ejercicio de tal derecho.

16 En una cláusula anterior del contrato del que hemos extraído el ejemplo se indica lo siguiente: "[...] La prestación de servicios se realizará en los meses de ..., en las semanas de ...y en los días de ...a razón de ...horas al día, distribuidas en el siguiente horario de trabajo ... DE LUNES A MARTES DE 13:00 A 20:00 A MIÉRCOLES 13:00 A 19:00 horas." Nótese además, en el fragmento que hemos seleccionado, la amplitud y la indeterminación de la potestad del empleador de modificar el horario de trabajo al indicar que tal variación se llevará a cabo "cuando las circunstancias así lo aconsejen."

2.3 Amenazar

La indicación de las prerrogativas o derechos del empleador juega también un papel decisivo en el caso de la *amenaza*, en la que está en una posición preeminente la salvaguardia de sus intereses,[17] que son, entre otros: que el trabajador guarde el secreto y la confidencialidad de toda la información de la empresa a la que tenga acceso durante la vigencia del contrato y aun después; impedir que éste realice otras actividades al margen de la establecida en el contrato que no hayan sido autorizadas por él previamente o que utilice información interna de la empresa con ánimo de lucro; asegurarse de que acuda a trabajar y permanezca en su puesto de trabajo el total de su jornada y de que sus ausencias, en caso de producirse, estén debidamente justificadas. Con la intención de que estos intereses no se vean afectados —pues ello haría peligrar su propia existencia—, el empleador toma una medida bastante eficaz: amenaza al trabajador con dar por finalizada la relación laboral o con el despido disciplinario; en determinados supuestos, incluso, con instar ante los tribunales la imposición de sanciones penales. El tono del *empleador* es inequívoco, pero la expresión es muy similar a la empleada en la *advertencia* o en el *aviso explícito*: le comunica al trabajador —con la, digámoslo así, serena objetividad propia de este género textual— que, si se comporta de manera contraria a sus intereses, él tomará las medidas necesarias, amparadas en sus derechos, para protegerlos; medidas, que, por supuesto, se dirigen contra los intereses del trabajador, que ha incumplido con sus obligaciones en la relación laboral. Como ya habíamos avanzado en la nota 10 del presente trabajo, estos enunciados se relacionarían con las llamadas *prescripciones* de von Wright o *reglas imperativas* de Schauer que llevarían aparejadas verdaderas obligaciones y no meras necesidades prácticas.[18] La amenaza se materializaría, en definitiva, en una probable y, en muchos casos, inevitable consecuencia negativa para el trabajador atribuible a su posible comportamiento indebido. La voluntad del

---

17 La diferencia que hemos establecido aquí entre la *advertencia* y la *amenaza* se aparta de la que hace Engel (2004:45 y 49). Para éste, en el caso de la advertencia —al contrario que en la amenaza— las sanciones, que constituirían el resultado de no atender al apercibimiento efectuado, no serían impuestas por el emisor. Sin embargo, esto no es así en los contratos de trabajo, pues, como ya hemos apuntado, la advertencia no está asociada a sanciones sino a posibles perjuicios o a la pérdida de beneficios o ventajas que podrían producirse —y que podrían evitarse de seguir la admonición hecha por el empleador— en la esfera personal o patrimonial del trabajador advertido. En la amenaza, por el contrario, las consecuencias serían sanciones o consecuencias que el trabajador podría entender como sanciones: la resolución del contrato, el despido disciplinario e incluso, en los casos más extremos, acudir a la jurisdicción penal para solicitar la imposición de penas pecuniarias o privativas de libertad.

18 Cf. Charaudeau (2004) al hablar del objetivo *prescripción*: "yo quiere 'hacer hacer', y tiene la autoridad de poder sancionar; tú se encuentra, pues, en posición de 'deber hacer'."

empleador de compeler al trabajador al cumplimiento de sus obligaciones y la autoridad que el ordenamiento jurídico le ha atribuido para ello son la base del efecto intimidatorio que necesariamente tiene que tener la amenaza.[19] Esto nos lleva a otro elemento importante dentro de estas amenazas de las que estamos hablando: su institucionalización. El Derecho permite al empleador hacer uso de la compulsión, con tal de que ésta se sustente en una condición que tenga una relación inequívoca con la ejecución del mal o sanción y, también, en aquellos otros casos en que consiste en la exigencia del cumplimiento de una obligación. Por ello, tanto el mal o sanción como la condición han de ser lícitos, pues, en caso contrario, estaríamos ante una conducta delictiva por parte del empleador.[20] En los ejemplos que hemos seleccionado, nótese igualmente el distinto grado de explicitud de la amenaza:

---

19 Como indica Habermas (1999:126-127): "Drohungen stellen eine besondere Sorte von Perlokutionen dar. Der illokutionäre Akt der Ankündigung einer bedingten negativen Sanktion gewinnt den Sinn einer Drohung durch die explizite Bezugnahme auf den beabsichtigen perlokutionären Effekt, der Abschreckung." Si no fuera así, ¿cómo entenderíamos que el trabajador "corra" a entregar el parte de baja laboral cuando se encuentra en situación de incapacidad temporal para evitar que la ausencia de su puesto de trabajo no sea considerada injustificada y, por ende, la sanción del despido? Aunque la teoría de los actos de habla en Habermas se sitúa en el contexto de la corriente pragmática del lenguaje de los actos de habla, nuestro autor establece una clara distinción entre ilocuciones y perlocuciones. Las perlocuciones son ilocuciones usadas de modo estratégico: se dice algo no porque se crea en ello, o porque se le considere verdadero o correcto; eso es totalmente secundario; se dice algo porque se considera eficaz para producir cierto efecto en el receptor.

20 Si el empleador requiriera del trabajador una conducta, la realización de una prestación, etc., que no estuviera contenida en el contrato de trabajo, en el convenio colectivo que le fuera de aplicación a su relación laboral o en la ley, so pena de despido, su conducta podría subsumirse en el tipo penal de las amenazas. Cf. art. 171 del Código Penal español (CP) y art. 240 del Código Penal alemán. Reproducimos sólo el art. 171.1 del CP por parecernos lo suficientemente ilustrativo: "Las amenazas de un mal que no constituya delito serán castigadas con pena de prisión de tres meses a un año o multa de seis a 24 meses, atendidas la gravedad y circunstancia del hecho, cuando la amenaza fuere condicional y *la condición no consistiere en una conducta debida*. Si el culpable hubiere conseguido su propósito se le impondrá la pena en su mitad superior." (La cursiva es nuestra). Cf. Wunderlich (1976:272), que ya había destacado el carácter eminentemente condicional del acto de amenazar. También Graffe (1990:269 ss.) lo había definido como un acto complejo constituido por dos elementos: una exhortación a hacer o no hacer algo y el anuncio de una acción contraria al receptor de la exhortación. Graffe concluye en que esto es siempre así, incluso en los casos de las llamadas amenazas simples. Lo que resulta inequívoco es que las amenazas a las que nosotras nos referimos siempre son condicionales y la condición constituye una "conducta debida", exigible al trabajador.

	CONTRATOS ALEMANES
G.	Entgeltliche, vom Arbeitgeber nicht ausdrücklich genehmigte Nebentätigkeit jeglicher Art gilt als wichtiger Grund, der zur fristlosen Entlassung berechtigt.
H.	Verstöße können nach § 43 (Strafvorschriften) Bundesdatenschutzgesetz mit Geld- oder Freiheitsstrafe geahndet werden.
I.	Unentschuldigtes Fernbleiben von der Arbeit stellt einen wichtigen Grund zur außerordentlichen fristlosen Kündigung dar.

	CONTRATOS ESPAÑOLES
G.	El incumplimiento de lo pactado en el párrafo anterior, u ocultación de la situación real del contratado, conllevará la rescisión automática del contrato.
H.	En el supuesto de incurrir en ilegalidad en materia de incompatibilidades, incumplimiento de las mismas u ocultación de datos, el presente contrato se considerará rescindido.
I.	En el caso de que, una vez superado el período de prueba, el trabajador decida resolver el contrato de trabajo mediante su dimisión, deberá observar un plazo mínimo de preaviso de quince días naturales entre la comunicación de su baja y la extinción contractual. Si no fuere así, el empresario obtendrá una indemnización, equivalente a un día de salario bruto por cada jornada de retraso, para lo cual podrá minorar en la cuantía correspondiente la liquidación final de haberes, sin perjuicio del uso de la acción de reclamación que proceda si no restara saldo disponible a favor de la empresa una vez practicado el descuento en la liquidación.

Aunque estas tres funciones, en líneas generales, se diferencian sin problemas —por lo menos, desde nuestro punto de vista— también nos hemos encontrado algunos supuestos en los que podría hablarse de concurrencia. El enunciado "Das Recht zur Kündigung des Vertrages aus wichtigem Grund gem. § 626 BGB bleibt unberührt", por ejemplo, no es de interpretación unívoca, puesto que, objetivamente y, de acuerdo con el precepto del BGB mencionado, el derecho a la extinción del contrato asiste tanto al trabajador como al empleador. No obstante, no podemos olvidar que el emisor del texto en los contratos alemanes es el empleador por lo que, en principio, nos inclinamos a pensar que no ha incluido esta cláusula para recordarle al trabajador que le ampara ese derecho, sino o bien para avisarle explícitamente de que la relación laboral podría finalizar si existe una justa causa no necesariamente atribuible a su comportamiento, como la suspensión de la actividad de la empresa por causas económicas, tecnológicas, etc., o bien para amenazarle con el despido si la causa es imputable a su conducta inadecuada. Creemos que la doble interpretación es posible a luz del art. 626 del BGB que establece como *wichtiger Grund* no sólo la que se pueda atribuir a la conducta que lesione los intereses de las partes, sino cualesquiera otras que impidan a las partes cumplir en todo o en parte la prestación pactada en el contrato.

3 Conclusiones

Para finalizar, hemos de puntualizar que, con este trabajo, pretendíamos, por un lado, añadir una nueva dimensión interpretativa —creemos que justificada— a un conjunto de enunciados contenidos en los contratos de trabajo que aparentemente parecían ser sólo declarativos, meras aserciones utilizadas para representar la realidad sin el filtro de la subjetivad. Por otro lado, queríamos insistir en que estas tres microfunciones que hemos intentado diferenciar en los contratos —y que, desde el punto de vista expresivo, no muestran gran variación— son las que de una manera más clara evidencian la verdadera naturaleza de los contratos de trabajo: nadie duda de que sean contratos, pues razones jurídicas de peso lo avalan, pero no dejan de ser una modalidad de contrato *sui generis*,[21] puesto que los poderes de los actores que intervienen en ella son asimétricos. El empleador tiene el poder económico que se deriva de la propiedad de la empresa y el poder jurídico para dirigir la prestación del trabajador y éste sólo posee su capacidad de trabajo. No hay, por tanto, igualdad real entre las partes, sino que una está subordinada a otra. Y, por ello, el empleador se puede permitir, a través del contrato, hacerle advertencias al trabajador, amenazarle, derogar virtuales derechos que éste podría tener; pero, todo ello, de una forma totalmente aséptica, amparada por el Derecho y justificada por la supuesta libre aceptación del propio trabajador.

Si efectuamos un repaso de las microfunciones en sentido inverso al que iniciamos nuestra exposición vemos que las amenazas se presentan siempre como la posible y/o inevitable sanción justificada y autorizada a un supuesto

---

21 Tanto es así que, en el ordenamiento español, su regulación básica se contiene en una norma distinta al Código Civil, que es la fuente del resto de los llamados contratos *típicos* (compraventa, arrendamiento, permuta, etc.), el Estatuto de los Trabajadores.

ataque a los intereses del empleador (incumplimiento de una obligación del trabajador). En los contratos alemanes la imposición de la sanción suele presentarse como la expresión de un derecho, como cualquier otro que pueda asistirle, que ampara al empleador, pero, creemos, con un efecto no menor, que la forma en la que se presentan en los contratos españoles, donde la sanción se muestra como una consecuencia inevitable al incumplimiento o conducta indebida del trabajador.

En el caso de los avisos explícitos, el empleador, cual legislador de la relación laboral, se atribuye la potestad de derogar determinados derechos de los que podría gozar el trabajador o ejerce su *ius variandi*, pero, en la mayor parte de los casos, de forma bastante impersonal. El efecto de estas cláusulas en el trabajador es probablemente muy negativo, pero nada podrá hacer. La imposibilidad de un *hacer* o *no hacer* capaz de tener un efecto en la realidad diferencia a los avisos implícitos de las amenazas y de las advertencias. En éstas últimas, frente a las amenazas, están en juego —o, quizá, mejor expresado: el empleador pone en juego— los intereses del trabajador, creándole la necesidad imperiosa de actuar en la dirección que él le marca si quiere lograr una meta o evitar un perjuicio.

Nos hubiera gustado mostrar más ejemplos y ofrecer más detalles acerca de los problemas que suscitó la delimitación de estos tres tipos de enunciados —así como su denominación— en los contratos de trabajo, pero creemos que lo expuesto es suficiente para hacerse una idea clara de la estructura subyacente o profunda de los contratos de trabajo y, también, de la complejidad del objeto de estudio.

Bibliografía

BRINKER, KLAUS (1997): *Linguistische Textanalyse. Eine Einführung in Begriffe und Methoden*. Berlin: Erich Schmidt.

Bürgerliches Gesetzbuch [BGB]. http://bundesrecht.juris.de/bundesrecht/bgb/gesamt.pdf. [Consulta: 12-04-2008].

Código Penal español [CP]. Ley Orgánica 10/1995, de 23 de noviembre, del Código Penal. http://noticias.juridicas.com/base_datos/Penal/lo10-1995.html. [Consulta: 12-04-2008].

CHARAUDEAU, PATRICK (2004): "La problemática de los géneros: de la situación a la construcción textual", en: *Revista Signos* 37 (56), 23-39. http://www.scielo.cl/scielo.php?script=sci_arttext&pid=S0718093420040056000003&lng=es&nrm=iso. [Consulta: 15-04-2008].

ENGEL, ULRICH (2004): *Deutsche Grammatik. Neubearbeitung*. München: Iudicium.

GAMERO, SILVIA (1998): *La traducción de textos técnicos (alemán-español). Géneros y subgéneros*. Barcelona: Servicio de Publicaciones de la Universitat Autònoma de Barcelona.

GRAFFE, JÜRGEN (1990): *Sich festlegen und verpflichten. Die Untertypen kommissiver Sprechakte und ihre sprachlichen Realisierungsformen*. Münster / New York: Waxmann.

HABERMAS, JÜRGEN (1999): "Rationalität der Verständigung. Sprechakttheoretische Erläuterungen zum Begriff der kommunikativen Rationalität", en: Habermas, Jürgen: *Wahrheit und Rechtfertigung. Philosophische Aufsätze*. Frankfurt am Main: Suhrkamp, 102-137.

HEINEMANN, MARGOT / HEINEMANN, WOLFGANG (2002): *Grundlagen der Textlinguistik*. Tübingen: Max Niemeyer.

IVANOVA, VESSELA (2007): "Online-Umfrage zur Relevanz der Textsorte 'Arbeitsvertrag' in der Übersetzungspraxis", en: *Lebende Sprachen* 4/2007, 170-178.

IVANOVA, VESSELA / KRÜGER, ELKE / TABARES, ENCARNACIÓN / REISCHERT, MIRJAM / VILAR SÁNCHEZ, KARIN (2007): "Kontrastive Mikrofunktionsanalyse als Mittel zur Verbesserung der Translationsqualität von Fachtexten", en: Schmitt, Peter A. / Jüngst, Heike E. (eds.): *Translationsqualität*. Frankfurt am Main: Peter Lang, 267-277.

MARTÍN GARCÍA, ENRIQUE (2002): "La expresión de funciones comunicativas en un tipo de texto: el manual de instrucciones", en: Luque Durán, Juan de Dios / Pamies Bertrán, Antonio / Manjón Pozas, Francisco (eds.): *Nuevas tendencias en la investigación lingüística. Actas del Congreso Internacional sobre nuevas tendencias de la Lingüística*. Granada: Granada Lingvistica, 411-423.

MARTÍN GARCÍA, ENRIQUE (2005): "Las funciones comunicativas en algunos tipos de texto: análisis contrastivo", en: Schmitt, Christian / Wotjak, Barbara (eds.): *Studien zum romanisch-deutschen und innerromanischen Sprachvergleich*. Bonn: Romanistischer Verlag, 215-226 (tomo II).

MESA ARROYO, Mª DEL PILAR (2002): "Funciones comunicativas y semántico-gramaticales en correspondencia administrativa, comercial y jurídica en español", en: Luque Durán, Juan de Dios / Pamies Bertrán, Antonio / Manjón Pozas, Francisco (eds.): *Nuevas tendencias en la investigación lingüística. Actas del Congreso Internacional sobre nuevas tendencias de la Lingüística*. Granada: Granada Lingvistica, 459-473.

MESA ARROYO, Mª DEL PILAR (2004): "Funciones comunicativas y medios lingüísticos en correspondencia", en: Faber, Pamela / Jiménez, Catalina / Wotjak, Gerd (eds.): *Léxico especializado y comunicación interlingüística*. Granada: Granada Lingvistica, 323-336.

MEYER, MICHEL (1986): *De la problématologie. Philosophie, science et langage.* Bruxelles: Mardaga.

NORD, CHRISTIANE (1997): "El texto buscado. Los textos auxiliares en la enseñanza de la traducción", en: *TradTerm* 4 (1), 101-124.

NORD, CHRISTIANE (2003): *Kommunikativ handeln auf Spanisch und Deutsch. Ein übersetzungsorientierter funktionaler Sprach- und Stilvergleich.* Wilhelmsfeld: Gottfried Egert.

SCHAUER, FREDERICK (1991): *Playing by the Rules. A Philosophical Examination of Rules-Based Decision-Making in Law and in Life.* Oxford: Oxford University Press.

Strafgesetzbuch [StGB]. http://www.bundesrecht.juris.de/bundesrecht/stgb/gesamt.pdf. [Consulta: 12-04-2008].

VILAR SÁNCHEZ, KARIN (2000): "Functional-Communicative Grammar (Spanish-German for Translators and/or Interpreters: a Project", en: *Babel. International Journal for Translation* 47.2, 109-120.

VILAR SÁCHEZ, KARIN (2002a): "Funktional-pragmatisch fundierte Grammatikerschließung für Übersetzer: Möglichkeiten und erste Resultate", en: *Jahrbuch Deutsch als Fremdsprache* 28, 69-84.

VILAR SÁNCHEZ, KARIN (2002b): "Las microfunciones comunicativas y sus realizaciones materiales en función del tipo de texto: estudio inter e intralingüístico", en: Carretero González, Margarita et al.(eds.): *A Life in Words*. Granada: Universidad de Granada, 297-318.

VILAR SÁNCHEZ, KARIN (2003): "Wer die Wahl hat, hat (nicht unbedingt) die Qual. Die funktionaleTextanalyse als Wegweiser bei der Wahl textadäquater Mittel", en: *Estudios Filológicos Alemanes* 4, 79-94.

VILAR SÁNCHEZ, KARIN (2004): "Sprachliche Mittel zum Ausdruck der Bedingung in unterschiedlichen Textsorten", en: *Estudios Filológicos Alemanes* 5, 203-212.

VILAR SÁNCHEZ, KARIN / PREE, SUSANNA (2004): "Gramática funcional contrastiva (español-alemán) para traductores y/o intérpretes (enfoque onomasiológico): el proyecto", en: Ehlers, Christoph / Haidl Dietlmeier, Anton (eds.): *Deutsch in Spanien: Motivationen und Perspektiven. Actas del III Congreso nacional de la FAGE* (CD-Rom).

VILAR SÁNCHEZ, KARIN (2005): "Diccionario de sinónimos funcionales", en: Faber, Pamela / Jiménez, Catalina / Wotjak, Gerd (eds.): *Léxico especializado y comunicación interlingüística*. Granada: Granada Lingvistica, 297-322.

VILAR SÁNCHEZ, KARIN (ed.) (2007): *Mikrofunktionen in Arbeitsverträgen deutsch-spanisch*. Bern: Peter Lang.

WOTJAK, GERD (2008): "Wie den Textsortenkonventionen auf die Schliche kommen?", en: Fuchs, Volker / Kleinke, Sonja / Störl, Kerstin (eds.): *Stil ist überall – aber wie bekomme ich ihn zu fassen?* Frankfurt am Main / Berlin / Bern / Bruxelles / New York / Oxford / Wien: Peter Lang, 69-88 (tomo I).

WRIGHT, GEORG HENRIK VON (1963): *Norm and Action. A Logical Enquiry*. London: Routledge & Kegan.

WRIGHT, GEORG HENRIK VON (1971): *Explanation and Understanding*. New York: Cornell University Press.

WUNDERLICH, DIETER (1976): *Studien zur Sprechakttheorie*. Frankfurt am Main: Suhrkamp.

CARSTEN SINNER (UNIVERSITÄT LEIPZIG)

El problema de la recreación de los compuestos alemanes en las lenguas iberorrománicas: a propósito del término *Laienlinguistik* en la transmisión intercultural del saber

1 Introducción

En 1996, el lingüista alemán Gerd Antos publica un libro sobre el tratamiento de los problemas lingüísticos relacionados con el uso de la lengua en la vida cotidiana y en la comunicación profesional en obras escritas por no profesionales de la lingüística o dedicados a ellos. En dicho trabajo, basándose en el concepto de las *Lay Theories* de Furnham (1988), el autor introduce el término de *Laien-Linguistik*[1]. Este término, en principio, permite diferentes interpretaciones, pero como se desprende de las explicaciones del autor, debe entenderse como *lingüística hecha por o para los no especialistas de la lingüística*.[2] Antos presenta su obra como fundamento de una lingüística aplicada que, al escoger la materia de estudio, parte de las necesidades y dificultades de la sociedad y que intenta explicar las deficiencias de competencia y saber lingüístico-comunicativos y las posibles soluciones de optimación en el contexto de una teoría del procesamiento productivo y receptivo de la lengua (véase Antos 1996:1-2). Uno de los temas centrales de este estudio es la cuestión de la importancia de obras como manuales de dudas lingüísticas, cursos de retórica y de comunicación, diccionarios monolingües, gramáticas de uso —publicaciones que el autor identifica como obras de la

....

1 El autor escribe este término con guión para unir (o separar) las dos partes de la palabra compuesta. Dado que en la misma obra escribe, por ejemplo, *Populärwissenschaft* y *Sprachdidaktik*, no se entiende bien por qué razón procede así. Teniendo en cuenta que la práctica común en alemán es escribir los compuestos constituidos por dos partes sin guión y que se recomienda limitar la introducción del guión a los casos de construcciones de más partes para desambiguarlos o hacerlos más legibles, en adelante prescindo del guión.

2 Se mantienen en este trabajo, para evitar cruces o solapamientos entre formas y significados del alemán y del español (o las lenguas iberorrománicas en general), los términos alemanes (*Laienlinguistik*, *Volkslinguistik*, etc.) cuando explico las posturas de Antos y otros autores alemanes que se sirvieron de ellos. Pretendo, de esta manera, evitar tener que decidirme por una de las posibles formas en castellano que podría llevar a una lectura que sólo mantiene una parte de los posibles significados de los términos en alemán. Como se verá más adelante, no está exenta de dificultades la decisión por uno u otro término en las lenguas iberorrománicas.

mencionada *Laienlinguistik*— en el debate sobre lengua y comunicación que existe en la propia sociedad.

El enfoque de Antos (1996) ha inspirado una serie de publicaciones de autores alemanes que se han servido de sus planteamientos para tratar las lenguas iberorrománicas (catalán, castellano y portugués), tanto en alemán (Jaeckel 2000; Jaeckel / Kailuweit 2006), como en portugués (Jaeckel / Kailuweit 2002), castellano (Kailuweit 2002a) y catalán (Kailuweit 2002b); en Ernst et al. (2006), además del mencionado trabajo de Jaeckel / Kailuweit (2006), hay contribuciones que se ocupan de la *Laienlinguistik* en los dominios del francés y del occitano (Osthus), del rumano (Techtmeier) y del italiano (Demel).[3]

En el presente trabajo se analiza cómo el concepto (y término) de la *Laien-Linguistik* se ha transferido al ámbito de las lenguas iberorrománicas y cómo los términos escogidos por los autores se insertan en los respectivos léxicos especializados. Para ello, después de una breve incursión teórica en el tema de la traducción o recreación de términos especializados como paso importante en la transmisión intercultural e interlingüística del saber, analizaré, en primer lugar, cómo se usa en alemán el término. En segundo lugar, contrastaré el empleo de *Laienlinguistik* con el de otros términos emparentados como, por ejemplo, *Volkslinguistik*. Finalmente, comentaré las traducciones o, más bien, recreaciones del término en castellano, catalán y portugués realizadas por los autores alemanes mencionados y compararé las implicaciones de su uso, prestando especial atención a la delimitación de otras posibles equivalencias de *Laienlinguistik* en las respectivas lenguas.

2   Traducción, recreación terminológica y transmisión del saber

La recreación terminológica es un problema conocido y reconocido de la traducción de textos especializados que son innovadores en su área de conocimiento y que, al ocuparse de algún aspecto novedoso (metodología, modelos, enfoques nuevos, etc.), también introducen terminología nueva.[4] La

---

3   El libro de Antos (1996) puede identificarse claramente como *texto de referencia* —según la terminología empleada por Haßler (2002; véase también Haßler 2000)— de estos textos.

4   Prefiero diferenciar aquí entre *(re)creación* y *traducción* de términos, puesto que la traducción misma, en principio, sólo es posible cuando ya existe la terminología necesaria. Empleo *recreación* de un término,

misma dificultad de recreación terminológica también se da, sin embargo, en la recepción y en el posterior empleo de la terminología en otras lenguas cuando el texto de referencia (véase Haßler 2000, 2002) aún no ha llegado a traducirse a las lenguas en cuestión. Al traducirse el texto de referencia, se pone a disposición del público un sistema terminológico en la lengua meta que sirve de punto de referencia para todos aquellos autores que trabajan sobre el tema en cuestión y que se sirven de la metodología o del enfoque nuevos en el ámbito de la cultura de la lengua meta. Si falta la traducción, o si existen diferentes traducciones (autorizadas o no autorizadas), existe el peligro de una duplicidad de términos.

La existencia de una traducción autorizada no evita la posibilidad de que la traducción del texto o del aparato terminológico sea de mala calidad, pero implica, al menos, una cierta uniformidad en el uso de la terminología, lo que, al menos, puede conllevar univocidad de la expresión. Cuando no hay traducción del texto de referencia, los autores hacen uso no sólo del contenido, de la metodología, etc., sino, necesariamente, también de la terminología, traduciéndola parcial o completamente según sus necesidades y dentro de los límites de su posiblemente restringida capacidad traductora. Esto puede llevar a traducciones divergentes de un mismo término. De esta manera, pueden establecerse una o varias formas en la lengua meta para un sólo término original; la variación de términos paralelos contradice, precisamente, los objetivos de la creación de términos: la univocidad.[5]

Como ya señalé en otra ocasión (Sinner 2001), las traducciones o recreaciones individuales y divergentes de términos creados en otras lenguas pueden provocar malentendidos e interpretaciones erróneas de las teorías originales. El uso paralelo de términos, en principio, equivalentes —dobletes terminológicos— puede causar un cierto caos conceptual, tanto más cuando los términos creados a través de la traducción de modelos o teorías pueden coexistir al lado de términos autóctonos ya existentes. Por ello, cabría tener en cuenta los factores que puedan tener relevancia para el uso de la terminología

---

como paso previo a la traducción, para hacer referencia a la creación terminológica, por medio de procesos morfológicos propios, siguiendo el modelo de otra lengua.

5 Buen ejemplo del caos que puede resultar de ello son los equivalentes del término chomskyano *acceptability* en alemán, donde ha dado lugar a toda una serie de términos paralelos como *Akzeptabilität, Akzeptation, Akzeptierung, Akzeptierbarkeit* y *Annehmbarkeit* (véase Sinner 2004:105).

en las lenguas a las que se traduce o a las que se transvase un nuevo enfoque como la procedencia o los orígenes de un término, su posible distribución o grado de divulgación en la comunidad científica de la lengua en cuestión, el grado de compresión del término que se pretende crear o recrear, las connotaciones que pueda tener en relación a otros términos parecidos o empleados en otras ramas de la misma disciplina, etc. Ya apunté en otro lugar (Sinner 2001) que es imperativo dar preferencia a términos existentes sobre neologismos, lo que requiere analizar minuciosamente la terminología existente en la lengua meta.

La creación o introducción de terminología nueva a través de la traducción juega un papel importante en la transmisión del saber, y es particularmente así en la traducción de los textos de referencia de nuevas ramas de las ciencias ya existentes y de los textos fundamentales de disciplinas y subdisciplinas que han contribuido a su formación o a su impulso. Por ejemplo, es el caso del libro sobre el contacto de lenguas de Weinreich (1953) que, sin duda alguna, constituye una obra que fomentó la lingüística de contacto como ninguna otra y que, con el uso del término *interferencia*, hizo de éste un término indispensable para dicha disciplina.[6] La historia de la recepción de una teoría no es posible sin que se haga un análisis de la recepción y desarrollo de su terminología. No sólo el uso y la semántica de un término dicen acerca de la recepción y desarrollo o evolución del mismo, sino que también la traducción o recreación en la lengua meta (véase nota 4) juegan un papel primordial si se quiere entender también la recepción intercultural.

La historia de la transmisión y de la recepción del saber implica, por tanto, necesariamente un análisis comparativo de los textos de referencia (o de los posibles textos de referencia) y las series de textos que le siguen (cf. Haßler 2000, 2002). Al aproximarse a la recepción a través de las fronteras lingüísticas (prácticamente siempre también culturales) hay que añadir la comparación de textos entrelazada con una comparación de lenguas, necesaria para realizar una comparación de los conceptos. La lectura y el análisis comparativos de los textos y de la terminología, de las fuentes citadas y las referencias

---

6   El término en sí es más antiguo, pero corresponde a Weinreich (1953) el mérito de haberlo definido y configurado como término lingüístico, de haberlo empleado en un texto que marcó las pautas de toda una disciplina lingüística y así haberlo "hecho" término de verdad (véase Sinner 2001). El análisis del posterior uso del término es, a la vez, historia de la recepción de la teoría y del modelo de Weinreich.

intertextuales desvelan las fuentes originarias y permiten determinar los textos de referencia. Así, permiten determinar en qué momento se alteró, desarrolló o ensanchó la teoría o la terminología, pero, al mismo tiempo, facilitan el descubrimiento de malentendidos en la interpretación de un planteamiento teórico y su terminología, al adaptarlos a otra situación concreta o traducir los términos a otra lengua.[7] En el caso de teorías, propuestas metodológicas y enfoques no recientes, que disponen ya de su propia terminología independiente, puede llegar a ser muy difícil trazar su origen.

Por el contrario, resulta sobremanera esclarecedor y gratificante el análisis de la recepción y de las modificaciones consiguientes de un campo de investigación o de un enfoque nuevos. La observación de las publicaciones pertinentes y de los debates en diversos foros entre los miembros de la comunidad científica, hace posible percatarse de los *ganadores* de la competencia entre términos alternativos y de la paulatina extensión o delimitación semántica de los términos relacionados. En el caso de la creación de una nueva disciplina o subdisciplina, estas evoluciones, por la envergadura de la innovación y la naturaleza de los procesos creativos, tienen que ser más llamativas que en el caso de la natural evolución de los campos de estudio posteriores al nacimiento de una disciplina o la *cristalización* en el seno de otra disciplina. Es éste el caso de la *Laienlinguistik*, un área de estudio que nació en los años 90 del siglo pasado.

3   *Laienlinguistik* y disciplinas conlindantes

Como ya se ha visto en el primer apartado, se supone que la *Laienlinguistik* indaga en la reflexión sobre la lengua y la comunicación, así como en las recomendaciones de uso que se hacen a personas no expertas en cuestiones de lengua y lingüística. Como señala Antos (1996:3), *Laienlinguistik* designa el tratamiento de la lengua y de la comunicación para no expertos y no pocas veces llevada a cabo por no expertos en lingüística.[8] El autor precisa que el concepto se solapa, a grandes rasgos, con aquello que podría denominarse

---

7   Véase el análisis del desarrollo de la terminología coseriana de *dialectos primario, secundario y terciario* en Sinner (2001).

8   "[Laienlinguistik] bezeichnet eine Sprach- und Kommunikationsbetrachtung für Laien und häufig genug auch eine, die von Laien betrieben wird." (Antos 1996:3).

lingüística normativa o prescriptiva, pero que abarca también trabajos de corte descriptivo o enciclopédico u obras que tratan temas o dificultades lingüístico-comunicativos. Sostiene que, por ello, puede entenderse como un tratamiento de la lengua y la comunicación predominantemente extra-científico que se encuentra entre un enfoque ante todo normativo-estético y una orientación funcional-racional-tecnológica.

La *Laienlinguistik* puede entenderse como respuesta a la necesidad de describir la preocupación por la lengua de personas extrañas a la propia lingüística profesional; a diferencia de lo que ocurre en la lingüística —o sea, la ciencia así denominada—, no se orienta hacia la descripción, sino hacia la prescripción lingüística y, en parte, al llamado purismo lingüístico. Sin embargo, el purismo lingüístico es precisamente uno de los aspectos centrales del enfoque conocido, en inglés, como *Folk linguistics* y denominado, en alemán, *Volkslinguistik*, lo que difícilmente puede no traducirse como *lingüística popular*.[9] Antos (1996:3-4) hace hincapié en que cabe diferenciar claramente la *Laienlinguistik* de la actividad dedicada a la lengua y a la comunicación desde una perspectiva didáctica, por un lado, y desde una perspectiva divulgativa, por el otro. Lo justifica con el hecho de que estos enfoques apuntan hacia la transmisión de conocimientos científicos, resultantes de la investigación científica, mientras que la *Laienlinguistik* cabe entenderla como forma moderna (o sea, no museal) de la *Volkslinguistik* tal y como la concibe Brekle (1985, 1986). Con *Volkslinguistik* de *Volk* 'pueblo', en la forma en genitivo *Volks-* 'popular' + *Linguistik* 'lingüística', Antos se sirve de otro término muy propicio a crear malentendidos en la traducción al castellano, puesto que una de las traducciones se solapa claramente con *lingüística popular*, que es, a la vez, una de las posibles equivalencias del alemán *populärwissenschaftliche Linguistik*, que también puede entenderse como lingüística divulgativa. Basándose en Brekle (1985, 1986), Antos engloba bajo el término *Volkslinguistik* la tematización de lengua y comunicación, tal y como se encuentra, por ejemplo,

---

9 Niedzielski / Preston (2000), en el primer libro que se ocupa exclusivamente del purismo lingüístico en inglés, hacen referencia al grupo de los *language purists* como *folk linguists*. Sin embargo, según Langer / Davies (2005:7), puristas pueden ser personas bien conocidas, como, por ejemplo, un autor de éxito, una institución (lingüística) como la *Académie française* y hasta los propios lingüistas.

en la mitología, la literatura folclórica[10], en el ámbito de la magia lingüística, la adquisición del lenguaje, etc. (Antos 1996:17).

Ahora bien, Antos (1996:19) señala que, por ubicarse más bien en un canon de disciplinas como la antropología o la etnografía, *Volkslinguistik* no es un término alternativo al de la *Laienlinguistik* semi-institucionalizada que se comprende a sí misma como formación en cuestiones lingüística tanto orientada en la práctica como popular. El autor defiende, además, el empleo de *Linguistik* en el compuesto *Laienlinguistik* con el hecho de que, dejando de lado el criterio central de la metodología, entre la lingüística científica y la *Laienlinguistik* haya una serie de coincidencias. Entre ellas, indica que hay que ubicarla dentro de una determinada tradición —en la gramática, retórica, estilística, etc.— que constituye una parte ampliamente aceptada del sector terciario de la formación y enseñanza, que con las publicaciones, seminarios y cursos de asesoramiento lingüísticos ofrecidos está, si no institucionalizada, sí semi-institucionalizada, que trata de formas especializadas de conocimiento, etc. (Antos 1996:27). Un último aspecto que debe mencionarse es que la *Laienlinguistik*, sin duda alguna, está más cerca de las *Lay Theories* de Furnham (1988) que de teorías científicas. Prueba de ello es, según Antos (1996:32-34), el hecho de que las teorías no científicas (y entre ellas cabe contar la *Laienlinguistik*), entre otras cosas,

- suelen ser implícitas, poco elaboradas, no estructuradas;
- suelen tener lagunas;
- son generalmente ambiguas, formalmente incoherentes, contradictorias y resistentes a ser falseadas;
- son propicias a confundir causa y efecto;
- suelen subestimar los efectos de factores externos y situacionales al explicar actuaciones y sobreestimar motivos, carácter y mentalidad de los que actúan.

No es mi objetivo evaluar el enfoque de Antos, lo que me interesa es analizar cómo se transmite a las lenguas iberorrománicas y, en particular, cómo se trata el nombre de la disciplina. Cabe señalar que, como ya se ha visto en los

---

10 *Folclórico* se entiende en este contexto como el alemán *volkskundlich* en el sentido de 'lo referido a la ciencia que estudia el conjunto de creencias, costumbres, etc. tradicionales de un pueblo'.

apartados anteriores, en la propia lengua alemana el término *Laienlinguistik* no es transparente o auto-explicativo. El primer problema radica en la dificultad de interpretar *Laien*: de momento, para salir del paso, lo he sustituido en castellano por *no expertos* o *no especialistas*; pero esto sólo es una aproximación, pues según la lectura que se haga, la palabra permite, además, interpretaciones que llevarían a otras traducciones. La palabra *Laie* deriva del alto alemán medio *lei(g)e*, y éste del antiguo alto alemán *leigo* para *Nichtgeistlicher* 'no religioso, no eclesiástico', *Nichtgelehrter* 'no erudito', derivado, a su vez, del latín eclesiástico *laïcus* 'perteneciente al pueblo, común, no eclesiástico', procedente del griego λαϊκός, de λαός '(masa del) pueblo'; se usa con el sentido de 'alguien que no tiene conocimientos técnicos, que no tiene pericia, que no es experto' y además conserva una segunda acepción: 'persona cristiana que no es un religioso; laico, mundanal, secular' (Duden: s. v.).

Si bien tal y como lo entiende (o, mejor dicho, tal y como lo define) Antos (1996), *Laienlinguistik* es *la lingüística hecha por o para los no especialistas de la lingüística*, el término precisa de ser explicado, desambiguado para evitar malentendidos o que se interprete de forma equivocada, no intencionada. Sin embargo, como ya se ha señalado en el primer apartado de este trabajo, permite lecturas muy diferentes:

- *lingüística de no especialistas* en el sentido de *lingüística realizada por no especialistas*;
- *lingüística para no especialistas*;
- *lingüística enfocada a (lo que hacen los) no especialistas*;
- *lingüística no realizada de forma científica* (con una lectura en que *Laien-* se interpreta como *laienhaft*; cf. Demel 2006:1523).

De hecho, como se deduce de las introducciones a las cuatro contribuciones de Demel, Jaeckel / Kailuweit, Osthus y Techtmeier (todos 2006) sobre la *Laienlinguistik*, el nombre de la disciplina aún necesita ser explicado a los propios miembros de la comunidad científica. Como el nombre no es transparente, también se ven obligados a delimitar el dominio de la misma. Siguiendo al mismo Antos, la diferencian de otros enfoques, ya establecidos, como la *Folk Linguistics* (Hoenigswald 1966) o la lingüística divulgativa (Demel 2006:1523) o indagan en las paralelas al enfoque de Lebsanft (1997) que se ocupa de los *Sprachliebhaber* —una traducción aproximada podría ser 'amantes o aficionados de la lengua'— que podrían verse como el prototipo de los no expertos en cuestiones de lengua (véase Techtmeier 2006:1511). Es palpable la dificultad de marcar claramente los dominios de los que se ocupa la *Laienlinguistik*, sobre todo, de diferenciarla completamente de la lingüística popular. Osthus (2006:1533) señala que, en casos aislados, una categorización precisa puede ser problemática, y Kailuweit (2006b:169) admite ya en la introducción de su artículo que "la nova subdisciplina sembla encara un calaix de sastre que relaciona problemàtiques [sic] força diferents".

El hecho de que en las versiones francesas que siguen a los títulos alemanes de los cuatro textos del *Manuel* que versan sobre la *Laienlinguistik* se hable de *linguistique populaire* —tradicionalmente usado también como equivalente de *Volkslinguistik* y *folk linguistics*— no contribuye precisamente a hacer más transparente el concepto tratado. En particular —y debido a la denominación y la delimitación poco clara en relación a otras categorías— resulta difícil mantenerlo separado de lo que en castellano se conoce como *lingüística popular* (v. infra). Por ello, me parece oportuno hacer hincapié en el hecho curioso de que, en la lingüística románica alemana, se haya optado por el nombre *Linguistique populaire* al pasar el enfoque de Antos (1996) al francés. Si tenemos en cuenta la clara distinción que, según el propio Antos, se debe hacer entre *Volkslinguistik* 'lingüística popular' y *Laienlinguistik*, resulta difícil concebir el uso de este término francés, pues lleva, de forma automática, a la pregunta por la traducción de *Volkslinguistik* al francés y, naturalmente, por la traducción de *Volkslinguistik* y *Linguistique populaire* al castellano, portugués y catalán.

Al debatir el planteamiento de Antos (1996) y su aplicación a la lingüística iberorrománica con estudiantes de filología[11] y de traducción, así como con lingüistas, la respuesta de las personas con dominio del alemán al ser preguntadas por el significado de *Laienlinguistik* fue prácticamente automática y casi siempre del mismo tenor: que es lingüística realizada por gente que no sabe de la materia y que parece tener connotaciones peyorativas. La siguiente

---

11 Traté de la *Laienlinguistik* en seminarios de lingüística y de análisis de texto en las Universidades Humboldt de Berlín entre 2002 y 2007 y de Leipzig en 2007 y 2008, así como en cursos impartidos en la Universidad de la República en Montevideo en 2005 y en la Universitat Pompeu Fabra de Barcelona en 2006.

respuesta de un alumno de la Universidad Humboldt de Berlín en el curso 2006/2007 puede verse como prototípica:

'¿*Laienlinguistik*? Suena como lingüística *de* no expertos. Si me preguntan a mí qué significa, para mí es, sin duda, lingüística *de* no expertos, así como *Amateurfußball* [fútbol amateur] es fútbol *de* aficionados [amateurs] y no *para* aficionados. Lingüística de no expertos, eso significa, personas que no tienen idea que se ocupan de la lingüística. Esto entonces también tiene connotaciones más bien negativas.'[traducción del original alemán del autor de este trabajo]

El análisis de las propuestas ofrecidas en las lenguas iberorrománicas para el término *Laienlinguistik* hace palpable el problema de recrear la virtualidad de los compuestos alemanes.

4 La transmisión del enfoque de Antos (1996) a las lenguas iberorrománicas

4.1 Castellano

En el centro de atención, al analizar la presentación de la teoría de Antos (1996) en las lenguas iberorrománicas, están las equivalencias de *Laie* y *Laienlinguistik* escogidas por los autores alemanes. Al observar los términos en castellano, hay que centrarse en *lego* y *lingüística lega*, por ser éstas las equivalencias de *Laie* y *Laienlinguistik* ofrecidas por Kailuweit (2002a), si bien hay que tener en cuenta también otros posibles equivalentes de *Laie*. Además, como ya he señalado, es muy compleja la semántica del compuesto alemán *Laienlinguistik*. Si bien hasta el momento, en castellano, me he decantado, como equivalente de *Laie*, por *no experto* o *no especialista*, la elección de estas expresiones llevaría, en principio, a la necesidad de hablar de lingüística por o para no expertos (o especialistas). Por ello, para evitar conclusiones prematuras en cuanto a la lectura que se le tiene que dar a *Laienlinguistik* en el momento de recrearse en español, a partir de ahora, mantendré *Laie(n)* en alemán, dejando claro que nos movemos en un nivel metalingüístico.

Uno de los dos autores responsables de la transmisión del enfoque de Antos (1996), Jaeckel (2000) define la *Laienlinguistik*, ciñéndose a lo expuesto por Antos (1996), como lingüística normativa *para Laien*, muchas veces, también, realizada *por Laien* cultos, y señala que los problemas cotidianos en el uso de la lengua a menudo han sido y son desatendidos por la lingüística descriptiva, de manera que se ha producido una laguna, que ha sido llenada por la *Laienlinguistik*. De forma muy parecida la define Kailuweit (2002a) en castellano al presentar la *Laienlinguistik* como "enfoque para tratar la historia de la normativa, ejemplificado con el castellano, gallego y catalán posfranquistas" (2002a:53). Emplea, para el alemán, *Laienlinguistik*, *lingüística lega* en castellano.

Además de *lingüística lega*, el autor emplea también los términos *legos*, *hablantes ingenuos*, *aficionados a la lengua* y *personas sin formación lingüística* en oposición a *especialistas*: se habla de "obras de especialistas que se dirigen a hablantes ingenuos", de "polémicas entre especialistas y legos", de "aficionados a la lengua" —esta última expresión entre comillas— y de "personas sin formación lingüística". Todas estas expresiones representan variantes que, en parte, equivalen a lo que puede significar el alemán *Laie* o, como parte de un compuesto, *Laien-*. Podría añadirse, de entre las expresiones que se encuentran en el contexto de las explicaciones acerca de lingüística lega, *persona inexperta* que Kailuweit (2002a:54) también menciona. El autor concluye, con referencia a Bierbach (1987:66-67), que "[p]or eso hay que considerar discurso lego todo discurso que no se restringe a expertos".

Tenemos, entonces, además de *lego*:

ingenuo	*sin formación lingüística*
aficionado	*inexperto*

A ellos se podrían añadir otros lexemas mencionados como posibles equivalentes de *Laie* por nuestros informantes o mencionados como sinónimos parciales de *lego* en los diccionarios:

amateur/amater *no profesional*
diletante *ignorante*
profano

Mencionaré aquí también las diferentes soluciones para recrear el compuesto *Laienlinguistik* barajados por mis informantes en los debates acerca del enfoque de Antos o de los textos de Jaeckel y Kailuweit o hallados en textos paralelos en Internet o publicaciones científicas:

lingüística popular
lingüística amateur/amater   *lingüística de/por y para amateurs*
lingüística aficionada   *lingüística de/por y para aficionados*
lingüística no profesional   *lingüística de/por y para no profesionales*
lingüística diletante   *lingüística de/por y para diletantes*
lingüística devocional   *lingüística profana*

Vemos que, entre las propuestas, se encuentra el término *lingüística popular*, que, sin embargo, conlleva el problema de usarse ya con otro sentido. Las demás propuestas provocaron una larga serie de argumentos en pro y en contra que no puedo reproducir aquí, pero que resumiré brevemente. El mayor problema consiste en el hecho de que la duplicidad de emisor y receptor que puede expresar el término compuesto del alemán requiere ser explicitado con construcciones preposicionales del castellano como *de* y *para* o *por* y *para*, que, como nombre de una disciplina científica, no convenció a los informantes. Las construcciones sin nexo preposicional tienen, por su parte, según todos los informantes, el inconveniente de llevar a una lectura que implica sólo una parte de lo que se supone que es la *Laienlinguistik*: *lingüística lega*, por ejemplo, les evoca una actividad realizada *por* legos y no *para* ellos (además de otros problemas relacionados con la semántica de *lego*; véase *infra*), "lingüística de tontos" o "lingüística de gente que no sabe", lo que es sentido, por la mayoría de los informantes, como contradictorio. Lo mismo se da en los casos de *aficionado*, *amateur*, *diletante* e *inexperto*.[12] Las críticas a *aficionado* se

---

12 Esta es una dificultad que se da, como se ha visto, también, en alemán y sólo puede solucionarse mediante una definición y con la expectativa de que el término se establezca a pesar de los inconvenientes.

centraban, ante todo, en que un aficionado no necesariamente es inexperto y en que, por lo demás, se supone que la *Laienlinguistik* se dirige también a personas no expertas pero que no tienen por qué ser *aficionados* a la lengua sólo porque simplemente tienen la necesidad de consultar algún aspecto dudoso. Éste, sin embargo, es el objetivo supuesto de los manuales de dudas del lenguaje. Además, en cuanto a la unión con *lingüística*, hay que señalar que *aficionado*, en principio, sólo se usa con seres animados, humanos ("Andrés es historiador aficionado"), por lo que *lingüística aficionada* no sería viable. A *lingüística de aficionados*, sin embargo, le faltaría el componente receptor, *para aficionados*, con lo que la única posible construcción con aficionado sería *lingüística de* y *para aficionados*, lo que contraría la tradición hispana de formar las denominaciones de las ciencias. De todas formas, la mayoría de los informantes también rechazó *lingüística lega* por considerar imposible la unión de *lego* con una ciencia como sustantivo no humano.

Las construcciones con *ignorante, inculto* e *ingenuo* se descartaron por las connotaciones negativas atestiguadas por los diccionarios consultados y por considerarse imposible la unión con *lingüística* (*lingüística ignorante* o *de ignorantes*, etc.) y las formaciones con *devocional* y *profano* se rechazaron por las connotaciones religiosas consideradas inadecuadas por los informantes. Como *profano* es uno de los lexemas indicados como sinónimos de *lego* en los diccionarios consultados, volveré con esta voz más adelante. Las construcciones con *amateur* y *diletante*, si bien las entradas en los diccionarios consultados registran acepciones que se solapan, al menos en parte, con la acepción 'no experto' de *Laien*, no les parecían convincentes por tener también ciertas connotaciones negativas, posiblemente por el uso predominante de estos dos adjetivos con el significado de 'intentado pero no logrado', 'con falta de profesionalidad', etc., y por creer que sólo se puede emplear para caracterizar a personas.[13]

No obstante, he documentado *lingüística diletante* —con connotaciones claramente negativas— en algunos textos. Así, por ejemplo, en Colodrón (2004:s. p.), donde, sin duda alguna, hace referencia a una lingüística hecha sin

---

13 El juicio de un lingüista español ejemplifica muy bien este aserto: "Se puede decir 'Blas es lingüista, pero, desde mi punto de vista, es diletante', o se puede decir 'Es un lingüista diletante', pero 'lingüística diletante' no se esperaría, porque se aplica a personas y es poco común eso".

criterio y de manera no científica. También he encontrado el uso de *diletante* en algunas publicaciones científicas en contextos en que su uso es comparable al del término *lingüística lega* propuesto por Kailuweit (2002a). Carriscondo Esquivel (en prensa), por ejemplo, habla de *lexicografía diletante* para referirse a las obras lexicográficas realizadas por personas no expertas de la lexicografía.

En el *Diccionario de Uso del Español de América y España Vox* (2005), por ejemplo, se hace notar expresamente el valor despectivo que puede tener la voz *diletante*, indicándose, además, que el adjetivo se aplica a personas:[14]

diletante
► adjetivo / nombre común
1 [persona] Que tiene afición por una o varias artes o disciplinas del saber:
  ▪ es un diletante de la música.
2 [persona] Que cultiva un arte o una disciplina como aficionado, no como profesional, generalmente por no tener capacidad para ello:
  ▪ aunque sin grandes estudios clásicos, pudo pasar para los profesionales de su tiempo como un ejemplar diletante.
  NOTA se usa en ocasiones con **valor despectivo**.

Amateur goza de más aceptación que las demás soluciones, pero los informantes coinciden en que *lingüística amateur* excluiría claramente a los profesionales que escriben obras sobre aspectos lingüísticos para no expertos. La siguiente respuesta de una lingüista española a una consulta sobre diferentes términos propuestos como solución para recrear *Laienlinguistik* resume de forma muy contundente muchas de las posiciones expresadas por las personas a las que he entrevistado a lo largo de los últimos años:

Traducción amateur, lingüística amateur, es bastante neutro; *traducción de aficionado* tiene un matiz negativo, o *lingüística de aficionado,* es que suena mal.[...] *Amateur* es un principiante, *aficionado* es que le apasiona, que sabe mucho o puede saber mucho, pero que no tiene formación formal, que no es profesional. Pero *lego*... es que no lo diría jamás. Es que un lego no sabe.

---

14 Sin embargo, a diferencia de *lingüística lega, lingüística diletante* cuenta ya con una cierta presencia en castellano, aunque, a nuestros informantes, ambas soluciones les resultaban raras. A diferencia de *lingüística diletante, lingüística lega* también les evocaba "algo vulgar", lo que haría abogar por no decidirse por este término.

Creo que lo más próximo de *Laienlinguistik* es *lingüística aficionada*, o más bien *de aficionados*, porque *lingüística aficionada* no puede ser porque no es un referente humano. [...] Pero claro, *lingüística aficionada, de aficionados* excluye a los expertos que escriben para gente no especializada, inexperta, y *lingüística para no expertos* no engloba necesariamente la posibilidad de que quienes la hacen son inexpertos también. [...] Ser lego de algo es ser ignorante, y por eso me parece que no funciona, pero *amateur* sí que se puede ser y escribir para otros que tampoco son expertos. Pero *amateur* también excluye a los profesionales que escriben para no expertos. Lo de *no experto* es lo más neutro me parece. Pero lo de lego, ya te digo, creo que un hablante nativo de español nunca jamás habría llegado a decir "lingüística lega".

Todo indica que, aparte de *no experto*, todas las posibles alternativas de *lego* tienen que descartarse por alguna razón. Volvamos, por ello, a *lego* y su uso en la construcción propuesta por Kailuweit (2002a).

Según la RAE, además de los significados referidos a aspectos clericales o religiosos, *lego* es un adjetivo que significa 'falto de letras o noticias':

lego, ga.
(Del lat. *laĭcus*, y este del gr. λαϊκός, popular).
1. adj. Que no tiene órdenes clericales. U. t. c. s.
2. adj. Falto de letras o noticias.
3. m. En los conventos de religiosos, el que siendo profeso, no tiene opción a las sagradas órdenes.
4. f. Monja profesa exenta de coro, que sirve a la comunidad en los trabajos caseros.

Se ve claramente que tal y como se presenta *lego*, no puede aplicarse a nada que no sea humano: los significados registrados no permiten la unión con un sustantivo inanimado como lo es una ciencia, la lingüística (véanse *supra* las opiniones de los informantes). La existencia del término del ámbito legal español *juez lego*, tal y como lo recoge la RAE (s.v.), confirma la segunda acepción:

juez lego.
1. com. **juez** municipal no letrado, y especialmente si actúa como sustituto del de primera instancia, caso en que necesita abogado asesor para lo que no sea de mero trámite.

En el *Gran Diccionario de la Lengua Española* LAROUSSE (s. v.), se encuentra la siguiente entrada:

lego
(Del lat. *laicus* < gr. *laikos*, **perteneciente al pueblo**.)
▶ adjetivo / sustantivo
1 RELIGIÓN Que no tiene órdenes clericales:
  ▪ los legos no pueden acceder a esta parte del monasterio.
▶ adjetivo
2 ENSEÑANZA Que no ha recibido educación cultural.
▶ adjetivo / sustantivo
3 Que no entiende de determinada materia:
  ▪ soy lego en historia de este país.
  REG. PREPOSICIONAL + en
  SINÓNIMO ignorante profano
  ANTÓNIMO iniciado
▶ sustantivo masculino
4 RELIGIÓN Religioso que no tiene opción a las sagradas órdenes.

En el DEA, encontramos las siguientes acepciones:

lego -ga I adj **1** [Pers.] ignorante o que tiene pocos conocimientos [de una materia] (comp. *EN*)] *Tb n. A veces se omite el compl por consabido.* | Villarta *Rutas* 71: Soy bastante lego en la materia. *Gac* 11.5.69, 27: El lego no comprende de inmediato qué otras alternativas caben a los Estados Unidos en el momento actual.
2 (*Rel crist*) Que, siendo cristiano, no pertenece al clero o a una orden religiosa. *Frec n., referido a pers.* […]
3 (*Rel catól*) En un convento: [Miembro de la comunidad] no ordenado o no profeso que se ocupa de las faenas domésticas. […]
II *m* y *f* **4** (*Der*) Miembro no letrado de un jurado de escabinos. […]

Si bien el alemán *Laie* deriva de la misma raíz greco-latina que *lego* y comparte con esta voz la existencia de al menos dos acepciones: una referida a la falta de órdenes clericales y otra a la falta de letras o conocimientos, según los diccionarios antes citados, la distribución de los usos es distinta, puesto que la primera acepción de *lego* es del ámbito clerical, mientras que, en alemán, prevalece el uso de *Laie* referido a la falta de conocimientos de experto, lo que implica que las primeras asociaciones en el proceso de recepción sean distintas en las dos lenguas. Sólo en el DEA se invierte el orden y aparece en primer lugar la acepción del adjetivo *lego* con el significado de 'ignorante o con pocos conocimientos', pero igual que en las demás obras lexicográficas, sólo aplicado a personas.

Además, según la mayoría de los diccionarios de español, *lego* tiene dos acepciones relacionadas con la falta de conocimientos diferenciadas: una hace referencia a la ausencia de una educación cultural y otra al hecho de no entender de una materia. *Laie*, sin embargo, remite a la falta de conocimientos técnicos, a la falta de pericia, lo que no equivale del todo a *no entender de un tema*, pues se puede *entender* de algo sin tener conocimientos más detallados o específicos, y sobre todo, sin haber adquirido pericia. Cabe señalar, por lo demás, que *Laie* no tiene connotaciones negativas como las tienen *inculto* o *diletante*, hecho que demuestran denominaciones como *Laientheater* o *Laienspielgruppe* ('teatro de aficionados', 'grupo de teatro no profesional'). Pero hay que indicar que, vistos casos como estos dos o como el antes mencionado *Amateurfußball* ('fútbol amateur, de aficionados'), en los que estamos claramente ante actividades realizadas *por* aficionados y no *para* ellos, parece muy poco afortunado el uso de *Laienlinguistik* en alemán.

En la acepción 'no entender de una materia', *lego* se supone que tiene dos sinónimos, *ignorante* y *profano*, que tal y como se desprende de las representaciones lexicográficas tienen connotaciones que impedirían emplearlos como equivalentes de *Laie* con el significado que se le asigna en *Laienlinguistik*. *Ignorante* se halla en el mismo nivel que *inculto*, *idiota* y parecidos y tiene una carga semántica muy negativa (véase RAE, LAROUSSE, s. v.). El caso de *profano* es algo distinto, como se ve en la entrada del *Diccionario* de la RAE (s. v.):

profano, na.
(Del lat. *profānus*).
1. adj. Que no es sagrado ni sirve a usos sagrados, sino puramente secular.
2. adj. Que no demuestra el respeto debido a las cosas sagradas.
3. adj. Que carece de conocimientos y autoridad en una materia. U. t. c. s.
4. adj. Libertino o muy dado a cosas del mundo. U. t. c. s.
5. adj. Inmodesto, deshonesto en el atavío o compostura.

Si bien la tercera acepción de *profano* concuerda con el contenido de *Laie*,[15] en principio, *lego* parece ser el adjetivo más indicado para traducir *Laie*, al menos de entre las posibles soluciones en castellano que permiten la unión de *lingüística* con un adjetivo, que es la que más se ajusta a la tradición ya instaurada en castellano de utilizar una construcción con adjetivo pospuesto para denominar disciplinas científicas (Física cuántica, Biología orgánica, Lingüística aplicada, etc.). Como se ha visto, hay también múltiples razones para rechazar *lingüística lega*; entre ellas la falta de precisión —que también se da en alemán— y las connotaciones negativas. Como los primeros en tratar de la *Laienlinguistik* en castellano se decidieron por este término, los problemas mostrados harán necesarias aclaraciones que acompañen al término hasta que éste no se haya establecido e impuesto.

4.2 Portugués

En la presentación del enfoque de Antos en portugués y su aplicación a la situación lingüística en Brasil, Jaeckel / Kailuweit (2002) se decidieron por *lingüística leiga*, con lo que la versión en portugués coincide formalmente con la solución en español. Los autores definen muy brevemente en qué consiste la disciplina: "a lingüística normativa dirigida para um público leigo e muitas vezes desenvolvida por leigos" (Jaeckel / Kailuweit 2002:85); pero no se ocupan de diferenciarla de otras disciplinas como la lingüística popular. Se limitan a señalar que "aparece muitas vezes como uma popularização errada da lingüística científica" (Jaeckel / Kailuweit 2002:85). *Leigo* tiene las mismas dos acepciones que el alemán *Laie*, es decir, 'no experto, sin pericia, sin formación

---

15 Cabe señalar que la connotación que tiene *profano* en usos no figurados para los hispanohablantes es, ante todo, la de 'secular, no sagrado' o de 'irrespetuoso con las cosas sagradas (o religiosas en general)', tal y como se indica en las primeras dos acepciones y como también me confirmaron los informantes (véase *supra*).

formal de una materia' y 'laico, secular', como muestran las entradas de los diccionarios de portugués. Así, en el *Dicionário da Língua Portuguesa Contemporânea* de la Academia das Ciências de Lisboa (2001) se lee:

> **leigo**¹, a [...]. *adj.* [...] **1.** Que não pertence à hierarquia eclesiástica; que não é clérigo. ≃ LAICO, SECULAR. [...] **2.** Que é relativo aos não clericais; que se relaciona com a laicidade ou com os leigos. **3.** Que não é perito num assunto ou o desconhece. ≃ DESCONHECEDOR. Ele é completamente leigo em matéria de educação dos filhos.
> **Leigo**², a [...]. *s.* [...] **1.** Pessoa que não recebeu ordens eclesiásticas e que, por isso mesmo, não pertence à hierarquia da Igreja. ≃ LAICO. **2.** Pessoa que não é perita num assunto.

O en el *Aurélio*:

> **leigo.** [Do lat. *laicu.*] *Adj.* **1.** Que não é clérigo; laical, laico: [...] **2.** Que pertence ao povo cristão como tal e não à hierarquia eclesiástica. **3.** *Fig.* Que é estranho ou alheio a um assunto; desconhecedor: *É l e i g o em política.* • *S. m.* **4.** Indivíduo leigo [...].

Y en el *Houaiss*:

> **leigo adj.s.m.** [...] **1** que ou aquele que não recebeu ordens sacras; laico [...]. **2** que ou aquele que é estranho a ou que revela ignorância ou pouca familiaridade com determinado assunto, profissão etc.; desconhecedor, inexperiente ‹*opinião l.*› ‹*indivíduo l. em teoria musical*› ‹*resposta de l.*›

A diferencia de lo que ocurre en el caso de *lego* en castellano, *leigo* tiene un uso bastante generalizado con el significado de 'no experto, etc.' Así, se puede hablar de "a sociedade leiga", personas pueden decir (y dicen) de sí mismos que "eu não sou leigo na matéria", etc., y tampoco en textos especializados del área de la propia lingüística faltan usos de *leigo* con este significado, como, por ejemplo: "Mendonça (2001), ao ilustrar a visão que a sociedade leiga tem da Lingüística, apresenta o seguinte diálogo imaginário: —Você da aula de quê? —De Lingüística. —Ah (silêncio)" (Gurgel 2002: s. p.). Además, y a diferencia de lo que vimos en los diccionarios de español, al menos en los diccionarios brasileños hay ejemplos de usos de *leigo* con sustantivos no humanos, como en el caso de *opinião lega* o de *sociedade lega*. Así, con *lingüística leiga* se ha empleado un término en portugués que no presenta más problemas que el propio *Laienlinguistik* en alemán debido a la dificultad de determinar el significado exacto, es decir, determinar cuál de las posibles lecturas, *lingüística de / por leigos, lingüística para leigos, lingüística de / por e para leigos*, es la correcta. Como en alemán y en castellano, la doble representación de emisor y receptor no se deduce sin una explicación del término y una aclaración en cuanto al alcance y la aplicabilidad de la *lingüística leiga*.

4.3 Catalán

Además de en Jaeckel / Kailuweit (2006), la misma cuestión también se considera para el catalán en un trabajo individual de Kailuweit (2002b). En este último, el autor se ocupa del debate que tuvo lugar, en el ámbito de lengua catalana, sobre cuestiones de la norma y sobre los llamados *català heavy* y *català light*, o sea, sobre el tipo de catalán al que debe orientarse la normativización de esta lengua. En el título del trabajo, la discusión se identifica como "una problemàtica de la <lingüística de profans>". Curiosamente, en el artículo, el autor señala que "la polèmica sobre el català heavy i el català light no és una polèmica entre profans sino entre experts de formació diversa, la qualitat de la qual serà difícil d'evaluar" (Kailuweit 2002b:173), con lo que contradice la aseveración del título, pues la "problemàtica de la <lingüística de profans>" del título acabaría por ser una polémica "entre experts de formació diversa". Kailuweit (2002b:169) explica que el término empleado por Antos sirve "per denominar una nova subdisciplina lingüística que es dedica a les obres normatives escrites per profans i dirigides (per) a profans i la relació entre experts i profans quant a l'aplicació i difusió de resultats de recerca lingüística" y explicita que "la lingüística de profans és una lingüística per profans, però també per a profans" (2002b:169), o sea, escrita *por* pero también *para* las personas a las que denomina, en catalán, *profans*.

Con *profans* escoge un lexema que, en catalán, ocupa un lugar parecido al de *Laien* en alemán. En los diccionarios el significado de 'no profesional' o 'sin conocimientos' de *profà* no aparece sino en la tercera acepción, después de las referidas a la religión o la iglesia, y en el diccionario catalán-alemán de Batlle et al. (1991), bajo el adjetivo *profà* no se encuentra siquiera un adjetivo alemán relacionado con la falta de conocimientos de experto, pero sí las acepciones religiosas o la de *laienhaft* con connotaciones no demasiado positivas, mientras que como sustantivo, *Laie* es la primera acepción:

prof|à (-ana *f.* -anament *adv*) *adj* profan, weltlich | un(ein)geweiht | entweihend, ruchlos | *fig.* laienhaft || *s/m* Laien *m* | *ecl* Uneingeweihte(r *m*) m/f

Sin embargo, *profà* se emplea también sin connotaciones negativas y para expresar de forma neutral que alguien no es iniciado en algo[16] y, como se indica en el DIEC expresamente, que no es profesional de una ciencia:

profà -ana
1 *1 adj.* [LC] [RE] Estrany a les coses sagrades. *En el temple no escauria de celebrar una cerimònia profana.*
1 *2 adj.* [RE] Contrari a la reverència deguda a les coses sagrades.
2 *adj.* [LC] Estrany a un art, a una ciència. *Ésser un profà en música.*

Kailuweit define *profans* como "persones sense formació de lingüista" (2002b:170), pero cuando se refiere a las personas que cultivaban el catalán literario durante el franquismo, también habla de *aficionats*. Resulta curioso que el autor señale que "[e]l concepte d'Antos sembla afortunat; per exemple, l'important manual *Histoire des langues romanes* (en preparació) de l'editorial de Gruyter preveu per a cada llengua romànica un article sobre la <lingüística dels profans>" (Kailuweit 2002b:169) cuando, como ya hemos visto, la traducción francesa de *Laienlinguistik* que se da en el *Manuel* es *Linguistique populaire*. Cualquier hablante de catalán con conocimientos de francés, y sin haber recibido aclaraciones acerca de lo que se supone que puede ser la *Laienlinguistik* que se esconde detrás de la versión francesa, lo traduciría por *lingüística popular* sin dudar y no llegaría a la solución *lingüística de profans*. Igual que en castellano y como ya en el mismo alemán, el nombre de la nueva disciplina no es transparente en absoluto y requiere una explicación para no causar interpretaciones erróneas.

---

16 Hay, por ejemplo, libros para *profans* de determinadas áreas de conocimiento sin que se note una carga negativa, peyorativa. Así, hay toda una colección de libros para *profans*, la Col·lecció "Filosofia per a profans" publicada por Tàndem Edicions de València. El término, por tanto, no presenta las dificultades que conlleva el uso de *lego* en castellano.

Más importante que la cuestión de cómo encajar la variante francesa es la cuestión de la representación de *Laienlinguistik* en el propio catalán. Si bien el catalán, como hemos visto, con *profà* dispone de un equivalente de *Laie* bastante idóneo, resulta difícil la recreación del compuesto alemán y, sobre todo, de la doble perspectiva de emisor-receptor no profesional de la lingüística. En la explicación de la nueva disciplina y del término en catalán, con lingüística *per a profans, però també per a profans*, Kailuweit (20022b:169) se sirve de una construcción preposicional que hace ver la duplicidad de emisor y receptor (recuérdense las soluciones del castellano y portugués). Sin embargo, a diferencia de lo que se hizo en portugués y castellano, en catalán también se escoge un sintagma preposicional para recrear el nombre de la nueva disciplina, *lingüística de profans*, y no se usa una construcción adjetival como, por ejemplo, *lingüística profana*, que quizá correspondería mejor con la tradición terminológica del catalán, donde las denominaciones adjetivales son las más frecuentes. La elección de una construcción preposicional podría relacionarse con el hecho de que la construcción *lingüística profana* podría llevar a la interpretación de *profana* como 'extraña a las cosas sagradas'. Ahora bien, llama la atención que, en la contribución de Kailuweit (2002b), no queda del todo claro cómo se ha de recrear el compuesto alemán, pues se usan dos formas aparentemente alternativas que, sin embargo, obviamente no lo son: *lingüística de profans* (ya en el título del trabajo) y *lingüística dels profans* (Kailuweit 2002b:169), con determinación. Con la determinación de la palabra *profana* se da por hecho que ya se sabe de qué grupo se trata, quiénes son las personas de las que se habla, que se trata de unas personas determinadas, lo que no es el caso tratado aquí.[17]

5   Conclusiones

La comparación de la aplicación del enfoque de Antos (1996) a las lenguas iberorrománicas ha confirmado la particular virtualidad de los compuestos alemanes para expresar distintas perspectivas (para formularlo de manera positiva) o para no evidenciar la lectura que se supone que debe hacerse (para

---

17 El cambio de indeterminación/determinación, además, no es usual en términos técnicos en catalán, pues uno de los criterios intrínsecos es la invariabilidad, la imposibilidad de que la cadena sintagmática sea interrumpida por algún elemento más.

formularlo de manera negativa). Además, se ha puesto de relieve la necesidad de indagar en el corpus de terminología existente en las lenguas a las que se traslada un planteamiento teórico y de tener en cuenta las tradiciones de creación terminológica de éstas para evitar el uso de neologismos no funcionales o difíciles de aceptar por hablantes nativos. Se ha visto también que, aunque se intente, con más o menos éxito, captar la semántica de los términos originales mediante lexemas de la lengua meta, en el caso de la recreación de los compuestos alemanes en las lenguas iberorrománicas no sólo juega un papel muy importante la manera en cómo se aglutinan las partes identificadas o determinadas como *aptas* para la recreación, sino también si los elementos resultantes encajan también en el aparato terminológico desarrollado en las lenguas meta por mor de sus tradiciones terminológicas. Particularmente relevante en este punto es la consideración de otros términos paralelos tanto en disciplinas emparentadas como en disciplinas ajenas por su poder de interferir en la recepción de los nuevos términos (re)creados por parte de los hablantes de la lengua meta.

La discusión de los posibles términos para recrear *Laienlinguistik* hace palpable el problema de las equivalencias parciales, de las connotaciones peyorativas de algunas voces, de sus restricciones de uso, lo que impide formar parte del nombre de una ciencia. Resulta evidente que los hablantes no interpretan, por ejemplo, *lingüística lega* de la forma pretendida por los autores alemanes, que éste constituye un término poco transparente que puede constituir un obstáculo no sólo para el establecimiento del término, sino para los supuestos textos de referencia y su capacidad para convencer de la necesidad de que se tenga en cuenta el enfoque en cuestión. Por ello, antes de decidirse por soluciones forzadas y, al menos para los hablantes nativos, poco convincentes, me parece preferible limitarse, al menos en castellano, a una denominación descriptiva y transparente para la recreación de *Laienlinguistik*. Resultaría más convincente una denominación que se oriente en la explicación de *Laienlinguistik* que hemos dado en la introducción de este trabajo, *lingüística realizada por y para no especialistas*. Hay estudios de lingüística escritos por personas que no estudiaron lingüística, estudios de translatología no escrita por profesionales de esta área, etc., sin que nadie haya sentido la necesidad de buscar un nombre nuevo para las obras en cuestión. Al recrear el nombre alemán *Laienlinguistik*, bien puede prescindirse de indicar que engloba a obras tanto de expertos como de no expertos, y limitarse a indicar el público que es el objetivo de estas obras: los no profesionales, lo que resultaría en una determinación fácil y transparente como *lingüística para no especialistas*. No es una construcción con adjetivo pospuesto, que como se ha visto sería la que más se ajustaría a la tradición ya instaurada en castellano de utilizar para denominar disciplinas científicas, pero se evitaría así crear un término no trasparente, negativamente connotado y propicio a llevar a interpretaciones equivocadas, que parece forzado y, debido a la difusa diferenciación de otras disciplinas ya establecidas, tener pocas posibilidades de imponerse con éxito.

Bibliografía

ACADEMIA DAS CIÊNCIAS DE LISBOA (2001): *Dicionário da Língua Portuguesa Contemporânea*. Lisboa: Verbo.
ANTOS, GERD (1996): *Laienlinguistik. Studien zu Sprach- und Kommunikationsproblemen im Alltag. Am Beispiel von Sprachratgebern und Kommunikationstrainings*. Tübingen: Niemeyer.
AURÉLIO = FERREIRA, AURÉLIO BUARQUE DE HOLANDA (1986): *Novo Dicionário da Língua Portuguesa*. Rio de Janeiro: Editora Nova Fronteira.
BATLLE, LLUÍS C. / HAENSCH, GÜNTHER / STEGMANN, TILBERT / WOITH, GABRIELE (1991): *Diccionari català-alemany. Katalanisch-deutsches Wörterbuch*. Barcelona: Enciclopèdia Catalana.
BIERBACH, CHRISTINE (1987): "Laien-'Sprachtheorien' und nationale Stereotypen in italienischen Texten des Cinquecento", en: Niederehe, Hans-Josef / Schlieben-Lange, Brigitte (eds.): *Die Frühgeschichte der romanischen Philologie: von Dante bis Diez. Beiträge zum deutschen Romanistentag* (Siegen, 30.9.-3.10.1985). Tübingen: Narr, 65-90.
BREKLE, HERBERT E. (1985): "'Volkslinguistik': ein Gegenstand der Sprachwissenschaft bzw. ihrer Historiographie?", en: Januschek, Franz (ed.): *Politische Sprachwissenschaft. Zur Analyse von Sprache als kulturelle Praxis*. Opladen: Westdeutscher Verlag, 145-156.
BREKLE, HERBERT E. (1986): "Einige neuere Überlegungen zum Thema Volkslinguistik", en: Brekle, Herbert E. / Maas, Utz (eds.): *Sprachwissenschaft und Volkskunde. Perspektiven einer kulturanalytischen Sprachbetrachtung*. Opladen: Westdeutscher Verlag, 70-76.
CARRISCONDO ESQUIVEL, FRANCISCO M. (en prensa): "La labor lexicográfica de Esteban de Terreros", en: Gómez Seibane, Sara / Ramírez Luengo, José Luis (eds.): *Lingüística Vasco-Románica / Euskal-Erromantze Linguistika* [=Oihenart 23]. San Sebastián: Eusko-Ikaskuntza.
COLODRÓN DENIS, VICTORIANO (2004): "La música de los topónimos (guía de uso para viajeros de papel)", en: *Cuaderno de lengua: crónicas personales del idioma español* 23. http://cuadernodelengua.com/cuaderno23.htm. [Consulta: 15-05-2008].
DEA = SECO, MANUEL / ANDRÉS, OLIMPIA / RAMOS, GABINO (1999): *Diccionario del español actual*. Madrid: Aguilar (2 volúmenes).
DEMEL, DANIELA (2006): "Laienlinguistik und Sprachchroniken: Italienisch / Linguistique populaire et chroniques de langage: [sic] italien", en: Ernst, Gerhard / Gleßgen, Martin-Dietrich / Schmitt, Christian / Schweickard, Wolfgang (eds.): *Romanische Sprachgeschichte. Ein internationales Handbuch zur Geschichte der romanischen Sprachen*. Berlin / New York: de Gruyter, 1523-1533.
DIEC = *Diccionari de la llengua catalana*. Barcelona: Institut d'Estudis Catalans. http://dlc.iec.cat. [Consulta: 17-05-2008].

DUDEN = WISSENSCHAFTLICHER RAT DER DUDENREDAKTION (ed.) (1999): *Das große Wörterbuch der deutschen Sprache in zehn Bänden*. Mannheim: Dudenverlag.

ERNST, GERHARD / GLEßGEN, MARTIN-DIETRICH / SCHMITT, CHRISTIAN / SCHWEICKARD, WOLFGANG (eds.) (2006): *Romanische Sprachgeschichte. Ein internationales Handbuch zur Geschichte der romanischen Sprachen*. Berlin / New York: de Gruyter.

FURNHAM, ADRIAN F. (1988): *Lay Theories: Everyday understanding of problems in the social sciences*. Oxford: Pergamon.

GURGEL, MARIA CRISTINA LÍRIO (2002): *A lingüística e as atividades de ensino, pesquisa e extensão*. http://www.filologia.org.br/viicnlf/anais/caderno08-02.html. [Consulta: 15-05-2008].

HAßLER, GERDA (2000): "Les séries de textes dans l'histoire de la linguistique", en: Englebert, Annick / Pierrard, Michel / Rosier, Laurence / Van Raemdonck, Dan (eds.): *Actes du xxiie Congrès International de Linguistique et Philologie Romanes. L'histoire de la linguistique, médiatrice de théories* (Bruxelles, 23–29 juillet 1998). Tübingen: Niemeyer, 97-104 (tomo I).

HAßLER, GERDA (2002): "Textos de referencia y conceptos en las teorías lingüística de los siglos xvii y xviii", en: Esparza Torres, Miguel Ángel / Fernández Salgado, Benigno / Niederehe, Hans-Josef (eds.): *SEHL 2001. Estudios de Historiografía Lingüística. Actas del iii Congreso Internacional de la Sociedad Española de Historiografía Lingüística* (Vigo, 7-10 de febrero de 2001). Hamburg: Buske, 559-586.

HOENIGSWALD, HENRY M. (1966): "A Proposal for the Study of Folk-Linguistics", en: Bright, William (ed.): *Sociolinguistics*. The Hague: Mouton de Gruyter, 16-26.

HOUAISS = HOUAISS, ANTÔNIO / VILLAR, MAURO DE SALLES / FRANCO, FRANCISCO MANOEL DE MELLO (2001): *Dicionário Houaiss da língua portuguesa*. Rio de Janeiro: Objetiva.

JAECKEL, VOLKER (2000): "Aspekte der Laienlinguistik in Deutschland und Brasilien im Vergleich". Resumen de la conferencia en el X. *Congreso de Germanistas latinoamericanos (10. Lateinamerikanischer Germanistenkongress)* (Caracas, 2-6 de octubre de 2000). http://www.ucv.ve/aleg/nuevoaleg/Programm2.doc. [Consulta: 15-05-2008].

JAECKEL, VOLKER / KAILUWEIT, ROLF (2002): "Lingüística leiga no Brasil", en: Kemmler, Rolf / Schäfer-Prieß, Barbara / Schönberger, Axel (eds.): *Estudos de história da gramaticografia e lexicografia portuguesas*. Frankfurt am Main: DEE, 85-104.

JAECKEL, VOLKER / KAILUWEIT, ROLF (2006): "Laienlinguistik und Sprachchroniken: Iberische Halbinsel und Lateinamerika / Linguistique populaire et chroniques de langage: [sic] Péninsule ibérique et Amérique latine", en: Ernst, Gerhard / Gleßgen, Martin-Dietrich / Schmitt, Christian / Schweickard, Wolfgang (eds.): *Romanische Sprachgeschichte. Ein internationales Handbuch zur Geschichte der romanischen Sprachen*. Berlin / New York: de Gruyter, 1546-1557.

KAILUWEIT, ROLF (2002a): "<Lingüística lega> – un enfoque para tratar la historia de la normativa: el ejemplo del castellano, gallego y catalán posfranquistas", en: Wesch, Andreas / Weidenbusch, Waltraud / Kailuweit, Rolf / Laca, Brenda (eds.): *Sprachgeschichte als Varietätengeschichte. Beiträge zur Historiographie des Spanischen und anderer romanischer Sprachen. Anlässlich des 60. Geburtstages von Jens Lüdtke.* Tübingen: Stauffenberg, 53-62.

KAILUWEIT, ROLF (2002b): "Català heavy – català light: una problemàtica de la <lingüística de profans>", en: *Zeitschrift für Katalanistik* 15, 169-182.

LANGER, NILS / DAVIES, WINIFRED V. (2005): "An Introduction to Linguistic Purism", en: Langer, Nils / Davies, Winifred V. (eds.): *Linguistic Purism in the Germanic Languages.* Berlin / New York: de Gruyter, 1-18.

LAROUSSE = *Gran Diccionario de la Lengua Española LAROUSSE* (2006). Barcelona: Spes Editorial (versión digital).

LEBSANFT, FRANZ (1997): *Spanische Sprachkultur. Studien zur Bewertung und Pflege des öffentlichen Sprachgebrauchs im heutigen Spanien.* Tübingen: Niemeyer.

NIEDZIELSKI, NANCY A. / PRESTON, DENNIS R. (2000): *Folk Linguistics.* Berlin / New York: de Gruyter.

OSTHUS, DIETMAR (2006): "Laienlinguistik und Sprachchroniken: Französisch und Okzitanisch / Linguistique populaire et chroniques de langage: [sic] français et occitan", en: Ernst, Gerhard / Gleßgen, Martin-Dietrich / Schmitt, Christian / Schweickard, Wolfgang (eds.): *Romanische Sprachgeschichte. Ein internationales Handbuch zur Geschichte der romanischen Sprachen.* Berlin / New York: de Gruyter, 1510-1522.

RAE = REAL ACADEMIA ESPAÑOLA (2001): *Diccionario de la Lengua Española.* http://www.rae.es. [Consulta: 11-05-2008].

SINNER, CARSTEN (2001): "Zur Terminologie in der Sprachkontaktforschung: Bilinguismus und Diglossie, Interferenz und Integration sowie tertiärer Dialekt", en: Haßler, Gerda (ed.): *Sprachkontakt und Sprachvergleich.* Münster: Nodus, 125-152.

SINNER, CARSTEN (2004): *El castellano de Cataluña. Estudio empírico de aspectos léxicos, morfosintácticos, pragmáticos y metalingüísticos.* Tübingen: Niemeyer.

TECHTMEIER, BÄRBEL (2006): "Laienlinguistik und Sprachchroniken: Rumänisch / Linguistique populaire et chroniques de langage: [sic] roumain", en: Ernst, Gerhard / Gleßgen, Martin-Dietrich / Schmitt, Christian / Schweickard, Wolfgang (eds.): *Romanische Sprachgeschichte. Ein internationales Handbuch zur Geschichte der romanischen Sprachen.* Berlin / New York: de Gruyter, 1510-1522.

VOX = *Diccionario de Uso del Español de América y España Vox* (2005). Barcelona: Spes Editorial (versión digital).

WEINREICH, URIEL (1953): *Languages in Contact. Findings and problems.* New York: Publications of the Linguistic Circle of New York.

María-José Varela Salinas (Universidad de Málaga)

Las condiciones generales del arrendamiento de vehículos sin conductor en España y Alemania: un acercamiento jurídico-lingüístico contrastivo

1 Introducción

Este trabajo[1] se inscribe en una línea de investigación seguida desde hace varios años y cuyo objetivo es el estudio de los discursos especializados desde una perspectiva contrastiva. El presente análisis se centra en un acto jurídico frecuente, sobre todo en el ámbito del turismo: el arrendamiento de vehículo sin conductor.

El turismo, como uno de los pilares económicos de España, no sólo crea empleo directo; también lo hace en ramas subsidiarias como pueden ser el comercio o el sector servicios en general, o con ofertas complementarias como, por ejemplo, el arrendamiento de vehículo. En consecuencia, este sector también genera gran demanda de traducción, desde el trasvase lingüístico de folletos turísticos hasta el de documentos jurídicos como, por ejemplo, contratos de alojamiento turístico. En nuestro caso, el objeto de estudio lo constituyen las condiciones generales (CCGG) del contrato de arrendamiento de vehículo en España y Alemania. Tal tipo de arrendamiento se ha convertido en una "actividad muy ligada al turismo" (Macías Cerrolaza 2004:14), si bien encontramos que este servicio abunda también en el ámbito del transporte terrestre de mercancía y de la industria, así como en los desplazamientos por negocio. Aunque todas las variantes enumeradas del servicio de arrendamiento de vehículo generan documentación susceptible de ser traducida, nosotros nos centramos en aquel que se presta como servicio

---

1   El presente estudio se realizó en el seno del proyecto *La contratación turística electrónica multilingüe como mediación intercultural: aspectos legales, traductológicos y terminológicos* (Proyecto de investigación de excelencia financiado por la Dirección General de Investigación, Tecnología y Empresa de la Junta de Andalucía, HUM 892, 2006-2009).

turístico, sin conductor y no incluido en un paquete turístico o de viaje combinado.

Comenzamos con una comparativa de la legislación española y alemana que regula este tipo de pacto a la vez que consideramos la normativa europea aplicable. Esto lo hacemos coincidiendo con Corpas Pastor y Solís Becerra (2005:3211) quienes afirman "que toda traducción jurídica requiere un ejercicio previo de derecho comparado". A continuación, llevamos a cabo un estudio comparativo de los textos españoles y alemanes que conforman el corpus para observar semejanzas y diferencias de este tipo textual en las dos lenguas. Sin embargo, las limitaciones inherentes a la naturaleza de la presente contribución sólo nos permiten esbozar rasgos generales, y una profundización en el tema deberá reservarse para otro lugar más conveniente.

2 Regulación del arrendamiento de vehículos sin conductor en los ordenamientos jurídicos español, alemán y comunitario

La legislación completa relacionada directa e indirectamente con una temática es siempre una empresa de grandes dimensiones. Para no desbordar los límites de este trabajo, nos centraremos en lo que sigue en la legislación directamente pertinente, aludiendo solo en algunos casos a otra secundaria.

2.1 Normativa española

El arrendamiento de vehículo como negocio adquiere en España perfiles propios a finales de la década de los 50, principios de los 60. En aquella época aún no comienza como oferta turística sino principalmente como servicio a los viajeros por negocio. Con el tiempo, sin embargo, se convierte en una rama de grandes dimensiones a causa de los servicios prestados a grandes empresas y al turismo (cf. Macías Cerrolaza 2004:13).

El arrendamiento de vehículos sin conductor es un acto jurídico que se perfecciona mediante la celebración de un contrato civil y, por lo tanto, se rige por lo establecido en el Código Civil (CC) en materia contractual. En cuanto al contenido, existen unas especificaciones mínimas para las cláusulas particulares de los contratos españoles y alemanes que son iguales, y que incluyen los datos particulares del arrendatario, los datos del arrendador, la especificación del vehículo incluida la matrícula, el precio y la duración del arrendamiento, los seguros incluidos en el precio y otros opcionales para el cliente y las obligaciones de las partes en cuanto a mantenimiento, reparaciones y consumo de combustible del vehículo durante el alquiler. En el texto español, además, se deben incluir el número de autorización de arrendamiento bajo la que se celebre el arrendamiento, el órgano administrativo que otorgó dicha autorización, el estado del vehículo que alquila el cliente y las condiciones de prórroga del alquiler.

El articulado regulador de tal contrato lo contienen las respectivas CCGG, que son las que aquí nos interesan. Según el *Diccionario jurídico básico* de José Ignacio Fonseca-Herrero Raimundo, por CCGG de la contratación se entiende un "[c]onjunto de normas, unilateralmente dictadas por una empresa o grupos de empresas, a fin de que con sujeción a ellas se disciplinen todas las operaciones y contratos que hayan de celebrar en sus actividades comerciales [...]". *La Ley 7/1998, de 13 de abril, sobre condiciones generales de la contratación* en su versión vigente es la normativa directamente relacionada. Las estipulaciones reflejadas en las CCGG tienen carácter convencional y conforman un contrato de adhesión, habitualmente bajo forma escrita, siguiendo la recomendación del art. 1280 del CC; pero existe libertad de forma según art. 1279 CC. También encuentran aplicación desde el Derecho mercantil el art. 51 del Título IV del Código de Comercio "Disposiciones Generales sobre los Contratos de Comercio" y el *Real Decreto Legislativo 1/2007, de 16 de noviembre, por el que se aprueba el texto refundido de la Ley General para la Defensa de los Consumidores y Usuarios y otras leyes complementarias*, el cual se podría calificar como un aumento de garantías en la "perfección del contrato" y cuyo libro II, título I, capítulo I tiene especial importancia por referirse a las CCGG de los contratos. La protección del consumidor la garantiza también la *Ley 39/2002, de 28 de octubre, de transposición al ordenamiento jurídico español de diversas directivas comunitarias en materia de protección de los intereses de los consumidores y usuarios*, para el caso que nos ocupa especialmente los capítulos II y III. Finalmente, a la protección legal que proporciona el Estado al consumidor hay que añadir la legislación respectiva de las Comunidades Autónomas.

El arrendamiento de vehículos en calidad de arrendamiento de bienes muebles se rige en España por el Código Civil, Libro IV, Título VI, arts. 1542-1603. Aunque también hay que tener en cuenta que, según Albaladejo (2007⁵:152), las normas aplicables al arrendamiento de bienes inmuebles también lo pueden ser a los bienes muebles, "salvo las disposiciones particulares dictadas, por un lado, para el arrendamiento de fincas rústicas (Sección III del Capítulo II) y, por otro, para el de urbanas (Sección IV)". Asienten a esta afirmación, aunque con ciertas matizaciones, Díez-Picazo y Gullón (2001⁹:360), entre otros.[2] Se entiende que la cosa contractual —el vehículo— ha sido entregado mediante la entrega de las llaves del mismo por parte del arrendador al arrendatario. El arrendatario arrienda como cuerpo cierto, es decir, aceptando el buen estado para el uso de la cosa que, en cuanto al vehículo significa que están garantizados tanto el correcto funcionamiento como las obligaciones que impone la seguridad vial. Los derechos y las obligaciones del arrendatario se detallarán en las CCGG. Lo habitual es que incluya la determinación de un precio fijo basado en la duración del contrato —estipulada normalmente por días— y en los kilómetros recorridos, además de un acuerdo sobre el combustible. También se incluye una estipulación sobre la responsabilidad civil y el tipo de seguro(s) suscrito(s).

El arrendatario se ha de responsabilizar en cuanto al buen uso del vehículo de manera general y a la devolución del vehículo en el plazo y el lugar determinados que, igualmente, se materializa en la entrega de las llaves del vehículo, esta vez por el arrendatario al arrendador y que, en caso contrario, se penaliza. Asimismo, se incluirán cláusulas para el supuesto de que el vehículo no se entregue en forma, fecha y lugar, y con frecuencia alguna cláusula del tipo "el arrendatario se obliga a informar inmediatamente al arrendador de cualquier accidente, robo o incendio". Para el supuesto de litigio se indicará un fuero, considerándose la obligación impuesta al arrendatario a renunciar al propio fuero como abusiva (*Real Decreto Legislativo 1/2007, de 16 de noviembre, por el que se aprueba el texto refundido de la Ley General para la Defensa de los Consumidores y Usuarios y otras leyes complementarias*, art. 10 y *Ley 1/2000, de 7 de enero, de Enjuiciamiento Civil*, art. 52.2). También es obligatorio incluir una referencia a la legislación sobre la política de protección

---

2 Véase Macías Cerrolaza (2004).

de datos personales y comunicaciones comerciales. Aparte de la normativa enunciada, encuentran aplicación:

a. La *Ley 16/1987, de 30 de julio, de ordenación de los transportes terrestres* (LOTT).
b. La *Ley 24/2001, de 27 de diciembre, de medidas fiscales, administrativas y del orden social*; esta y la *Ley 39/2002* modifican la ya citada *Ley sobre condiciones generales de la contratación*.
c. El *Real Decreto 1211/1990, de 28 de septiembre, por el que se aprueba el Reglamento de la Ley de Ordenación de los Transportes Terrestres* que incluye una regulación del arrendamiento de vehículos sin conductor (concretamente el capítulo IV, sección 10), modificada por el *Real Decreto 858/1994, de 29 de abril*.
d. La *Orden de 20 de julio de 1995, por la que se desarrolla el Reglamento de la Ley de Ordenación de los Transportes Terrestres* en materia de arrendamiento de vehículos sin conductor, parcialmente derogada por la *Ley 13/96 de 30 de diciembre, de medidas fiscales, administrativas y del orden social*.
e. La *Ley Orgánica 1/1992, de 21 de febrero, sobre protección de la seguridad ciudadana*.

Especialmente la orden reseñada en d) fija la naturaleza de la persona del arrendador, su nacionalidad y la necesidad de estar al corriente con sus obligaciones fiscales, laborales y sociales. Asimismo, en el caso de que se trate de una empresa, esta deberá disponer de los vehículos que arrienda ya sea mediante el título de propiedad, ya sea en régimen de arrendamiento financiero. Aspectos tratados son también la necesidad de disponer de un local u oficina registrada y dedicada al ejercicio de la actividad y abierta al público así como el número mínimo de vehículos determinado por Ley. Además, se obliga al arrendador a suscribir los seguros de responsabilidad por daños a los que la Ley le obliga. Un posible incumplimiento de la normativa mencionada podría conllevar sanciones administrativas por parte de las Comunidades Autónomas (*Ley Orgánica 5/1987, de 30 de julio, de Delegación de Facultades del Estado en las Comunidades Autónomas en Relación con los Transportes por Carretera y por Cable*), la Administración Estatal y la Dirección General de Ferrocarriles y Transportes por Carreteras, pero no afectaría a la eficacia contractual entre arrendador y arrendatario.

2.2 Comparación con la normativa alemana

Las CCGG se regulaban hasta finales del año 2001 en la Ley *Gesetz zur Regelung des Rechts der Allgemeinen Geschäftsbedingungen* (AGBG), en su versión modificada del 29 de junio de 2000, pero la reforma del Derecho de Obligaciones las ha reubicado desde enero de 2002 en el Código Civil alemán, el *Bürgerliches Gesetzbuch* (BGB), en los arts. 305 a 310. Asimismo encuentran aplicación todos los arts. relacionados con el contrato y las obligaciones (311 ss., además de los arts. 145 ss.) así como los que hacen referencia al Derecho de Arrendamiento (535 a 597). Igualmente será de aplicación la correspondiente legislación relacionada con los seguros en cuanto a la responsabilidad civil por daños a terceros (*Haftpflichtversicherung*), aparte del seguro obligatorio (*Pflichtversicherung*). Por lo demás, encontramos con mayor o menor frecuencia referencia a la siguiente normativa en las CCGG alemanas:

- *Personenbeförderungsgesetz* (PbefG, la Ley alemana sobre el Transporte de Personas).
- La Ley del Seguro alemana (*Versicherungsvertragsgesetz*, VVG) junto con las disposiciones generales para el seguro de automóvil (*Allgemeine Bedingungen für die Kraftfahrtversicherung*, AKB).
- Los arts. 25 a 31 del título III del decreto por el que se regula la actividad empresarial de transporte de personas en vehículos a motor (*Verordnung über den Betrieb von Kraftfahrunternehmen im Personenverkehr*, BOKraft).
- Los arts. 28 y 29 de la Ley de Protección de Datos alemana (*Bundesdatenschutzgesetz*, BDSG).
- El Código de Circulación alemán (*Straßenverkehrsordnung*, StVO).
- El Código Penal alemán (*Strafgesetzbuch*, StGB) en cuanto al comportamiento exigido al cliente como conductor.

2.3 La normativa comunitaria

La mención de las directivas europeas es de importancia porque éstas obligan a los Estados miembros a trasponerlas a su propia legislación nacional, por lo que influyen sobre la misma. Sin embargo, no existe legislación europea específica que regule directamente el arrendamiento de vehículos.

De una manera secundaria, la *Tercera Directiva 90/232/ CEE, del Consejo, de 14 de mayo de 1990, relativa a la aproximación de las legislaciones de los Estados miembros sobre el seguro de responsabilidad civil derivada de la circulación de vehículos automóviles* y la *Directiva 90/618/CEE, del Consejo, de 8 de noviembre de 1990, que modifica, las Directivas 73/239/CEE y 88/357/CEE en lo que se refiere al seguro de responsabilidad civil resultante de la circulación de vehículos automóviles* se pueden considerar relacionadas con el arrendamiento de vehículos. De igual manera, podrían considerarse relacionadas con los riesgos asegurados a los que se hace referencia en las CCGG o en el resto del clausulado la *Directiva 78/473/CEE sobre coordinación de las disposiciones legales, reglamentarias y administrativas en materia de coaseguro comunitario y la Directiva 88/357/CEE sobre coordinación de las disposiciones legales, reglamentarias y administrativas relativas al seguro directo, distinto del seguro de vida, por la que se establecen las disposiciones destinadas a facilitar el ejercicio efectivo de la libre prestación de servicios.*

En cuanto a la protección del consumidor debemos hacer referencia a la intención de la Comisión Europea de igualar la contratación por Internet con la personal con objeto de evitar desventajas para el consumidor, y extender al arrendamiento de vehículo la aplicación de la *Directiva 97/7/EC del Parlamento Europeo y del Consejo de 20 de mayo de 1997 en materia de protección a los consumidores en contratos a distancia* y de la *Directiva 1999/44/EC sobre determinados aspectos de la venta y las garantías de los bienes de consumo*, todo ello pese a las protestas por parte del *lobby* de empresas arrendadoras de vehículos.

Finalmente, nos resulta interesante citar una sentencia del año 2005 por su importancia para el comercio electrónico. Según el Tribunal de Justicia Europeo en el asunto C-336/03, el arrendador no está obligado a devolver al arrendatario el precio adelantado por el alquiler de un vehículo en caso de anular el contrato si ha efectuado la transacción por Internet; pues según se interpreta en este supuesto no existiría tal derecho del consumidor (excepto por causa mayor).

3 Descripción del corpus

Uno de los temas más complejos que se plantean en la lingüística del corpus es la representatividad y, en consecuencia, el tamaño mínimo que debe tener un corpus para permitir una generalización de datos observables. Ha habido numerosos intentos de determinar tal representatividad (cf. Corpas Pastor / Seghiri Domínguez 2007:165), y actualmente éstos se caracterizan principalmente por querer establecer el tamaño mínimo de un corpus mediante cálculos algorítmicos basados en la densidad léxica para, con ello, traducir datos no contables en datos cuantitativos. Será muy interesante seguir de cerca los resultados que se deriven de la aplicación de métodos cuantitativos al texto, cuyas propiedades (como, por ejemplo, la denotación y la connotación) son esencialmente de naturaleza cualitativa.

Nuestro objetivo, sin embargo, no es sacar datos generalizables concluyentes, sino observar unas tendencias de comportamiento textual y verificar nuestra hipótesis de que en el discurso de las CCGG se tendrían que poder observar al menos un gran número de las características que comúnmente se predican de los textos jurídico-administrativos, a saber: ordenación jerárquica del contenido, formalidad en el registro, precisión, complejidad sintáctica, fuerte nominalización, frecuente uso de formas verbales impersonales y de ciertos tiempos verbales, uso abundante de la voz pasiva así como de cultismos, extranjerismos, perífrasis, abreviaturas, una fraseología rígida y compuestos sintácticos especializados para el español, así como compuestos léxicos especializados y un uso abundante del genitivo para el alemán, por sólo destacar los distintivos más característicos. Para ello consideramos suficiente el tamaño del presente corpus. Nuestro análisis se basa en un corpus *ad hoc* que cumple con el requisito de homogeneidad que buscábamos (cf. Corpas Pastor 2001:164). Siguiendo la clasificación de Corpas Pastor, nuestro corpus se puede definir como textual, bilingüe, genérico y comparable. Está formado por un subcorpus de 14 CCGG de contratos de arrendamiento de vehículo sin conductor en español peninsular, sumando un total de 18 560 palabras y por otro subcorpus de 11 CCGG en alemán de Alemania que a su vez suman un total de 18 867 palabras.[3] Los textos proceden de búsquedas en Internet y poseen, por tanto, formato electrónico. Algunos se encontraron en formato pdf, pero la mayoría en html; para el análisis mediante *WordSmith Tools* (versión 5.0), un gestor de corpus monolingüe que dispone de varias

---

3 La diferencia numérica de los textos evidencia que las CCGG españolas tienden a ser más breves que las alemanas. Además, la lengua alemana es sintética, por lo que resulta evidente que las CCGG alemanas incluyen más información.

herramientas para el análisis del léxico en textos y su comportamiento, se pasaron todos a texto plano (txt). En cuanto a las lenguas hay que destacar la dificultad que hubo de encontrar textos redactados originalmente en español o alemán, pues, a causa de la fuerte presencia de empresas multinacionales en este sector, las CCGG suelen redactarse en inglés y traducirse posteriormente. Por otra parte, los nombres comerciales de algunas empresas que desean dar una imagen internacional e incluyen anglicismos en sus marcas pueden hacer pensar que se trata de empresas de origen extranjero e inducir al error de excluirlas.

4 Características textuales de las CCGG de los contratos de arrendamiento de vehículos sin conductor

El análisis efectuado es del tipo *arriba-abajo*, por lo que empezamos con la categorización del texto y, desde él, bajamos a unidades de tamaño inferior. Tal y como hemos advertido en la introducción, resumimos la exposición de los resultados de nuestro estudio por cuestiones de espacio. Sin embargo, aquellos que exponemos se podrán contrastar accediendo a los textos del corpus mediante los enlaces detallados al final.

4.1 Análisis contrastivo super y macroestructural

Podemos clasificar los textos que nos ocupan como contrato en cuanto al género textual; en cuanto al subgénero, pertenecen a las CCGG. El objetivo pragmático de las CCGG del contrato que nos interesa es la regulación de la relación contractual entre las partes intervinientes, a saber, el arrendador profesional de un vehículo y su arrendatario. Nos encontramos ante textos escritos, condición que la legislación alemana impone; la española permite el pacto oral, pero por razones obvias las partes contratantes no suelen elegir nunca esta forma.

Lo primero que salta a la vista es la gran variedad estructural de la presentación del contenido de las CCGG, tanto en español como en alemán. La causa de tal diversidad se encuentra en la libertad de pacto que la Ley garantiza en ambos países, por lo que no existe un modelo obligado. Este hecho aporta gran heterogeneidad al texto, lo cual significa una dificultad añadida para el traductor. Si bien existen coincidencias en cuanto al contenido y a la doctrina subyacente, no hay ninguna estandarización de las convenciones textuales. En cambio, hay que tener en cuenta que, de acuerdo con el art. 13 de la sección IV del ya citado *Real Decreto 1211/1990*, el Ministerio competente en materia de transporte, turismo y comunicaciones tiene potestad para determinar en un momento dado el uso de contratos-tipo o CCGG de contratación para el transporte terrestre y las así llamadas actividades auxiliares y complementarias del transporte por carretera. Si eso se hiciera en todos los estados miembros de la Unión Europea, se reduciría el esfuerzo del traductor, mejoraría la comprensión entre las partes contratantes que manejan diferentes idiomas y se simplificaría el tratamiento administrativo dentro de la Unión Europea; pues se seguirían criterios similares que llevarían a distribuir de la misma manera un contenido muy semejante —o incluso idéntico— en una super y macroestructura también semejante o idéntica. Sin embargo, de esta manera se recortaría el ya citado derecho del libre pacto que también incluye la elección de la forma y de la estructura textual.

Las especificaciones contractuales se recogen en las CCGG que habitualmente figuran como anexo y que, junto a las cláusulas particulares, constituyen el cuerpo del contrato. Las condiciones particulares y las eventuales condiciones especiales se adaptan respectivamente a las necesidades y circunstancias concretas, por lo que están sujetas a (mayores) cambios. Algunas veces, parte de las citadas especificaciones mínimas se recogen o repiten en las CCGG. Estas suelen incluir, además, información general sobre la contratación, la responsabilidad civil, el pago, el uso del sitio web de donde se han descargado las CCGG y la protección de datos, así como la indicación del fuero y de que si una o varias de las cláusulas fueran ineficaces las restantes conservarían su eficacia. En ambas lenguas los diferentes temas se tratan en apartados bien diferenciados. La forma de enumerarlos no está normalizada ni en español ni en alemán, por lo que a veces encontramos numeraciones arábigas, otras romanas, enumeraciones mediante letras o símbolos de párrafo, etc.

Podemos afirmar que las características super y macroestructurales coinciden para el español y el alemán. Los textos analizados se dirigen a un posible cliente, no especialista. La especialización no es excesiva, pero sí requiere del lector un buen nivel de cultura general para comprender el texto correcta e íntegramente. De todas formas, para tratarse de un registro jurídico, los textos de casi todas las CCGG son bastante inteligibles si los comparamos con otros géneros textuales jurídicos. La razón reside posiblemente en que los autores de tales textos sean conscientes de que estos servirán como base de una transacción comercial que no debe verse obstaculizada a causa de dificultades de comprensión por parte del cliente, el cual habitualmente será lego en cuestiones legales (compárese también al respecto el trabajo sobre las CCGG de pólizas de seguros turísticos de Varela Salinas / García Esteban, en prensa). La intención principal pragmática de las CCGG es cumplir los requisitos legales, y la intención funcional es doble: informativa y apelativa-imperativa. En todos los textos encontramos referencias a la legislación vigente, lo cual convierte la intertextualidad en una característica de las CCGG.

Debemos recordar que los textos que conforman nuestro corpus se encontraron en Internet, en su mayoría en formato html. Por tanto, en las páginas web encontramos menús, enlaces intra e hipertextuales, una cabecera con el logotipo de la empresa y eventuales frases publicitarias, etc. Los elementos no verbales son mayormente elementos decorativos y/o publicitarios de la empresa arrendadora. La limitación que impone la página *web* influye sobre algunos elementos textuales como el menú de navegación cuya sintaxis suele ser telegráfica, a la vez que se integran elementos comunicativos no verbales como, por ejemplo, gráficos. Lo que hemos advertido es que el soporte "página web" no suele influir sobre el cuerpo del texto en cuanto a su distribución, a pesar de que sea de dominio común que los hipertextos —a diferencia de los textos tradicionales— no se leen de forma lineal. Una superestructura con porciones textuales más breves y enlaces intratextuales para navegar entre una página y otra sería más amigable. Tal vez algunas empresas sean conscientes de esta deficiencia e intenten paliarla mediante la posibilidad de descargar las CCGG como documento pdf.

4.2 Análisis comparado microestructural

En el caso de los textos españoles encontramos un gran número de oraciones simples, coordinadas y subordinadas. Predominan los grupos nominales sencillos y complejos. El estilo es, por lo general, telegráfico y se utilizan muchas enumeraciones; asimismo, la presencia de conectores es escasa, aunque ello no afecta negativamente a la cohesión textual. Sí encontramos, en cambio, numerosos pronombres y proadverbios anafóricos y catafóricos cuando el autor de las CCGG se para a detallar o definir algún aspecto de las mismas. Llama también la atención el empleo de la voz pasiva —refleja o no—, por lo general de uso menos frecuente en textos españoles; con él se consigue conferir al texto un carácter más objetivo e impersonal. En cuanto al comportamiento verbal, el tiempo que más se utiliza es el futuro con valor imperativo.

El gran número de formas nominales lleva a la consiguiente proliferación de sustantivos. La tabla 1 refleja, a modo ilustrativo, las primeras 50 palabras más frecuentes de las 2604 listadas y el número de textos en las que aparecen según los resultados arrojados por *WordSmith*. En el análisis de frecuencia, tras excluir mediante la función *stop list* las palabras *vacías*, observamos que la mayoría pertenece a la categoría de sustantivo. La razón reside principalmente en que las CCGG incluyen numerosas definiciones y descripciones de acciones, situaciones, objetos, daños, etc. de manera que la carga semántica del léxico evidencia el contenido. Así, entre los sustantivos de las primeras posiciones se encuentran precisamente los más relacionados con el arrendamiento de un vehículo. Excepciones parecen ser *daños* y *caso*, pero el primero se utiliza en las determinaciones de la responsabilidad civil, mientras que el segundo desempeña función de comodín en el lenguaje jurídico al hablar de cualquier circunstancia. La mayoría del léxico restante también suele reflejar la intención y el sentido del texto. Esto, a su vez, ratifica que selección textual para el corpus se hizo de forma adecuada. Los únicos verbos que aparecen en la tabla (tras haber excluido *ser*, *tener* y *haber*) son *incluir*, *poder* y *deber*, todos en tercera persona singular y en el caso de los últimos dos en el ya citado futuro de imperativo, característico del lenguaje normativo.

Tras un análisis con *Concord* —una función del gestor de corpus que permite buscar el cotexto anterior y posterior de una palabra—, podemos aseverar que los compuestos sintagmáticos reflejan gran precisión como, por ejemplo, en los casos de *alquiler del vehículo* y *reserva de vehículos*, que en el contexto dado se hubieran podido reducir a los elementos base *alquiler* y *reserva*. Estos y otros ejemplos son muestras de la precisión del lenguaje jurídico.

TÉRMINO	FREC.	TÉRMINO	FREC.
VEHÍCULO	350	CONDUCTORES	37
DAÑOS	160	COBERTURA	35
CASO	137	GASTOS	35
CONDICIONES	98	COMBUSTIBLE	34
ALQUILER	84	DÍA	34
CLIENTE	74	EUR	34
CONTRATO	70	INCLUYE	34
ARRENDATARIO	68	PENALIZACION	34
AUTOMÓVILES	67	TIPO	33
ARRENDADOR	57	CONTRATACIÓN	31
CARGO	57	PARTICULARES	30
SERVICIO	52	DESAPARECIDO	28
DATOS	51	TARIFA	28
EXTRA	49	DEBERÁ	27
MOMENTO	48	EUROS	26
BASE	47	TARJETA	26
CONTRATANTE	45	COSTE	25
ASISTENCIA	44	PODRÁ	25
IMPORTE	44	SEGURO	25
DEVOLUCIÓN	43	USO	25
CATEGORÍA	40	PRECIO	24
RESPONSABILIDAD	40	ROBO	24
PARTE	38	CARGOS	23
RESERVA	38	ENTREGA	23
ACCIDENTE	37	EXENCIÓN	23

Tabla 1: Frecuencia de aparición en el corpus español

Resaltamos la fuerte presencia de la terminología jurídica con ejemplos como *condiciones, contrato, arrendatario, arrendador, contratante, cobertura, penalización, contratación, exención*, etc. A estos términos se suman aquellos que, aun perteneciendo al lenguaje general, adquieren en este contexto un carácter especializado como, por ejemplo, *daños, responsabilidad, parte*, etc. Por lo demás, puede observarse una profusión de la palabra *alquiler* (84 veces y quinto lugar en la lista de frecuencias), cuando para textos jurídicos como el que nos ocupa existe el término más apropiado de *arrendamiento*. Sin embargo, este ocupa en la lista de frecuencias el lugar 77, lo cual nos da un indicio del intento de popularización que llevan a cabo los autores de las CCGG. Finalmente, en lo que respecta al uso de adjetivos, su frecuencia es relativamente baja, pero cuando aparece, en su mayoría es como atributo especificativo.

Pasando al análisis del corpus alemán, en los textos que lo componen podemos observar un gran número de oraciones subordinadas, sobre todo condicionales abreviadas y oraciones de relativo con función explicativa. También es destacable el predominio de grupos nominales y la ampliación de las frases mediante sintagmas participiales con función de atributo (*Partizipialkonstruktion*) y sintagmas de infinitivo. Sin embargo, no se puede afirmar que este rasgo complique la comprensión, puesto que la subordinación suele ser simple. En las CCGG las subordinadas suelen alternarse con oraciones nominales y un estilo más telegráfico, sobre todo cuando se trata de enumeraciones. Al igual que en los textos españoles, la presencia de conectores es escasa, pero no influye sobre la cohesión textual. Tampoco la deixis llega a tener tanta importancia como en los textos españoles. En lo que respecta al registro, el discurso adopta con frecuencia un tono impersonal expresado mediante recursos como la pasiva y el uso de la tercera persona singular. El uso de pronombres no es digno de mención por su escasez, hecho achacable a la mayor precisión que se consigue al utilizar los términos adecuados y no reemplazarlos.

Los verbos se utilizan en presente de indicativo y abunda el uso de *haben zu / sein zu* + infinitivo cuyo significado es el de obligación, necesidad o expresión de una normativa. También sobresale el uso de verbos que reflejan claramente las voluntades de las partes en el acto contractual o un significado expreso de obligación: *berechtigen, dürfen, erfolgen, gelten, haften, vereinbaren, verpflichten*, etc.

En cuanto a la categoría gramatical predominante, vuelve a ser el sustantivo o el verbo sustantivado en -*ung*. La cohesión léxica es fuerte a causa de la composición auténtica que, como recurso de formación léxica, ocupa un puesto dominante en la lengua alemana. Este recurso suele servir en este contexto para determinar y especificar un sustantivo, pudiendo conseguir tal modificación convertir una palabra del lenguaje general en término especializado. La tabla 2 muestra las 50 primeras palabras del listado de frecuencia con un total de 3469 palabras. De nuevo encontramos aquí términos con una carga semántica que refleja el contenido de las CCGG, tal vez aún más que en el caso del español, sobre todo por su frecuencia. Las unidades léxicas nos indican claramente de qué tipo de texto se trata, hecho que nos parece indicativo de la especialización y homogeneidad temática del subcorpus alemán.

En cuanto al análisis de las coocurrencias mediante *Concord*, cabe destacar que las colocaciones también reflejan la carga semántica de las CCGG. Sirvan como ejemplo las colocaciones en las que *Mieter* es uno de los elementos léxicos y que no dejan lugar a duda de que es el arrendatario quien debe cargar con casi la totalidad de las obligaciones, mientras las colocaciones en los que uno de los elementos léxicos es *Vermieter* hablan en su gran mayoría de derechos.

TÉRMINO	FREC.	TÉRMINO	FREC.
MIETER	420	MIETPREIS	38
VERMIETER	192	KOSTEN	35
FAHRZEUG	161	DATEN	34
SCHÄDEN	126	MIETDAUER	34
FAHRER	74	UNFALL	34
HAFTUNG	72	VERLETZUNG	34
HAFTET	70	PERSONEN	33
RÜCKGABE	67	GELTEN	32
PREISLISTE	66	GERICHTSSTAND	32
GÜLTIGEN	64	EURO	31
VEREINBARTEN	61	HAFTPFLICHTVERUNG	31
HÖHE	55	FALL	29
MIETVERTRAG	53	RECHT	27
BESTIMMUNGEN	50	ZEITPUNKT	27
VERPFLICHTET	50	ANSPRÜCHE	26
TAGE	47	DARF	26
MIETZEIT	43	GESETZLICHEN	26
SCHADEN	43	KAUTION	26
VERTRAG	43	SCHRIFTLICH	26
HAFTUNGSREDUZIERUNG	42	STUNDEN	26
ORT	41	ZAHLUNG	26
SELBSTBETEILIGUNG	40	ABLAUF	25
AUTOS	39	ANMIETUNG	25
ERFOLGT	39	ART	25
BEDINGUNGEN	38	BERECHTIGT	25

Tabla 2: Frecuencia de aparición en el corpus alemán

5 Conclusiones

El resultado del estudio presentado no permite hacer afirmaciones taxativas o concluyentes sobre las CCGG de los contratos de arrendamiento de vehículo sin conductor, sino sólo destacar usos frecuentes y, por lo tanto, tendencias. Esto se debe al tamaño del corpus, por un lado, pero también a la libertad de pacto y de forma que subyace a estos contratos, por otro.

Aunque en la ordenación del contenido de las CCGG no haya estructuración prefijada ni en los textos españoles ni en los alemanes, los diferentes apartados siguen un orden coherente. El lenguaje es preciso y formal, pero la sintaxis no es excesivamente compleja. En lo que respecta al tono del discurso, al igual que en otros textos jurídicos, en las CCGG domina un tono imperativo, el cual se manifiesta sobre todo a través del uso del futuro de indicativo en español, y de construcciones de infinitivo + *zu* y de verbos con significado de obligatoriedad en alemán. Otra característica de los textos estudiados es el tono objetivo expresado mediante numerosas oraciones impersonales y la voz pasiva en ambos idiomas, además de nominalizaciones que aumentan el número de sustantivos en comparación con textos de carácter general. Esta característica es típica de los textos jurídicos, en los que no hay cabida para la opinión personal del autor.

En el estudio del léxico salta a la vista el uso de términos jurídicos que, en su mayoría, no llegan a percibirse como muy especializados ya que han pasado por una banalización. Se aprecia un abundante uso de la composición como procedimiento de formación léxica; los compuestos sintácticos en español y léxicos en alemán poseen la facultad de precisar el significado, propiedad muy útil para la terminología jurídica. Aparecen también algunas abreviaturas, sobre todo relacionadas con la referencia hacia la legislación aplicable o, incluso, citada, lo cual nos lleva a otra característica notable de los textos estudiados: la intertextualidad.

En vista del resultado del análisis creemos que ha sido validada nuestra hipótesis, y que podemos afirmar que las CCGG del contrato de arrendamiento de vehículo sin conductor exhiben claramente características de los textos jurídico-administrativos. Sin embargo, solo hemos podido exponer aquí una pequeña parte del estudio efectuado que, a su vez, conforma únicamente una pieza en el inmenso y aún bastante incompleto mosaico de los trabajos en el campo de los discursos especializados para el par de lenguas español-alemán.

Bibliografía

Albaladejo García, Manuel (2007[5]): *Compendio de Derecho Civil II*. Barcelona: Edisofer (volúmenes I y II).

Corpas Pastor, Gloria (2001): "Compilación de un corpus ad hoc para la enseñanza de la traducción inversa especializada", en: *Trans. Revista de traductología* 5, 155-185.

Corpas Pastor, Gloria / Seghiri, Míriam (2007): "Determinación del umbral de representatividad de un corpus mediante el algoritmo N-Cor", en: *Procesamiento del Lenguaje Natural* 39, 165-172.

Corpas Pastor, Gloria / Solís Becerra, Juan (2005): "El contrato de aprovechamiento por turno en España y Reino Unido: un enfoque comparado", en: *Revista europea de derecho de la navegación marítima y aeronáutica* 21-22, 3211-3228.

Díez-Picazo y Gullón, Antonio (2001[9]): *Sistema de Derecho Civil II*. Madrid: Tecnos.

Fonseca-Herrero Raimundo, José Ignacio (2005[3]): *Diccionario jurídico básico*. Madrid: Colex.

Macías Cerrolaza, Manuel (2004): *El arrendamiento de automóviles*. Madrid: Dykinson.

Varela Salinas, María-José / García Esteban, Ana Isabel (en prensa): "Las pólizas de seguros turísticos en Alemania y España: ubicación en el ordenamiento jurídico y análisis lingüístico contrastivo", en: *Lengua y Lingüística Alemanas* 2.

Legislación

1. **Legislación española**
   - Código Civil (CC)
   - Código de Comercio (CCo)
   - Ley Orgánica 5/1987, de 30 de julio, de delegación de facultades del Estado en las Comunidades Autónomas en relación con los transportes por carretera y por cable)
   - Ley 16/1987, de 30 de julio, de ordenación de los transportes terrestres (LOTT)
   - Ley Orgánica 1/1992, de 21 de febrero, sobre Protección de la Seguridad Ciudadana
   - Ley 13/96 de 30 de diciembre, de medidas fiscales, administrativas y del orden social
   - Ley 7/1998, de 13 de abril, sobre condiciones generales de la contratación
   - Ley 24/2001, de 27 de diciembre, de medidas fiscales, administrativas y del orden social
   - Ley 39/2002, de 28 de octubre, de transposición al ordenamiento jurídico español de diversas directivas comunitarias en materia de protección de los intereses de los consumidores y usuarios
   - Ley 44/2006, de 29 de diciembre, de mejora de la protección de los consumidores y usuarios
   - Ley 1/2000, de 7 de enero, de Enjuiciamiento Civil
   - Orden de 20 de julio de 1995, por la que se desarrolla el Reglamento de la Ley de Ordenación de los Transportes Terrestres
   - Real Decreto 1211/1990, de 28 de septiembre
   - Real Decreto 858/1994, de 29 de abril
   - Real Decreto Legislativo 1/2007, de 16 de noviembre

2. Legislación alemana:
- Bundesdatenschutzgesetz (BDSG)
- Bürgerliches Gesetzbuch (BGB)
- Gesetz zur Regelung des Rechts der Allgemeinen Geschäftsbedingungen (AGBG)
- Personenbeförderungsgesetz (PbefG)
- Strafgesetzbuch (StGB)
- Straßenverkehrsordnung (StVO)
- Verordnung über den Betrieb von Kraftfahrunternehmen im Personenverkehr (BOKraft)
- Versicherungsvertragsgesetz (VVG)

3. Legislación europea:
- Directiva 78/473/CEE sobre coordinación de las disposiciones legales, reglamentarias y administrativas en materia de coaseguro comunitario.
- Directiva 88/357/CEE sobre coordinación de las disposiciones legales, reglamentarias y administrativas relativas al seguro directo, distinto del seguro de vida, por la que se establecen las disposiciones destinadas a facilitar el ejercicio efectivo de la libre prestación de servicios.
- Directiva 90/618/CEE, del Consejo, de 8 de noviembre de 1990, que modifica las Directivas 73/239/CEE y 88/357/CEE en lo que se refiere al seguro de responsabilidad civil resultante de la circulación de vehículos automóviles.
- Directiva 97/7/EC del Parlamento Europeo y del Consejo de 20 de mayo de 1997 en materia de protección a los consumidores en contratos a distancia Directiva 99/44/EC sobre determinados aspectos de la venta y las garantías de los bienes de consumo.
- Tercera Directiva 90/232/ CEE, del Consejo, de 14 de mayo de 1990, relativa a la aproximación de las legislaciones de los Estados miembros sobre el seguro de responsabilidad civil derivada de la circulación de vehículos automóviles.

CCGG que conforman los corpus

a) Corpus español:
- 1. Alfajet: http://www.alfajet.com/alfajet/web.nsf/go/cond_contratacion?OpenDocument
- 2. Alquilar coches: http://www.alquilarcoches.com/condiciones_alquiler.html
- 3. Alquiler Menorca: http://www.alquilermenorca.com/coches/Sub_Espanol/Condiciones.htm
- 4. Alquimobil: http://www.alquimobil.com/alquilar-furgonetas.asp
- 5. Atlas rent a car: http://www.atlasrentacar.es/es/extra/condiciones/
- 6. Bitravel: http://www.bitravel.com/castellano/otros/condiciones.htm
- 7. Calcamper: http://www.calcamper.com/terms.htm
- 8. Cartuja Rent: http://www.cartujarent.es/?zona=8
- 9. Pepecar: http://www.pepecar.com/es/condiciones_new.html
- 10. Prima Travel: http://www.prima-travel.com/term-con.php?lng=es
- 11. Rental Go: http://www.rental-go.com/WebApp/Condiciones.aspx
- 12. Sí Rent a Car: http://www.sirentacar.com/notai.htm
- 13. Tamanca: http://www.tamanca.com/espanol/condiciones%20generales.htm
- 14. Victoria Rent a Car: http://www.bitravel.com/castellano/otros/condiciones.htm

b) **Corpus alemán:**
- 1. Autoverleih Ludwig:
  http://www.autoverleih-ludwig.de/uside/agb.htm
- 2. Autovermietung:
  http://www.autovermietung.de/agbs/agbs.html
- 3. Autovermietung Cartime:
  http://www.av-kuerner.de/agb.htm
- 4. Autovermietung Hermann:
  http://www.magdeburger-autovermietung.de/html/agb.html
- 5. PS Automobile:
  http://www.psautomobile.com/
- 6. Rosemarie Krug Reisemobile:
  http://www.rosemariekrug.de/reisemobile/mieten/das-kleingedruckte/
- 7. Schefter:
  http://autovermietung.schefter.net/agb.html
- 8. Studibus:
  http://www.studibus.de/fileadmin/sb_download/Allgemeine_Mietbedingungen_studiBUS.pdf
- 9. Uder:
  http://www.uder-rent.de/agb3.htm
- 10. Wohnmobilvermietung Bayern:
  http://www.wohnmobilvermietung-bayern.de/agb4.html

KARIN VILAR SÁNCHEZ (UNIVERSIDAD DE GRANADA)

Estilo y estructura profunda del texto

1 Introducción

Es de conocimiento común que la forma lingüística de la comunicación en los diversos ámbitos de la realidad humana y del conocimiento depende, por un lado, del mismo contenido proposicional del mensaje y, por otro, de los diversos factores contextuales en los que se realiza la comunicación.[1] Mediante el establecimiento de géneros, clases y tipos de texto y de discurso se ha intentado dar un cierto orden a aquellos textos que muestran un evidente grado de convencionalización en su materialización lingüística, es decir, que se caracterizan por un estilo propio, fácilmente reconocible por el hablante nativo. Los criterios que se utilizan con el fin de diferenciar las diversas categorías textuales son la macroestructura, la microestructura (recursos de cohesión y coherencia), el vocabulario y/o la terminología, los modelos sintácticos utilizados y las formas y estructuras gramaticales empleadas, fenómenos todos de la estructura superficial del texto. Disponemos de varios estudios aislados que analizan alguno de estos aspectos. Son estudios descriptivos y, en el caso de los aspectos gramaticales, se trata de análisis estadísticos que informan sobre la frecuencia de uso de determinadas formas y estructuras.[2]

De lo que se ha hablado muchísimo menos a la hora de determinar el estilo característico de un texto es de su estructura profunda[3] ya que, generalmente,

---

1   Estos factores se manifiestan en los niveles diastráticos, diafásicos y diatópicos de la comunicación. Katz (1990) habla en este contexto de *primary meanings* y *second-order meanings*; Boase-Beier (2006) de *second-order implied meanings*. Ambos autores, sin embargo, aunque no excluyen los textos especializados, piensan más en los textos literarios y en los elementos estilísticos propios de éstos.

2   Una colección amplia se encuentra en Hoffmann et al. (1998), en las actas del I, II y III Congreso Internacional de Español para Fines Específicos (CIEFE), celebrados en Amsterdam en los años 2000 y 2003, y en Utrecht, en el año 2006; en las actas de los congresos anuales de la Asociación Europea de Lenguas para Fines Específicos, así como en la *Revista de la Asociación Europea de Lenguas para Fines Específicos*. Véase también Hoffmann (1998a, 1998b).

3   Con la expresión *estructura profunda* no hacemos referencia al término utilizado por Chomsky, sino a la

se parte de la base de que las formas lingüísticas son el reflejo de una estructura profunda dada, inamovible, y que sólo estas formas palpables determinan el estilo.[4]

En nuestra aportación queremos, por un lado, demostrar que no sólo es el aspecto superficial de un texto lo que varía según el estilo que elegimos para expresar su contenido proposicional o, lo que es lo mismo, según el tipo de texto[5] que utilizamos, sino que también la estructura profunda puede variar según este criterio. Por otro lado, es nuestra intención mostrar que dicha estructura se puede hacer transparente con ayuda de una metodología que ya hemos utilizado para la descripción de estilos específicos, en su nivel superficial.

2 El análisis microfuncional y la estructura superficial del texto

En el proyecto de investigación *Gramática funcional contrastiva (español-alemán) para traductores y/o intérpretes (enfoque onomasiológico)*[6], dimos un paso importante hacia la solución del problema de elección entre varios recursos lingüísticos posibles. Mediante el análisis microfuncional[7] de diferentes tipos de texto especializados en español y en alemán,[8] se aislaron más de 130 microfunciones comunicativas y semántico-gramaticales[9] y el

---

estructura cognitiva subyacente del texto. En cierto sentido, retomamos y puntualizamos una idea que expuso Wittgenstein en sus *Investigaciones filosóficas* (§19), donde llegó a formular que "imaginar un lenguaje es imaginar una forma de vida".

4   Aunque bien es cierto que la ocasional influencia de la estructura superficial en la profunda ya ha sido discutida por Antos (1998).

5   Entendiendo tipo de texto como la categoría de clasificación textual más específica y concreta, en el sentido que lo utilizan Reiß y Vermeer (1984:178).

6   Proyecto financiado por el Ministerio de Ciencias y Tecnología español y realizado en la Universidad de Granada. Referencia del proyecto: PB-98 1336. Investigadora principal: Karin Vilar Sánchez.

7   El análisis microfuncional es una metodología ideada para el estudio y la descripción del estilo de los textos de uso. Se basa en la motivación funcional de los recursos lingüísticos empleados. Dicha motivación se capta y organiza mediante categorías específicas, las microfunciones. Véase Vilar Sánchez (2002).

8   Solicitudes de certificados a la administración, ofertas de productos a comerciantes, reclamaciones, requerimientos, instrucciones de uso de electrodomésticos, prospectos farmacéuticos, sentencias y contratos de compraventa.

9   Categorías cognitivas parecidas a las que ha analizado Bondarko (1983). Nos basamos en Engel (1990:106), cuando entendemos el concepto como "wesentliche Teilvorgänge, aus denen sich menschliche Äußerungsakte zusammensetzen; die Äußerungsabsicht" o también "die kleinste kommunikative Einheit". Sin embargo, no nos referimos a lo que Zifonun et al. (1997:88 ss.) denominan "kommunikative Minimaleinheiten". Estas unidades comunicativas mínimas son unidades independientes del contexto que

repertorio de recursos lingüísticos existentes para la realización de dichas microfunciones, siempre en relación con el tipo de texto.[10] En este estudio demostramos de forma empírica que hay un repertorio de recursos específicos para cada microfunción en cada tipo de texto analizado, y dentro de este repertorio hay recursos más o menos prototípicos.[11] De esta manera se ha llegado a establecer un banco de datos para el usuario de la lengua (sobre todo el no nativo y el traductor), que no sólo proporciona los medios correspondientes para cada microfunción, sino que además ayuda en el proceso de elección.

En los dos años siguientes, en el marco de la Acción Integrada Hispano-Alemana *Descripción funcional contrastiva de textos especializados en español, alemán y francés, enfocada hacia la traducción*[12], proseguimos el trabajo iniciado en el proyecto anterior, refinando las categorías ya establecidas y ampliando el repertorio de microfunciones[13]. En este proyecto se realizó un análisis microfuncional de 20 contratos de trabajo, en español y en alemán. Los resultados se publicaron en CD-Rom,[14] utilizando un programa CAQDAS (Computer Assisted Qualitative Data Analysis Software)[15], concretamente el programa *Atlas.ti*, un formato electrónico totalmente novedoso en el campo de la lingüística, que permite presentar una gran cantidad de información muy compleja, de forma clara y coherente (véase Muhr 2004). Con ayuda de dicho programa se clasificó meticulosamente la información de todos los textos según su contenido microfuncional y su categoría lingüística y se establecieron

---

      por sí solas pueden realizar la función comunicativa. En cambio, las microfunciones son todas las unidades comunicativas y semántico-gramaticales mínimas capaces de expresar la función que denominan, dependiendo o no del contexto. Por ejemplo, en la frase "Den von Ihnen zu überweisenden Betrag haben wir noch nicht erhalten" se realizan las microfunciones de *expresar obligación* y *hablar del pasado*. Frecuentemente, las microfunciones coinciden con los actos ilocucionarios descritos por Austin (1962) y Searle (1969). Pero, en muchos casos, los actos ilocucionarios son más complejos y se componen de varias microfunciones.

10 Véase, por ejemplo, Vilar Sánchez (2005).
11 Wilske (1998:107) habla en este contexto del centro y de la periferia de los "campos comunicativos funcionales".
12 La Acción Integrada fue financiada por el Ministerio de Educación y Ciencia y por el Servicio de Intercambio Académico Alemán (Deutscher Akademischer Austauschdienst) y fue llevada a cabo, durante los años 2005 y 2006, por los grupos de investigación de la Universidad de Granada y la Universidad de Leipzig, siendo los investigadores principales Gerd Wotjak y Karin Vilar Sánchez.
13 El catálogo revisado de microfunciones se encuentra en Vilar Sánchez (2006).
14 Véase Vilar Sánchez (ed.) (2007). El equipo de autores está formado por Vilar Sánchez, Ivanova, Reischert, Tabares Plasencia y Krüger.
15 Programas pensados para el análisis cualitativo de textos, principalmente en el ámbito de las ciencias sociales.

todo tipo de relaciones relevantes. La presentación electrónica hace posible que el usuario de los datos con sólo hacer clic en la opción deseada asocie todos los pasajes textuales clasificados (en nuestro caso se trata de 1.760 en alemán y 2.036 en español) con su microfunción correspondiente o con cualquier otra categoría con la que se haya querido relacionar. Asimismo permite el procedimiento contrario, es decir, el acceso a través de las microfunciones u otras categorías definidas. Es decir, el usuario puede utilizar los datos según su interés individual en un momento dado, en función del enfoque elegido, a partir del mismo texto, partiendo de la categoría lingüística o con base en una microfunción determinada. En definitiva, es un banco de datos dinámico que hace posible el acceso rápido a todas las informaciones introducidas, resolviendo de manera óptima el problema de la contextualización, ya que, en décimas de segundo, se pueden comprobar todos los datos en los mismos textos que forman el corpus del estudio.

Los resultados de ambos proyectos han dejado claro que los distintos tipos de texto se diferencian entre sí por el uso de recursos lingüísticos específicos que en su conjunto determinan en gran parte su estilo característico. Además, ha quedado patente que hay diferencias interlinguales importantes en cuanto al uso de los recursos lingüísticos en los distintos tipos de texto[16].

3 El análisis microfuncional y la estructura profunda del texto

3.1 Introducción

Sin embargo, como ya apuntamos más arriba, no es sólo la estructura superficial la que puede variar en diferentes tipos de texto y en las diversas lenguas. También la misma estructura profunda puede diferir, aun manteniendo prácticamente invariable el contenido proposicional del mensaje y su fuerza ilocucional. Es decir, es posible que varíe la composición microfuncional de los actos ilocucionarios o bien la relación establecida entre

---

16 Por ejemplo, una de las microfunciones constituyentes de los manuales de uso de electrodomésticos, la de *dar instrucciones*, en español, se realiza mayoritariamente mediante el uso del imperativo (más del 53%, en el corpus analizado. Véase Vilar Sánchez 2002), siendo el infinitivo un recurso mucho menos representativo (27%). En alemán, se da el caso contrario, y es el infinitivo el recurso prototípico (63%), mientras que el imperativo juega un papel meramente ocasional (18%).

las microfunciones constituyentes de los mismos, o su peso relativo.[17] Así, las diferencias en el grado de representatividad pueden llegar hasta el punto de que alguna microfunción sea más o menos representativa de un tipo de texto en una lengua, mientras que, en la otra, en ese mismo tipo de texto, aparezca menos o ni siquiera se produzca. Este caso extremo se da en el ejemplo conocido de la microfunción de "felicitar al comprador por la adquisición del producto", que se realiza en algunas instrucciones de uso alemanas mientras que en los textos correspondientes españoles (originales y no traducidos) no la hemos observado nunca.

En nuestra aportación queremos mostrar la viabilidad de estudiar determinados patrones de composición microfuncional con ayuda del análisis microfuncional. Este enfoque nos brinda un instrumental excelente para hacer transparente la estructura profunda cognitiva de los actos ilocucionarios, ya que establece y define las unidades comunicativas y semántico-gramaticales mínimas que los componen, las representa de forma clara e integral, informa sobre su grado de representatividad y permite conocer las relaciones que existen entre ellas.

3.2 El grado de expresión más o menos directa en las garantías de electrodomésticos

La elección de la forma adecuada, en lo que al grado de su expresión más o menos directa se refiere, suele constituir uno de los mayores retos en la comunicación interlingüística. Desde luego, no es una excepción en el par de lenguas español-alemán. Desde el punto de vista microfuncional, las diferencias en este campo se originan tanto debido a las distintas convenciones

---

[17] Ehlich et al. (1979) hablan en este contexto de *Handlungsmuster*. En referencia a Ehlich y Rehbein, Hohenstein (2006:159-160) señala: "*Handlungsmuster* sind kommunikative Tiefenstrukturen, die den Mitgliedern einer Gesellschaftsformation gemein sind: Jedes einzelne Mitglied erwirbt sie entwicklungs- und bildungsgeschichtlich mit der Sprache, im Durchlauf durch die gesellschaftlich etablierten Institutionen (Familie, Schule, akademische und berufsbildende Institutionen, Firmen und andere gesellschaftlich institutionalisierte Organisationsformen). Die Bedeutung von Handlungsmustern besteht darin, dass sie für die Mitglieder derselben Gesellschaft eine Ressource des Wissens über ihre – historisch gewachsenen – standardisierten Handlungsmöglichkeiten bereitstellen; mit ihrer Hilfe werden wiederkehrende Handlungsbedürfnisse des Kommunizierens und Interagierens konstellationsbezogen bearbeitet. Sie sind also Strukturen des Wissens über den zweckgerichteten Einsatz von Formen des Handelns, insbesondere *sprachlicher* Formen des Handelns, in wiederkehrenden gesellschaftlichen Handlungskonstellationen." Brinker (1988:25) utiliza el término *semantische Struktureinheiten* para hacer referencia a las proposiciones que componen un texto.

existentes en la realización lingüística concreta de las microfunciones (léxico y morfosintaxis), como por la presencia o ausencia de las mismas en las unidades ilocucionarias, su peso específico o el tipo de relación que existe entre ellas. Antes vimos un ejemplo donde se daban importantes diferencias entre el español y el alemán en este campo. Los múltiples estudios sobre la cortesía[18] también se expresan en este sentido y han demostrado que los patrones de expresión más o menos directa pueden variar considerablemente entre las diferentes culturas. Por ello pensamos que se trata de un campo especialmente revelador y enriquecedor. Asimismo, es indudable que el manejo adecuado del grado de expresión más o menos directa puede tener una importancia decisiva en el logro o fracaso de la comunicación intercultural.

A continuación y sólo de forma ejemplar, queremos ilustrar las diferencias en la estructura microfuncional entre español y alemán en un tipo de texto muy convencionalizado y reducido en cuanto a su extensión: la garantía de electrodomésticos. Para realizar el estudio empírico, hemos elaborado dos pequeños corpus de cinco documentos auténticos en español y en alemán y hemos fragmentado los textos tomando como base sus microfunciones, o sea, sus unidades comunicativas y semántico-gramaticales mínimas, más relevantes.

De acuerdo con lo que podía suponer el usuario familiarizado con el tipo de texto en cuestión, se cristalizaron algunas unidades comunicativas fundamentales, constitutivas de todos los textos analizados: *la garantía se da, la garantía no se da, la garantía vence, condiciones para la validez de la garantía, condiciones para la invalidez de la garantía, condiciones para el vencimiento de la garantía, obligaciones del vendedor del producto* y *obligaciones del comprador del producto*. En lo que sigue, queremos observar más detalladamente la realización de dos de ellas: primero, *la afirmación por parte de la empresa de que la garantía se da* y, segundo, *las obligaciones que ha de cumplir el comprador del producto*.

---

18 Véanse, entre otros muchos, Weinrich (1986), Schmelz (1993), Haverkate (1994) y Lüger (ed.) (2002).

3.2.1   *La garantía se da*

El mensaje principal del texto, la declaración performativa explícita[19] de que la empresa garantiza el aparato adquirido, se produce en todos los textos una vez. Parece tratarse por lo tanto de una microfunción constitutiva del tipo de texto en cuestión. Lo curioso es que en ninguna ocasión se articula como mensaje único e independiente. En todos los casos aparece junto con una o varias condiciones:

Textos alemanes

[1][20]   *Wir übernehmen für diese Maschine* auf die Dauer von 1 Jahr (1) *Garantie*.

[2]   Während der Garantiezeit (1) *garantieren wir die einwandfreie Funktion des Produkts und seiner sämtlichen Teile*.

[3]   *Wir übernehmen für den GRAF-Stabmixer Garantie* bis 30.09.2002 (1).

[4]   *Für dieses Gerät leisten wir Garantie* gemäß nachstehenden Bedingungen (1-...): [...].

[5]   *Für dieses FID-Küchenmesser übernimmt W&K Hamburg eine Garantie* bis zum 31.08.2003 (1).

Textos españoles

[1]   *ENCIMED, S. A. garantiza* dentro del territorio nacional (1), durante el plazo de SEIS MESES a partir de la fecha de compra de este artículo (2), contra cualquier defecto de fabricación (3), siempre que el aparato se destine a usos domésticos (4) [...].

[2]   *Garantía de un año* contra todo defecto de funcionamiento proveniente de la fabricación o materiales (1).

[3]   *ALBILUX, S. A. garantiza el funcionamiento del aparato cuyos datos de identificación constan en este documento*, siempre que se destine a usos domésticos (1).

[4]   *Este certificado*[21] debidamente rellenado y fechado por el establecimiento vendedor (1), tiene validez de 1 año a partir de la fecha de compra (2).

---

19   "Explizit performative Deklaration", Nord (2003:203-204).

20   El número entre corchetes hace referencia al documento original al que pertenece el ejemplo (de uno a cinco), y el número entre paréntesis se refiere al número de la condición dentro de la frase en cuestión. La función principal *dar garantía* se reproduce en cursiva, mientras que las condiciones se representan en letra normal.

[5]   TEKA INDUSTRIAL, S. A., garantiza este aparato por el plazo de seis meses a partir de la fecha de compra (1) contra todo defecto de fabricación (2), [...].

Como se puede observar, en las garantías alemanas la declaración explícita de que la empresa garantiza el aparato adquirido se articula de forma clara mediante la utilización del verbo *garantieren*, y principalmente en combinación con una indicación temporal [1, 2, 3, 5] que constituye la condición que ha de cumplir el comprador del aparato, en cuanto margen temporal que ha de tener en cuenta. En uno de los documentos [4], las condiciones sólo se anuncian en la frase principal, enumerándolas después en un párrafo aparte. Percibimos claramente que la concurrencia de la declaración performativa explícita con una condición tiene como consecuencia que la fuerza ilocutiva de la primera pierda algo de su intensidad. Más contundente sería una frase como *Für dieses FID-Küchenmesser übernimmt W&K Hamburg eine Garantie*.

En las garantías españolas, este fenómeno se refuerza aún más, ya que el número de condiciones aumenta considerablemente ([1]:4, [2]:1, [3]:1, [4]:2, [5]:2) y su carácter no es sólo temporal sino mucho más variable. Esta multiplicidad de condicionamientos en el contexto más inmediato tiene como efecto que el mensaje principal se debilite de forma considerable. Además, la declaración performativa explícita en español, como tal, sólo se da en tres de los cinco casos mediante la utilización del verbo *garantizar*, en los dos casos restantes esta declaración es más bien implícita por ser menos directa: *Garantía de un año* [...] y *Este certificado* [...] *tiene validez*.

En resumen, podríamos decir que la microfunción que estamos tratando se produce con la misma regularidad en ambas lenguas; sin embargo, la realización material y el contexto inmediato varían de forma considerable, siendo la fuerza ilocutiva del acto ilocucionario bastante más débil en español y, con ello, su expresión menos directa.

Todos los condicionamientos que se formulan en relación con el cumplimiento de la garantía, son, al mismo tiempo, obligaciones del comprador. Empero, en

---

21   Título del documento: *Certificado de garantía*.

los textos hay muchísimas más que se producen en otros contextos semántico-funcionales. En el capítulo siguiente queremos analizar estos contextos, aparte de la materialización misma de la microfunción.

3.2.2   *Obligaciones del comprador*

El nivel superficial del texto

Para realizar el análisis de la microfunción *obligaciones del comprador*, en primer lugar clasificaremos todas las incidencias según su grado de expresión más o menos directa. Es decir, todos los enunciados que, según los textos, se deben entender o interpretar como una obligación que ha de cumplir el comprador si quiere hacer uso de la garantía. El grado de la expresión más o menos directa, naturalmente, se produce sobre todo en función de los recursos lingüísticos utilizados, es decir, en el nivel superficial del texto.[22] Los más prototípicos como el imperativo, el infinitivo modal (en alemán), el infinitivo, los verbos modales, las frases verbales, junto con la frase afirmativa, son los medios lingüísticos que expresan la obligación de forma más directa. Los demás recursos como las frases condicionales, las frases nominales y la formación de palabras se consideran los menos directos y pueden no parecer una obligación a primera vista. En estos últimos casos, añadiremos una reformulación del mensaje, con la finalidad de hacer transparente la función comunicativa primaria.

A   Obligaciones abiertas

Mediante imperativo (1/0)[23]

Textos alemanes

[3][24] [O + nec.][25] Im Garantiefall *senden Sie* bitte das Gerät mit diesem Garantieabschnitt an: […]

---

22 En este trabajo no podemos tener en cuenta el aspecto léxico-semántico que, sin duda alguna, puede llegar a jugar un papel fundamental en el tema que estamos tratando. Sin embargo, en los textos concretos que analizamos, esta cuestión no parece tener mucha relevancia.

23 Los números entre paréntesis hacen referencia a la frecuencia de uso del recurso en cuestión en ambas lenguas: alemán, antes de la barra inclinada y español, después.

Textos españoles:

—

Mediante infinitivo modal (6/0)

Textos alemanes

[2] [O + nec.] Zur Geltendmachung des Garantieanspruchs *ist* der Garantieabschnitt *vorzulegen*.
[2] [O] Er *ist* dem Käufer gleichzeitig mit dem Schnellkochtopf Rapid Marke Tischfein *auszuhändigen*.
[2] [O + afirm.] Die Garantiezeit beträgt 3 Jahre und beginnt mit dem Datum des Erwerbs des Produktes, *zu dokumentieren* durch einen vom Verkäufer vollständig ausgefüllten Garantieabschnitt.
[2] [O + nec.] Der Garantieanspruch *ist* direkt beim Garantiegeber *geltend zu machen*.
[4] [O + nec.] Andere Geräte, für die unter Bezugnahme auf diese Garantie eine Garantieleistung beansprucht wird, *sind* unserer nächstgelegenen Kundendienststelle oder Vertragswerkstatt *zu übergeben oder einzusenden*.
[4] [O] Dabei [bei der Übergabe oder der Zusendung der Geräte] *ist* der Kaufbeleg mit Kauf- und/oder Lieferdatum *vorzulegen*.

Textos españoles

—

Mediante infinitivo (2/4)

Textos alemanes

[4] [O] Bitte *einsenden* an:
[4] [O] Beiliegenden Adressaufkleber *benutzen*.

---

24 De nuevo, el número entre corchetes hace referencia al documento original al que pertenece el ejemplo.
25 Las categorizaciones entre corchetes sólo cobran su relevancia en el apartado dedicado a la obligación encubierta, y es allí donde se explicará su significado.

Textos españoles

[4] [Condiciones de validez de la garantía.]
[O + afirm.] *Presentar* este certificado completo y debidamente rellenado de forma legible.
[4] [Condiciones de validez de la garantía.]
[O + afirm.] *Corresponder* el certificado al aparato entregado a revisión.
[4] [Condiciones de validez de la garantía.]
[O + afirm.] *Usar* el aparato conforme a las especificaciones del Libro de Instrucciones.
[4] [Condiciones de validez de la garantía.]
[O + afirm.] *No haber sido reparado, modificado o desmontado* en todo o en parte, por personas o talleres ajenos al Servicio.

Mediante verbo modal (1/2)

Textos alemanes

[1] [O + nec.] Dieser Garantieschein *muss* einer eventuellen Reklamation ausgefüllt *beigefügt werden*.

Textos españoles

[1] [O] [...] el usuario *deberá abonar* el coste de la mano de obra y desplazamientos.
[3] [O] El presente certificado *debe estar acompañado* por la factura de compra del aparato, o por la cédula de habitabilidad de la vivienda en el caso de electrodomésticos suministrados en obras nuevas, en el momento de efectuar una intervención técnica.

Mediante frase verbal (0/1)

Textos alemanes

—

Textos españoles

[1] [O] *Es totalmente imprescindible que* el usuario *acredite* ante el servicio técnico autorizado, (sic) la fecha de compra mediante la factura oficial.

Mediante frase afirmativa (1/2)

Textos alemanes

[1] [O] *Der Käufer trägt Kosten und Risiko des Transportes.*

Textos españoles

[1] [O] *[...] el coste de las reparaciones corresponderá a los usuarios.*
[4] [O] *Los portes de transporte y envío del aparato serán a cargo del usuario.*

B. Obligaciones encubiertas

Mediante frase condicional (6/6)

Textos alemanes

[1] [O + adv.] Ein Garantieanspruch des Käufers besteht nicht, *wenn die Schäden an der Maschine auf unsachgemäße Behandlung oder Installationsfehler zurückgeführt werden können, oder ohne unsere Einwilligung Eingriffe von werksfremder Hand vorgenommen worden sind.*
= Der Käufer muss die Maschine sachgemäß behandeln. Der Käufer muss Eingriffe von werksfremder Hand verhindern.
[2] [O + afirm.] Der Garantieanspruch besteht nur *bei Vorlage des vollständig ausgefüllten Garantieabschnitts.*
= Der Käufer muss den Garantieabschnitt vollständig ausgefüllt vorlegen.
[3] [O + afirm.] *Bei nachweislichen Material- oder Fabrikationsfehlern* wird das Gerät kostenlos instandgesetzt oder umgetauscht.
= Der Käufer muss nachweisen, dass es sich um Fabrikations- oder Materialfehler handelt.
[4] [O + afirm.] Wir beheben unentgeltlich nach Maßgabe der folgenden Bedingungen (Nr.2-6) Schäden oder Mängel am Gerät, die nachweislich auf

einem Werksfehler beruhen, *wenn sie uns unverzüglich nach Feststellung und innerhalb von 12 Monaten – bei gewerblichem Gebrauch oder gleichzusetzender Beanspruchung innerhalb von 6 Monaten – nach Lieferung an den Endabnehmer gemeldet werden.*
= Der Käufer muss die Schäden innerhalb von 6 Monaten [...] melden.
[4] [O + adv.] Der Garantieanspruch erlischt, *wenn Reparaturen oder Eingriffe von Personen vorgenommen werden, die hierzu von uns nicht ermächtigt sind* [...]
= Der Käufer muss dafür sorgen, dass Reparaturen oder Eingriffe durch von der Firma ermächtigte Personen vorgenommen werden.
[4] [O + adv.] [...] *oder wenn unsere Geräte mit Ergänzungs- oder Zubehörteilen versehen werden, die nicht auf unsere Geräte abgestimmt sind.*
= Der Käufer muss dafür sorgen, dass keine Ergänzungs- oder Zubehörteile verwendet werden, die nicht auf die Geräte abgestimmt sind.

Textos españoles

[1] [O + afirm.] ENCIMED, S. A. garantiza dentro del territorio nacional, durante el plazo de SEIS MESES a partir de la fecha de compra de este artículo, contra cualquier defecto de fabricación, *siempre que el aparato se destine a usos domésticos* [...]
= El comprador debe utilizar el aparato exclusivamente para fines domésticos.
[2] [O + adv.] La garantía no es válida *si no va completa y debidamente sellada por el establecimiento vendedor.*
= El comprador debe solicitar la cumplimentación de la garantía y el sello del establecimiento vendedor.
[2] [O + adv.] No cubre las averías [...] *si el aparato no ha sido conectado a una toma de corriente con un buen dispositivo de puesta a tierra.*
= El comprador debe conectar el aparato a una toma de corriente con un buen dispositivo de puesta a tierra.
[2] [O + adv.] Asimismo, queda anulada la garantía, *si el aparato ha sido manipulado por personas ajenas a los Servicios Técnicos Autorizados.*
= El comprador debe evitar que el aparato sea manipulado por personas ajenas a los Servicios Técnicos Autorizados.
[3] [O + afirm.] ALBILUX, S. A. garantiza el funcionamiento del aparato cuyos datos de identificación constan en este documento, *siempre que se destine a usos domésticos.*

= El comprador debe utilizar el aparato exclusivamente para usos domésticos.
[4] [O + afirm.] La garantía cubre materiales y mano de obra de la reparación de los defectos de fabricación o materiales empleados, *siempre que su uso sea estrictamente doméstico y de acuerdo a las instrucciones de montaje, manipulación, conexión y puesta en marcha del aparato.*
= El comprador debe utilizar el aparato exclusivamente para fines domésticos y actuar de acuerdo a las instrucciones de montaje, manipulación, conexión y puesta en marcha.

Mediante frase nominal (10/14)

Textos alemanes

[1] [O + afirm.] Wir übernehmen für diese Maschine auf die Dauer von 1 Jahr vom Tage des Verkaufs an die Garantie in der Weise, dass wir *nachweisliche Fabrikations- oder Materialfehler* unter Ausschluss weitergehender Ansprüche, kostenlos ersetzen.
= Der Käufer muss nachweisen, dass es sich um Fabrikations- oder Materialfehler handelt.
[Es wird keine Garantie übernommen für Beschädigungen, die aus folgenden Gründen entstanden sind:]
[2] [O + adv.] *ungeeignete und unsachgemäße Verwendung;*
[2] [O + adv.] *fehlerhafte oder nachlässige Behandlung;*
[2] [O + adv.] *nicht sachgemäß durchgeführte Reparaturen;*
[2] [O + adv.] *den Einbau von nicht der Originalausführung entsprechenden Ersatzteilen;*
[2] [O + adv.] *chemische oder physikalische Einflüsse auf Topfoberflächen;*
[2] [O + adv.] *Nichtbefolgen dieser Bedienungsanleitung.*
= Der Käufer muss den Apparat sachgemäß verwenden. Er darf ihn nicht fehlerhaft behandeln, etc.
[3] [O + adv.] Die Garantiezeit erstreckt sich NICHT auf Beschädigungen an zerbrechlichen Teilen. Das Gleiche gilt für *Eingriffe, die von einer nicht zugelassenen Kundendienststelle vorgenommen wurden.*
= Der Käufer muss alle Eingriffe von einer zugelassenen Kundendieststelle vornehmen lassen.

[3] [O + adv.] Auch für *missbräuchliche und unsachgemäße Behandlung* sowie *Gewaltanwendung* und Schäden, verursacht durch normale Abnutzung, können wir nicht haften.
= Der Käufer muss das Gerät sachgemäß behandeln und darf keine Gewalt anwenden.
[4] [O + afirm.] Wir beheben unentgeltlich nach Maßgabe der folgenden Bedingungen (Nr.2-6) *Schäden oder Mängel am Gerät, die nachweislich auf einem Werksfehler beruhen*, wenn sie uns unverzüglich nach Feststellung und innerhalb von 12 Monaten – bei gewerblichem Gebrauch oder gleichzusetzender Beanspruchung innerhalb von 6 Monaten – nach Lieferung an den Endabnehmer gemeldet werden, [...].
= Der Käufer muss nachweisen, dass die Schäden auf einem Werksfehler beruhen.

Textos españoles

[1] [O + adv.] Quedan excluidas de esta garantía *las averías producidas por mal uso o instalación incorrecta, energía o combustible no idóneo y manipulación por personal técnico no autorizado.*
= El comprador debe evitar que se utilice el aparato de forma inadecuada o que se instale de forma incorrecta, que se utilice combustible no idóneo y se manipule el aparato por personal técnico no autorizado.
[1] [O + adv.] *La manipulación de la PLACA DE CARACTERÍSTICAS del aparato o en los datos de este Certificado*, anula la presente Garantía.
= El comprador debe evitar manipular la Placa de características del aparato y los datos de este certificado.
[2] [O + adv.] La garantía no cubre *los accidentes debidos al mal uso o cuidado del aparato.*
= El comprador debe usar el aparato adecuadamente y cuidarlo.
[2] [O + adv.] No cubre *las averías o desperfectos ocasionados por uso indebido, transporte,* [...]
= El comprador debe usar el aparato de forma adecuada.
[3] [O + adv.] Quedan excluidos de la garantía *piezas y componentes de plásticos, cristal, lámparas, esmaltes y pinturas que se hayan deteriorado por golpes.*
= El comprador debe evitar que se golpeen los componentes de [...].

[3] [O + adv.] La presente Garantía (sic) perderá validez en caso de averías producidas por causa de fuerza mayor (fenómenos atmosféricos, geológicos, etc.), o *derivados de una instalación incorrecta o no reglamentaria del aparato* (presión de gas o agua, voltaje, conexión hidráulica o eléctrica no conformes a las instrucciones del fabricante), [...]
= El comprador debe procurar una instalación correcta y reglamentaria del aparato.
[3] [O + adv.] La presente Garantía (sic) perderá validez [...] o por *manipulación de la placa de matrícula o de los datos incluidos en el presente Certificado* [...]
= El comprador debe abstenerse de manipular la placa de matrícula o los datos incluidos en el presente Certificado.
[3] [O + adv.] La presente Garantía (sic) perderá validez [...] así como por *intervención de personal ajeno al Servicio Oficial de la Marca.*
= El comprador debe evitar que personal ajeno al Servicio Oficial de la Marca manipule el aparato.
[4] [O + afirm.] *Este certificado* **debidamente rellenado y fechado por el establecimiento vendedor,** tiene validez de 1 año a partir de la fecha de compra. (cursiva y negrita en el original)
= El comprador debe procurar que el certificado esté debidamente rellenado y fechado por el establecimiento vendedor.
[4] [O + adv.] La garantía no cubre *los defectos producidos por caída, aplastamiento, acción del fuego o reacciones electroquímicas del agua, utilización para la limpieza de elementos que deterioren su aspecto superficial,* causas de fuerza mayor (fenómenos atmosféricos o geológicos).
= El comprador debe evitar caídas, aplastamientos, fuego, agua y el uso de productos de limpieza que deterioren el aspecto superficial del aparato.
[4] [O + adv.] La garantía no cubre *accesorios perecederos,* como compuestos de plástico, goma, cristal, cables, pilotos, papel, filtros, esmaltes y pinturas *deterioradas por uso indebido.*
= El comprador debe usar el aparato en la forma indicada.
[5] [O + adv.] No son objeto de esta garantía *las lámparas, cristales, plásticos y esmaltes que hayan sufrido golpes, así como las averías producidas por el mal uso, instalación incorrecta o por manipulación de personas no autorizadas.*
= El comprador debe evitar golpes, el mal uso, la instalación incorrecta y la manipulación del aparato por personas no autorizadas.

[5] [O + adv.] **TEKA INDUSTRIAL, S. A.** (negrita en el original) queda expresamente excluida de cualquier responsabilidad sobre eventuales daños directos o indirectos a personas o cosas, por *averías o defectos del aparato producidos por manipulación indebida.*
= El comprador debe manipular el aparato de forma indicada.
[5] [O + afirm.] La presente garantía será valedera con *la presentación de la factura de compra o contrato de la electricidad o cédula de habitabilidad.*
= El comprador debe aportar la factura de compra o contrato de la electricidad o cédula de habitabilidad.

Mediante formación de palabras (1/0)

Textos alemanes

[3] [O + cond.] Nach Ablauf der Garantiezeit anfallende Reparaturen sind *kostenpflichtig.*
= Der Käufer muss die Kosten tragen.

Textos españoles

—

En total se cuentan 28 obligaciones en los textos alemanes y 29 en los españoles. La distribución entre obligaciones abiertas y encubiertas es la siguiente:

	alemán	español
Obligaciones abiertas	11	9
Obligaciones encubiertas	17	20

Las diferencias entre ambas lenguas, a primera vista, no parecen demasiado significativas. Sin embargo, si observamos los infinitivos que se utilizan en español, veremos que dichas formas no se emplean de forma independiente como se hace en el texto alemán (p. ej., *Bitte einsenden an:*) y que igualmente se podrían haber interpretado como sustantivos deverbales, sobre todo el segundo y el último:

Condiciones de validez de la garantía. (cursiva y negrita en el original)
Presentar este certificado completo y debidamente rellenado de forma legible.
Corresponder el certificado al aparato entregado a revisión.
Usar el aparato conforme a las especificaciones del Libro de Instrucciones.
No haber sido reparado, modificado o desmontado en todo o en parte, por personas o talleres ajenos al Servicio.

Si tenemos en cuenta la frase de introducción de estas obligaciones en infinitivo, podremos clasificar los ejemplos nombrados en el apartado de las obligaciones que se producen dentro de un contexto condicional, es decir, en una categoría menos directa. Con ello los resultados varían sensiblemente y queda patente la preferencia de las garantías españolas por las formas más indirectas:[26]

	alemán	español
Obligaciones abiertas	11	5
Obligaciones encubiertas	17	24

El nivel profundo del texto

Para ahondar más en el carácter más o menos directo de las obligaciones expresadas en ambas lenguas, queremos aplicar otro criterio de análisis adicional: concretamente, la naturaleza semántico-cognitiva del contexto inmediato del mensaje. En este sentido, hemos podido observar que sólo pocas de las obligaciones del comprador que se expresan en los textos, se producen de forma independiente. La gran mayoría se realiza dependiendo de o en combinación con otros mensajes, es decir, en relación con otras microfunciones; específicamente, la *necesidad* o *deseo del comprador de hacer uso de la garantía,* la *promesa por parte de la empresa de que la garantía se dará,* la *advertencia por parte de la empresa de que la garantía no se da o se pierde,* o la *expresión de un condicionamiento,* en el caso concreto de tipo temporal.

---

26 Este resultado contrasta con las observaciones de Nord (2003:343): "Die häufigste Aufforderungsform ist im Spanischen der Infinitiv, im Deutschen der Imperativ (fast immer mit *bitte*, unabhängig von der spezifischen Aufforderungsvariante). [...] Indirekte Aufforderungsformen (z.B. rhetorische Fragen, expressive Äußerungen wie *wir freuen uns auf...*) sind im Deutschen häufiger als im Spanischen." Nord basa su estudio en una serie de tipos de texto distintos, sin diferenciarlos, lo cual, inevitablemente, lleva al desvanecimiento de las diferencias intertextuales. Véase en este contexto también la nota 16.

A renglón seguido volvemos a analizar todos los ejemplos en este sentido, pero, por razones de espacio, no los repetiremos, sino que simplemente añadiremos a los fragmentos ya reproducidos más arriba una de las siguientes categorizaciones en función del tipo de contextualización de cada uno:

O = expresión de una obligación, independiente de otro mensaje
O + nec. = expresión de una obligación + necesidad o deseo del comprador de hacer uso de la garantía
O + afirm. = expresión de una obligación + afirmación por parte de la empresa de que la garantía se dará
O + adv. = expresión de una obligación + advertencia de que la garantía no se da o se pierde
O + cond. = expresión de una obligación + condicionamiento

Todas las obligaciones expresadas independientemente de otro mensaje concomitante en ambas lenguas se realizan mediante recursos lingüísticos directos, y prácticamente todos ellos están relacionados con el procedimiento de hacer efectiva la garantía y no con el comportamiento del usuario en relación con el aparato adquirido. Por el contrario, en este último sentido, absolutamente todos los ejemplos producidos en ambas lenguas se expresan en relación con una de las cuatro microfunciones arriba enumeradas.

Nuestra larga experiencia como hablante nativa de alemán en España y como lingüista observadora, nos hacía suponer que el español tendería más a formular las obligaciones en contextos gratificadores que el alemán; en nuestro caso, en combinación con la afirmación por parte de la empresa de que la garantía se dará. Empero, los resultados reproducidos en la tabla siguiente no sostienen esta hipótesis. Aunque bien es cierto que el total de los ejemplos pertenecientes a esta última categoría en español es más elevado que en alemán (6/9), también lo son las obligaciones expresadas en un contexto sancionador en el que se advierte de que la garantía no se da o se pierde (11/15), siendo estos últimos incluso significativamente más frecuentes en ambas lenguas (11 vs. 6 en alemán y 15 vs. 9 en español). En el tipo de texto que nos ocupa no se percibe, por lo tanto, una diferencia interlingual en este sentido. La única diferencia que anotamos es la de presentar los ejemplos alemanes una mayor variedad en contextos semánticos concomitantes, aparte de los ya comentados, es decir, la *necesidad o el deseo del comprador de hacer uso de la garantía* (5) y el *condicionamiento* temporal (1).

	alemán	español
obligación, independiente de otro mensaje	5	5
obligación + necesidad o deseo del comprador de hacer uso de la garantía	5	–
obligación + advertencia de que la garantía no se da o se pierde	11	15
obligación +afirmación por parte de la empresa de que la garantía se dará	6	9
obligación + condicionamiento	1	–

Las características distintivas que hemos descubierto en relación con la expresión de las obligaciones del comprador en las garantías de electrodomésticos, más que en el nivel interlingual, donde no parecen excesivamente llamativas, resultan de especial relevancia a nivel intertextual. Si pensamos en otros tipos de texto en los que también abundan las obligaciones, como, por ejemplo, en los reglamentos, veremos que las diferencias son significativas, tanto en la realización en el plano superficial del texto como en su organización microfuncional profunda.[27]

4 Conclusiones

Con este pequeño estudio empírico de dos microfunciones en un tipo de texto determinado, a saber, *la garantía se da* y *oligaciones del comprador*, más que probar las características específicas de un tipo de texto, hemos expuesto la posibilidad de estudiar y mostrar de forma empírica que:

- determinados tipos de texto se caracterizan por el uso de formas lingüísticas específicas,
- de la misma manera que en el nivel superficial, en su estructuración funcional profunda, determinados tipos de texto se caracterizan por una

---

[27] Basamos esta última observación en los análisis microfuncionales de este tipo de texto que realizamos en las clases de Lengua B Alemán en la Facultad de Traducción e Interpretación de la Universidad de Granada.

composición específica de sus actos ilocucionarios, es decir, unos
patrones de composición microfuncional propios,
- la estructuración microfuncional profunda de determinados tipos de
 texto se configura en correlación con su estructura superficial,
- los recursos lingüísticos típicos de determinados tipos de texto pueden
 variar de una lengua a otra,
- la estructuración microfuncional profunda específica de determinados
 tipos de texto puede variar de una lengua a otra.

No es necesario señalar que la determinación de las características lingüísticas específicas de determinados tipos de texto puede ser de gran ayuda a la hora de (a) redactar un texto correspondiente y (b) de traducir un texto correspondiente de una lengua a otra.

Somos muy conscientes de que con este pequeño estudio sólo hemos podido demostrar la validez de una metodología y que, dada la limitación del corpus, los resultados no se pueden considerar representativos. Esperamos, sin embargo, que nuestro enfoque haya despertado el interés por realizar estudios específicos más amplios y representativos.

Bibliografía

ANTOS, GERD (1989): "Textproduktion: Ein einführender Überblick", en: Antos, Gerd / Krings Hans P. (eds.): *Textproduktion. Ein interdisziplinärer Forschungsüberblick*. Tübingen: Niemeyer, 5-57.

AUSTIN, JOHN L. (1962): *How to do things with words*. Oxford: Clarendon.

BOASE-BEIER, JEAN (2006): *Stylistic Approaches to Translation*. New York: St. Jerome.

BONDARKO, ALEKSANDR V. (1983): *Principy funkcional'noj grammatiki i voprosy aspektologii*. Leningrad: Nauka.

BRINKER, KLAUS (1988): *Linguistische Textanalyse. Eine Einführung in Grundbegriffe und Methoden*. Berlin: Schmidt.

EHLICH, KONRAD / REHBEIN, JOCHEN (1979): "Sprachliche Handlungsmuster", en: Soeffner, Hans-Georg (ed.): *Interpretative Verfahren in den Text- und Sozialwissenschaften*. Stuttgart: Metzler, 243-274.

ENGEL, ULRICH (1990): "Kommunikative Grammatik?", en: *Muttersprache* 100, 99-115.

HAVERKATE, HENK (1994): *La cortesía verbal. Estudio pragmalingüístico*. Madrid: Gredos.

HOHENSTEIN, CHRISTIANE (2006): "Sind Handlungsmuster mehrsprachig? – Erklären im Wissenschaftlichen Vortrag deutsch/japanisch", en: Ehlich, Konrad / Hornung, Antonie (eds.): *Praxen der Mehrsprachigkeit*. Münster: Waxmann, 155-194.

HOFFMANN, LOTHAR / KALVERKÄMPER, HARTWIG / WIEGAND, HERBERT ERNST (eds.) (1998): *Fachsprachen Languages for Special Purposes*. Berlin / New York: de Gruyter (2 volúmenes).

HOFFMANN, LOTHAR (1998a): "Anwendungsmöglichkeiten und bisherige Anwendung von statistischen Methoden in der Fachsprachenforschung", en: Hoffmann, Lothar / Kalverkämper, Hartwig / Wiegand, Herbert Ernst (eds.): *Fachsprachen Languages for Special Purposes*. Berlin / New York: de Gruyter, 241-249 (volumen I).

HOFFMANN, LOTHAR (1998b): "Anwendungsmöglichkeiten und bisherige Anwendung von linguistischen Methoden in der Fachsprachenforschung", en: Hoffmann, Lothar / Kalverkämper, Hartwig / Wiegand, Herbert Ernst (eds.): *Fachsprachen Languages for Special Purposes*. Berlin / New York: de Gruyter, 249-269 (volumen I).

KATZ, JERROLD J. (1990): *The Metaphysics of Meaning*. Cambridge, Mass: MIT Press.

LÜGER, HEINZ-HELMUT (ed.) (2002): *Höflichkeitsstile*. Frankfurt am Main / Berlin / Bruxelles / New York / Oxford / Wien: Peter Lang.

MUHR, THOMAS (2004): *User's Manual for ATLAS.ti 5.0, ATLAS.ti*. Berlin: Scientific Software Development GmbH. http://www.atlasti.com/demo.html.

NORD, CHRISTIANE (2003): *Kommunikativ handeln auf Spanisch und Deutsch. Ein übersetzungsorientierter funktionaler Sprach- und Stilvergleich*. Wilhelmsfeld: Gottfried Egert.

REIß, KATHARINA / VERMEER, HANS J. (1984): *Grundlegung einer allgemeinen Translationstheorie*. Tübingen: Niemeyer.

SCHMELZ, MATTHIAS P. (1993): *Psychologie der Höflichkeit*. Frankfurt am Main / Berlin / Bruxelles / New York / Oxford / Wien: Peter Lang.

SEARLE, JOHN R. (1969): *Speech acts. An essay in the philosophy of language*. Cambridge: Cambridge University Press.

VILAR SÁNCHEZ, KARIN (2002): "Funktional-pragmatisch fundierte Grammatikerschließung für Übersetzer: Möglichkeiten und erste Resultate", en: *Jahrbuch Deutsch als Fremdsprache* 28, 69-84.

VILAR SÁNCHEZ, KARIN (2005): "Diccionario de sinónimos funcionales", en: Faber, Pamela / Jiménez, Catalina / Wotjak, Gerd (eds.): *Léxico especializado y comunicación interlingüística*. Granada: Granada Lingvistica, 297-322.

VILAR SÁNCHEZ, KARIN (2006): "Übersetzungsrelevante Textbeschreibung anhand der Mikrofunktionsanalyse", en: *Lebende Sprachen* 51/3, 116-126.

VILAR SÁNCHEZ, KARIN (2007): "Der Ausdruck der Nachzeitigkeit in verschiedenen Textsorten. Eine Untersuchung im Rahmen der Mikrofunktionsanalyse", en: Buscha, Joachim / Freudenberg-Findeisen, Renate (eds.): *Feldergrammatik in der Diskussion. Funktionaler Grammatikansatz in Sprachbeschreibung und Sprachvermittlung*. Frankfurt am Main / Berlin / Bruxelles / New York / Oxford / Wien: Peter Lang, 185-204.

VILAR SÁNCHEZ, KARIN (ed.) (2007): *Mikrofunktionen in Arbeitsverträgen deutschspanisch*. Bern: Peter Lang.

WEINRICH, HARALD (1986): *Lügt man im Deutschen, wenn man höflich ist?* Mannheim / Wien / Zürich: Dudenverlag.

WILSKE, LUDWIG (ed.) (1988): *Fremdsprachliche Kommunikation. Aufgaben, Handlungstypen, sprachliche Mittel*. Leipzig: Enzyklopädie.

WITTGENSTEIN, LUDWIG (1988): *Investigaciones Filosóficas*. México: UNAM.

ZIFONUN, GISELA / HOFFMANN, LUDGER / STRECKER, BRUNO et al. (1997): *Grammatik der deutschen Sprache*. Berlin: de Gruyter.

Gerd Wotjak (Universität Leipzig)

Algunas consideraciones acerca de lo que distingue un término de una unidad léxica no terminologizada

1 Introducción

En el pasado había un abismo entre los estudios terminológicos tradicionales en la línea de Wüster (Wüster 1997, 1998; cf. también Arntz / Picht / Mayer 2002; Adelstein 2007) y los análisis del léxico común y corriente, no especializado. Así, en la *lexemática* de Coseriu (1987, 1988) se mantiene esta separación, destacándose el carácter distinto de las nomenclaturas. Pero a partir de la teoría comunicativa de la terminología (Cabré 1993, 2002; Temmermann 2000; Gaudin 2003; Adelstein 2007), se han multiplicado los esfuerzos por vencer el tan tajante divorcio entre unidades terminológicas (UT) y unidades léxicas (UL).

En el presente trabajo intentaré contrastar las características de los términos con las de las unidades léxicas no terminologizadas, esto es, aquellas UL que constituyen el vocabulario que, como hablantes, utilizamos en la comunicación (e interacción) diaria, la cual suele versar sobre temas relacionados con nuestro conocimiento compartido del mundo y, ante todo, con el *trasfondo sociocultural* en que vivimos y que está estrechamente ligado a nuestros quehaceres normales. Empezaré haciendo constar que no basta con destacar como algo característico de las UL el hecho que los usuarios solemos emplearlas para evocar parcelas u objetos propios del conocimiento enciclopédico previo y compartido, pues también el contenido que atribuimos a las UT es, por regla general, compartido por los usuarios de tales unidades.

Así pues, la divergencia incuestionable, y que obviamente existe entre UL y UT, no reside en que unas sean socializadas y las otras no, sino en su particular grado de socialización, que es muy diferente: son pocos los usuarios expertos en dominios concretos y, por tanto, familiarizados con sus conceptos, mientras que virtualmente todos los hablantes de una comunidad lingüística dada conocen los significados de norma o sistema (Wotjak 2006a, 2006b) de las UL no empleadas como UT, esto es, de las UL no terminologizadas.

En este sentido, una diferencia muy clara entre UL y UT reside en el hecho de que las UT denotan o designan ámbitos especializados del conocimiento del mundo o dominios designativos que no resultan fácilmente accesibles al resto de la comunidad lingüística: su adquisición requiere de estudios especializados, por regla general, prolongados y pormenorizados.

Espero demostrar que la configuración cognitiva (conceptos y nociones) de una UT, que deriva del conocimiento adquirido en estos estudios especializados, presenta unos componentes distintos (y, quizá, distintas interrelaciones) a los que revela la configuración cognitiva (significado) de UL no terminologizadas (coactivadas como conocimiento compartido). Y ello, aunque las UT y las UL se refieran al mismo *denotatum*. Es posible que la semántica estructural europea y, en particular, la lexemática coseriana, haya eliminado el análisis de términos de su campo de estudio precisamente a causa de esta singularidad ontológico-epistemológica, argumentando que las UT son ajenas a la semántica lingüística sistémica y pertenecen a la taxonomía científico-técnica. Nos enfrentaríamos, en el caso de los términos, a factores relacionados directamente con el mundo de las cosas y la designación, no de la significación.

2   Los términos como elementos del léxico

Sin embargo, pese a las peculiaridades taxonómicas y definitorias que presentan las UT y pese a su inclusión tradicional en una disciplina como la terminología, que es totalmente independiente, pienso que hemos de considerar los términos como elementos del léxico, las UT como UL. Y ello sin dejar de reconocer que las UT muestran características que las diferencian, por lo menos parcialmente, de las UL comunes y corrientes, compartidas virtualmente por todos los hablantes de un determinado idioma como lengua histórica nacional. En este sentido, también Coseriu (1987) reconoce la pertenencia de la mayoría de las terminologías a la lengua, alegando en defensa de este postulado su funcionamiento gramatical, sus designaciones y hasta ciertas funciones léxicas relacionales (como la derivación: cf. lo que éste llama *desarrollo*). No obstante, desde el punto de vista del significado, el propio

Coseriu subraya claramente que resulta problemática tanto la existencia de estructuraciones semémicas en los términos como su adscripción al sistema de la lengua, insistiendo en que sólo se trata de taxonomías, esto es, de clasificaciones objetivas de la realidad, que se ubicarían en la designación, no en la significación.

Repetiré, empero, que no sólo las UT, sino todas las UL sirven también para designar la realidad y que —como ha evidenciado Albrecht (1992)— no todas las UT constituyen clasificaciones objetivas e interlingüísticamente idénticas, frente a lo que parece desprenderse de la idea coseriana de que las UT no presentan dificultades de traducción, pues no habría que transponer significados, sino tan sólo reemplazar un significante por otro (Coseriu 1987).

2.1 UT prototípicas y UL terminologizadas *a posteriori*

Según Cabré (1993) y ya antes Hoffmann (1985:183), las razones semánticas alegadas por Coseriu no empecen la consideración de las UT como verdaderas UL, aunque es cierto que presentan ciertas particularidades, debidas, sobre todo, al dominio (ámbito especializado) en el que se utilizan con exclusividad referencial y sociolectal. Sin embargo, me parece difícil mantener la idea de que las UT se integran en el vocabulario de una lengua nacional con el mismo estatus que las demás UL del lenguaje común y corriente, pues está claro que las UT pertenecen a léxicos especializados que manejan grupos sociales concretos, profesionales, peritos en materias, temas, áreas y ámbitos del conocimiento enciclopédico que se amplía, cambia y envejece vertiginosamente. Si admitimos que las UT pertenecen a la lengua al mismo título que las demás UL, habríamos de dar entrada en los diccionarios a la totalidad de los términos de las varias ciencias: por ejemplo, a los ya millones de términos químicos existentes.

Así, resulta aconsejable, y no sólo desde un punto de vista práctico, disponer de inventarios terminológicos independientes para las distintas materias y restringir la labor lexicográfica de las lenguas a tan sólo un número muy limitado de términos, a aquellos que gozan de frecuencia de uso entre personas legas en las ciencias y técnicas de que proceden y sirven para intercambiar informaciones necesarias en la interacción social diaria no especializada. En los diccionarios generales deben figurar también aquellas UL que se hayan terminologizado *a posteriori*, ostentando junto a uno o varios significados léxicos, en tanto que UT formalmente indiferenciada, por lo menos un concepto terminológico preciso. Por ello resulta problemático admitir en un diccionario general UT prototípicas, portadoras de conceptos referidos a sectores u objetos muy específicos. Y, en este sentido, podría ser útil recurrir a la noción de *disponibilidad léxica* tan empleada en el lenguaje general: un grupo suficientemente representativo de informantes, escogidos entre los hablantes de un idioma, permitiría evaluar el conocimiento pasivo, e incluso el uso activo, de un término dado, confiriéndole, por así decirlo, el *derecho de ciudadanía*, la posibilidad de figurar en un diccionario destinado a usuarios comunes y corrientes, no especialistas.

2.2 Las UT como subgrupos de las UL

Como ha señalado Cartagena (1998), los términos de mayor tradición artesanal, médica o industrial no suelen responder a un concepto estrecho, sino que se caracterizan por estar constituidos por elementos semántico-cognitivos que son enumerables y delimitables con exactitud. Tales términos, apriorísticamente definidos como los de tantas ciencias exactas, deberían oponerse a los términos *pre-científicos*, aquellos que han recibido *a posteriori* una determinación tanto de calidad o intensión como de cantidad o extensión, y que aparecen en tantos subcampos de la técnica, las humanidades y las ciencias sociales.

Así pues, hay UT, incluso sumamente especializadas, en que las influencias socioculturales han provocado un proceso de sememización o constitución de su significado análogo al que sufren las UL comunes y corrientes al constituirse su significado como resultado de tantos actos discursivos previos. Ello implica, por ejemplo, que elementos pragmático-situativos pasen a ser semántico-sistémicos o normativos (o sea, acontextuales y genéricos) por socialización y usualización (cf. Wotjak 1987, 2006a).

Pienso que es razonable considerar a las UT como subgrupos de las UL: el propio Coseriu les ha atribuido la mayoría de las características morfosintácticas típicas de las UL corrientes no especializadas, si bien las distingue tajantemente en el plano del contenido. No resulta convincente la afirmación de Calonge (1995:184-185), que, refiriéndose al pretendido carácter universal de las UT, insiste en que éstas son ajenas a la lengua general.

Pues parece innegable que las UT no siempre pueden aislarse totalmente ni se diferencian tan radicalmente de las UL no especializadas, aparte de que se delimitan mejor de estas últimas cuando contrastamos ambas subclases. Por tal razón intentaré establecer coincidencias y divergencias entre las tres subclases léxicas siguientes: términos bien definidos *a priori*, UL terminologizadas (como subgrupo de las anteriores) y UL normales y corrientes.

2.3 El modelo del potencial comunicativo de las UL como *tertium comparationis*

Las UT no constituyen una categoría sígnica especial: en su mayoría son signos lingüísticos reconocidos, normalmente, como signos pertenecientes a una determinada comunidad lingüística de hablantes de una misma lengua histórica (para emplear la terminología de Coseriu). En este contexto hay que destacar que los términos apriorísticos o *stricto sensu* —con menores o mayores adaptaciones formales— tienden a formar parte del inventario que comparten profesionales de distintas lenguas históricas y paraculturas. Las UT suelen coactivar en la mente de los usuarios, expertos en la materia tematizada, un conocimiento del mundo de congruencia óptima, aunque no sean capaces de garantizar a un no especialista el adivinar a qué objeto de estudio o fenómeno del dominio designativo se refieren los especialistas, en caso de que las UT sean muy específicas y el dominio designativo-referencial y conceptual evocado no sea familiar al resto de los hablantes legos de este idioma.

Hay un buen número de signos semióticos que, en cualquier idioma, se distinguen claramente de las UL, pero que se han creado con la intención de servir para designar unívocamente un determinado fenómeno, con la expectativa de que la UT utilizada (v.gr. las fórmulas químicas, matemáticas, físicas) evoque un contenido único en la mente de los usuarios expertos, que lo mismo pueden pertenecer a una misma lengua como a otras lenguas, con independencia del contexto discursivo-situativo, es decir, conceptos intensional y extensionalmente máximamente coincidentes.

Como las UT nos interesan en su calidad de signos lingüísticos, podríamos tomar como base para su ulterior comparación el modelo de descripción que hemos desarrollado con el nombre de potencial comunicativo de las UL y que presentamos en (1).

(1) Modelo del potencial comunicativo de las UL (para más detalles, cf. Wotjak 1994, 1998 y 2006a):

(1) MODELO DEL POTENCIAL COMUNICATIVO DE LAS UNIDADES LÉXICAS (UL)				
A.	plano de la expresión o significante (Trujillo 1988)	B.	plano del contenido	
A.1	forma citativa o <u>formativo</u> → cuerpo sígnico	B.1	microestructura semémica	
A.2	indicaciones morfosintácticas	B.2	medioestructura semántica	
A.2.1	especificaciones categoriales y subcategoriales			
A.2.2	especificaciones morfosintácticas combinatorias distribucionales			
A.2.2.1	valencia o actancia morfosintáctica			
A.2.2.2	distribución morfosintáctica; entorno cotextual			
A.3	distribución sememotáctica	B.3	macroestructura semántica paradigmática	
A.3.1	valencia semántica (Helbig 1992)			
A.3.2	entorno alosemémico cotextual			
A.4	indicaciones comunicativo-situativo-pragmáticas			
A.4.1	especificaciones de la preferencia de uso en determinados géneros de texto			
A.4.2	especificación diatópica			
A.4.3	especificación diastrática			
A.4.4	especificación diafásica			
A.4.5	especificación diageneracional			
A.4.6	especificación axiológica			
A.5	módulos lexicogenésicos lexicalizados			

3 Procedimientos para la creación de UT

Tanto las UT como las UL sirven para designar elementos, estados, eventos del mundo de las cosas y para evocar en la mente de sus usuarios determinadas configuraciones cognitivas más o menos congruentes del saber enciclopédico. Estas configuraciones cognitivas son conceptualizaciones siempre individuales y subjetivas almacenadas por cada uno de los interlocutores (por lo general, hablantes nativos de una misma lengua histórica) en su comunicación e interacción.

Podemos hablar, pues, tanto para las UT como para las UL, de la existencia de un potencial designativo que garantiza la *función simbólica* o *representativa* de Bühler 1934, la cual no sólo es típica para los signos lingüísticos, sino para cualquier signo semiótico. Tanto con las UT como con las UL el hablante o comunicante, en el acto de primera nominalización o de denominación inaugural de un objeto o evento, estado de cosas, etc., desea designar algo considerado comunicativamente pertinente y de cuyas características cognitivas quiere informar a otro hablante también perteneciente a su misma comunidad. Para ello recurrirá a una lengua nativa compartida o, tal vez, a una *lingua franca* que, en la ciencia y la técnica, suele ser el inglés. El hablante, deseoso de informar a su interlocutor de algo que considera novedoso, recurre a varios procedimientos para satisfacer su intención designativo-comunicativa.

3.1 Procedimientos lexicogenésicos

Para ello puede crear una nueva denominación, una nueva UL, recurriendo al inventario de elementos sígnicos, ya sancionados y portadores de significados léxicos concretos como son las UL simples o complejas de que ya dispone un determinado idioma. Tal UL, empleada en función de UT, puede presentarse con una forma citativa distinta, bien porque combine morfemas preexistentes de forma no convencional, bien porque utilice combinaciones o colocaciones de UL novedosas por no convencionalizadas: por ejemplo, sufijoides o prefijoides como recursos lexicogenésicos. Así pues, una primera solución para satisfacer necesidades designativas y comunicativas que aprovechan los expertos es la *creación de neologismos* mediante recursos ya existentes del idioma en cuestión y/o la construcción de palabras compuestas o derivadas parcialmente tomadas de otro idioma, frecuentemente el latín y el griego clásicos; pero, en parte, también recurriendo a las colocaciones de varias palabras: las llamadas UF o unidades fraseológicas plurimembres.

3.2 Procedimientos sememo o conceptogenésicos

Pero también puede el experto atribuir nuevo contenido a los signos lingüísticos ya existentes (reconocidos como normativos) mediante el recurso a procedimientos de la *semántica dinámica*, utilizando los procedimientos sememo- o conceptogenésicos de la metáfora y la metonimia. En tal caso, ya no se debería hablar de neologismos, sino, con más propiedad, de *neosemantismos*[1]. Volveré a los procedimientos conceptogenésicos más adelante con mayor detenimiento.

Sin embargo, no es casual que tales neosemantismos sean poco frecuentes, a pesar de constituir un procedimiento más económico, pues no exigen nuevos significantes. Si para expresar un concepto se escogiera una UL no previamente terminologizada y que ya poseyera al menos una microestructura semémica ya almacenada por los hablantes no especialistas, tal UL ampliaría su potencial designativo al mismo tiempo que su campo de acción comunicativa. Su significado normativo se seleccionaría de entre los varios que conforman la medioestructura de una posible UL polisémica, desambiguándose en la mayoría de sus usos. Gran parte de los usuarios no sería consciente de que el mismo significante puede utilizarse con otros sentidos y originar una UL terminologizada. Así, por ejemplo, la UL *madre* resulta terminologizada (y extraña para el hablante no especialista) en la expresión *célula madre* (para más detalles interesantes, cf. Adelstein 2007).

A lo que sé, no se ha investigado demasiado acerca de lo que ocurre en la mente de los especialistas familiarizados con significados terminologizados de UL que se utilizan también en contextos no especializados. Parece que, en estos casos, los especialistas también evocarán predominantemente la microestructura semémica de *madre* y, muy raramente, el concepto resultante de una terminologización *a posteriori*. Por el contrario, en un contexto donde se tematiza una esfera comunicativo-designativa especializada (medicina,

---

1 Estaríamos ante formas citativas homógrafas y homófonas, ya convencionalizadas, cuyo significante no suele advertirnos de que el emisor quiere transmitirnos una novedad.

biología) automáticamente evocarán el concepto de la UT y no recurrirán al significado léxico que presenta la variante de la UL homófona y homógrafa que ha servido de base derivativa para la terminologización léxica, predominantemente poliléxico-fraseológica.

Sin embargo, la situación es bastante diferente para los usuarios no expertos o legos, cuando el uso de esta variante terminologizada se produce tanto en un contexto cotidiano como también en un discurso claramente terminológico: en ambos casos intentarán evocar una configuración cognitiva apropiada a través del significado léxico no terminologizado que han interiorizado. Pero tal configuración cognitiva aparecerá más o menos difusa y probablemente nunca coincidirá completamente en lo esencial con la totalidad de rasgos designativos coactivados por los expertos. La discrepancia existente entre la coactivación del contenido terminologizado y la microestructura semémica de las UL que se han terminologizado puede causar inconvenientes e incluso trastornos en la comunicación, en la comprensión cabal o adecuada del mensaje y en el comportamiento del receptor lego. Tal ocurre, por ejemplo, en las UT jurídicas, pues el Derecho, en su afán de reglamentar hechos de la interacción social diaria, ha terminologizado UL como *robar* (*rauben/ berauben* en alemán) y *hurtar* (*stehlen/bestehlen*)[2].

No creo que, en los casos mencionados, sea apropiado hablar de que el concepto terminológico y la microestructura semémica constituyan una medioestructura común, hecho frecuente en muchas UL y que puede ocurrir en el caso de UT homófonas y homógrafas, pero designadoras de dominios claramente distintos. En este caso de UL y UT con un mismo significante, me parece preferible hablar de signos homógrafos y homófonos, pero distintos, por pertenecer a diasistemas diferentes: al tecnolecto, en el caso de las UT, y a la lengua común y corriente, en el caso de las UL.

---

2 Obsérvese que, en este sentido, la diferenciación léxica es corriente en alemán, mientras que, en español, el verbo *hurtar* desapareció de la lengua cotidiana, quedando sólo como verbo terminologizado opuesto a *robar*.

3.3 Préstamos de otras lenguas

Además, el hablante puede tomar prestadas de otro idioma UL o UT para crear una nueva denominación de algo considerado novedoso y pertinente, a fin de diferenciarlo de otros fenómenos y comunicarlo a otros profesionales de su mismo grupo. Tales préstamos terminológicos, sobre todo ingleses, abundan en determinadas esferas comunicativas: baste con mencionar la informática. Los hablantes de la lengua receptora pueden mostrar una mayor o menor reserva ante tales préstamos de UT. Así, el alemán da vía libre a la invasión de préstamos ingleses e, incluso, llega a crear UL a la inglesa por considerarlas prestigiosas, aunque no existan en este idioma como sucede con *Handy* o *Dressman*.[3]

4   UT y UL: características en el plano de la expresión

En lo ya tratado, he mencionado aspectos del *plano de la expresión* y, más ligeramente, del *plano del contenido* (como los presentados en 1). Ahora seguiré detallando características comunes de UT y UL, lo cual nos servirá también por *default procedure* para incidir en lo que las separa o diferencia.[4]

Es obvio, sin embargo, que hay ciertas preferencias en lo que a la indicación de la categoría morfosintáctica se refiere: así, las UT simples, en su aplastante mayoría, suelen ser sustantivos. Y, si se trata de UT fraseológicas, también tienen un peso decisivo los binomios sustantivales, si bien destacan algunas UT fraseológicas verbales. En este sentido, todas las UT se caracterizan por ser de uso muy restringido, *monoesférico*: cada UT claramente está limitada a una sola esfera de uso especializado. Sin embargo, habíamos señalado que también hay UT que, con el mismo significante, corresponden a dos (raramente, más) conceptos, lo cual apuntaría a un uso menos restringido e incluso *poliesférico*. No obstante, incluso cuando se trata de UT poliesféricas, se utilizan siempre en dominios distintos, en ámbitos especializados diferentes y bien delimitados.

---

[3] No puedo detallar aquí los procedimientos de adaptación o integración morfofonemáticas a los que recurren los distintos idiomas; por ello, remito a Herget (2006) para ejemplificar las variantes portuguesa y brasileña de las UT informáticas en textos de esta especialidad.

[4] Hay que tener en cuenta que las UT, sean simples, compuestas, complejas o sintagmáticas (colocaciones de varias UL, esto es, unidades terminológicas polilexemáticas), no presentan aspectos muy divergentes en lo que se refiere al *plano de la expresión* (cf. Wotjak 1998).

Asimismo habíamos visto que puede darse una coincidencia formal en el significante de una UL común y corriente y una UT. O, mejor dicho, podemos observar un uso terminologizado *a posteriori* de una palabra corriente. También puede darse, a la inversa, un uso desterminologizado derivado de una UT. Otra característica válida para las UT es que pueden llevar una *marca diatópica* que limita su uso regional: por ejemplo, *computador(a)* en América Latina frente a *ordenador* en España.

Todas las UT suelen llevar también una *marca diastrática sociolectal* característica de un grupo de profesionales, miembros de una empresa etc. Por regla general, me parece, además, que suelen pertenecer al vocabulario no marcado *estilísticamente* los tecnicismos y, en especial, los términos científicos, a excepción de la jerga entre profesionales del mismo campo, caracterizada por su uso familiar. Esto significa o bien que las UF terminologizadas han perdido su típica carga expresiva al utilizarse como designaciones *a posteriori* en ámbitos especializados, o bien que nunca la han adquirido por haberse acuñado como términos *a priori*. Y ello nos sirve también para señalar las características *pragmático-comunicativas* y *estilísticas* diferenciadoras entre UL y UT.

Falta, como última característica del plano de la expresión, la consideración de los procedimientos lexicogenésicos. Baste con mencionar que, en alemán, algunas UT pueden diferenciarse de las UL por el uso del sufijo *-ung* en formaciones deverbativas que destacan por no estar socializadas más allá de la esfera comunicativa de los masajistas (cf. 2):

(2)   En alemán, los verbos *klatschen*, *streicheln* y *klopfen* sirven de base a las sustantivaciones *Klatschungen*, *Streichelungen* y *Klopfungen*, típicas de textos especializados del dominio del masaje, pero que los hablantes nativos consideran inusuales, pues en el lenguaje común sólo existen los deverbativos *das Klatschen*, *das Streicheln* y *das Klopfen*.

Obviamente se trata, en este caso, de UL cuyo contenido terminologizado no es opaco, sino bastante transparente y donde se presupone que hablantes no expertos en las técnicas del masaje pueden reconstruir el significado de las nominalizaciones, a pesar de que tales derivados suelen experimentar una cierta transformación por adquirir rasgos específicos que le confieren una mayor especificación designativo-referencial. Esto es válido, por supuesto, para los expertos en esta materia, y no podemos asegurar que los legos sean capaces de evocar justamente estos rasgos específicos.

Por otra parte, podemos observar que existen ciertos bloqueos en la formación de sustantivos deverbales en el caso de ciertos verbos como *contraer/ schließen/eingehen* o *vereinbaren/pactar*, que forman parte de colocaciones terminologizadas verbonominales típicas de textos jurídicos y que reproducimos en (3):[5]

(3) En *contraer/celebrar matrimonio – Ehe schließen/eingehen*; *pactar separación de bienes – Gütertrennung vereinbaren*; *ostentar (alguien)* (=>sujeto) *la patria potestad – (jemandem) die elterliche Sorge* (=>sujeto) *zustehen*. No todos los verbos admiten una sustantivación terminologizada: *celebrar matrimonio / contraer matrimonio* → *celebración del matrimonio / Ø*, mientras que en alemán hay nominalización de ambos verbos: *Ehe schließen / Ehe eingehen* → *Eheschließung / Eingehung der Ehe*. Véanse también las derivaciones de estos verbos que designan el agente de la acción indicada: *contrayente(s)* derivado de *contraer matrimonio*, mientras que no se aceptan ni **celebrante* ni **celebrador* derivados de la colocación acuñada *celebrar matrimonio*. También existe en alemán un sustantivo compuesto (*der/die*) *Eheschließende* que funciona como 'agente' derivado de la colocación verbonominal *Ehe schließen*; pero no hay, sin embargo, ningún *nomen agentis* en el caso de *Ehe eingehen*.

En suma, las características del plano de la expresión no son ni mucho menos decisivas para diferenciar entre UT y UL. Para poder diferenciar ambos tipos de signos lingüísticos hay que recurrir al plano del contenido, comparando el *contenido conceptual* de las UT con el *significado léxico* (mi *microestructura semémica*) de las UL. De menos interés resulta, en cambio, lo que he llamado *medioestructura*, tan importante para caracterizar a las UL comunes y corrientes y que no aplicaremos a aquellos casos en que una UL y una UT presentan el mismo significante, pero disponen de un significado lingüístico y un concepto definido, respectivamente, que se diferencian por su grado de

---

5 He tomado estos ejemplos de Encarnación Tabares, quien los había usado en el borrador de un proyecto de investigación dentro de las Acciones Integradas y en una publicación: cf. Tabares Plasencia / Pérez Vigaray (2007).

socialización. Por ello, reservo el término *medioestructura* para aquellos
significados léxicos caracterizados por un grado de socialización similar y
recomiendo restringir esta noción aún más, limitándola a aquellas UL que
forman parte del lenguaje cotidiano y no especializado.

5   UT y UL: características en el plano del contenido

Como ya hemos observado también algunas coincidencias en cuanto al *plano
del contenido*[6], señalaré aquí solamente algunas peculiaridades de las UT. Si
bien los procedimientos de terminologización y lexicalización son parecidos,
no dejan de presentar divergencias importantes:

- la *terminologización* (como se observa en el dominio informático)
 implica un alto grado de concienciación por parte del creador de nuevas
 denominaciones y la palabra simple, compuesta o compleja resultante
 suele aceptarse rápidamente si la comunidad de expertos la considera
 designativa y comunicativamente pertinente. Además, se presupone que
 los especialistas de un dominio concreto suelen estar en contacto y que
 el intercambio es frecuente, de manera que hay grandes probabilidades
 de que una UT creada en su seno se socialice y usualice.
- Una UT, así usualizada e institucionalizada en un grupo de
 profesionales, sólo excepcionalmente[7] rebasará su dominio o esfera
 comunicativa. Las UT suelen, pues, estar muy marcadas
 diastráticamente y, además, presentan restricciones o especializaciones
 designativo-temáticas muy específicas y concretas. Las UT, así creadas
 para satisfacer necesidades comunicativo-designativas, posibilitan una
 visión mucho más pormenorizada de los fenómenos denotados y
 presuponen la existencia previa de conocimientos enciclopédicos
 especializados en la mente de los expertos, mientras que los legos en la
 materia correspondiente tienen, en el mejor de los casos, sólo un acceso
 selectivo y restringido a este dominio designativo.

---

6   Véanse también los interesantes análisis llevados a cabo por Adelstein (2007); L´Homme (2004); Kuguel (2004) y Lara (1999).
7   Así, por ejemplo, cuando aumenta o se sugiere que aumente la importancia de lo designado entre un grupo más amplio de usuarios.

Al acercarnos a una descripción del contenido de las UT, debemos diferenciar entre UT *a priori* y UT *a posteriori*. En ambos casos se aprecia el esfuerzo de científicos y tecnólogos por eliminar cualquier elemento connotativo y lograr una definición lo más unívoca y precisa posible. Tanto en los significados de las UL comunes como en los conceptos de las UT (las simples, las complejas y hasta las plurimembres o fraseológicas) nos enfrentamos con elementos cognitivos. Frente a las UT, a las terminologizaciones apriorísticas, que resultan de una definición previa y suelen agrupar un significante con un concepto formado por rasgos bien definidos en intensión y extensión, los significados léxicos de las UL comunes, aunque también pueden servir para designar un fenómeno dado, constituyen una entidad cognitiva *sui generis*, que resulta del uso repetido de la UL en cuestión en los más diversos contextos, y agrupan rasgos designativo-referenciales y, a menudo, connotativo-evaluativos socializados que los usuarios han considerado —sin tener conciencia de ello— lo suficientemente pertinentes como para designar y, al mismo tiempo, garantizar denotaciones y connotaciones sincrónicamente diferenciadoras entre sí. Aquí radica la diferencia entre el significado léxico y el concepto terminológico, pero también pueden solaparse parcialmente en el caso de UL terminologizadas, en las que los usuarios emplean parte de los rasgos definitorios (prototípicos) para una consciente conceptualización terminológica.

Así, el significado, a la vez lingüístico y cognitivo, reúne, en conjuntos sememizados, determinados elementos socializados y usualizados de la representación del saber enciclopédico, de las configuraciones cognitivas que coactivan microestructuras sémicas determinadas. Estos significados léxicos se ven impregnados por múltiples factores a lo largo de su formación en repetidos actos comunicativos anteriores sin la intervención sistematizadoramente consciente de los hablantes.

Por el contrario, los contenidos terminologizados, los *conceptos*, son el resultado de una definición fundada en conceptualizaciones basadas en análisis pormenorizados de las características de las cosas. Se introducen en la lengua por un acto intencional de creación léxica (terminologización *a priori*) o de recreación léxica (terminologización *a posteriori*), respondiendo a necesidades comunicativas y cognitivas específicas. Y sólo después de este acto de nominalización inaugural *ad hoc* suelen pasar, en el uso comunicativo, de

UT ocasionales a UT usuales, convencionalizadas y compartidas por hablantes de determinados grupos sociales.

Como hemos visto, estos significados léxicos abarcan, en su configuración nuclear, un conjunto de rasgos considerados pertinentes para la designación y la comunicación, rasgos que se han seleccionado de entre la totalidad de los rasgos constitutivos del conocimiento del mundo o de las cosas, y que comparten los hablantes de un idioma al participar en la comunicación e interacción social diaria, normalmente no especializada. La microestructura no se limita, sin embargo, solamente a estos componentes de la configuración semémica nuclear, que sirven para garantizar la designación. La microestructura semémica abarca, además, rasgos diferenciadores que distinguen el significado de una UL del significado de otras UL sinónimas o antónimas.[8] En menor grado, estos elementos de la configuración nuclear archisemémica de las microestructuras se ven afectados por influencias comunicativo-culturales, responsables de los rasgos distintivos diferenciadores, donde suele concentrarse generalmente la idiosincrasia de los significados léxicos. Esto es válido también para los elementos valorativo-connotativos: ausentes de los conceptos terminológicos prototípicos (científicos y técnicos), se encuentran, en parte, en los conceptos elaborados por las ciencias sociales, especialmente cuando se evocan contenidos de particular importancia y carga emotiva para los miembros de una comunidad lingüística determinada (cf. conceptos tales como *libertad, imperialismo, democracia, capital*, etc.).

Mientras que los conceptos terminologizados (y sus significantes) se caracterizan por su carácter ontológico virtualmente universal, suelen variar de una lengua a otra los contenidos no terminológicos, incluidos los de las UT *a posteriori*, que no han podido desprenderse por completo de los rasgos sememizados heredados de las UL comunes de que proceden. En la construcción del significado de una UL no terminológica participan múltiples y complejos factores de índole sociocultural, comunicativo-situativa e histórica que dan lugar a una determinada selección, perspectivación y focalización de los elementos cognitivos sememizados, dependiendo de su pertinencia para la

---

8   Según la lexemática, éstos serían los verdaderos y únicos componentes aceptables para describir la microestructura semémica.

comunicación y, secundariamente, para la designación. El significado léxico, al igual que los conceptos de las UT, también contiene elementos cognitivos y constituye una entidad cognitiva, pero *sui generis* (cf. Wotjak 2006a para más detalles): el significado léxico no coincide por completo con las configuraciones cognitivas compartidas que puede coactivar en la mente de los interlocutores en caso de necesidad comunicativo-designativa. Las conceptualizaciones de los hablantes son siempre individuales; sus núcleos intersubjetivos están constituidos por configuraciones cognitivas microestructurales (escenas, escenarios, *scripts*, historietas, pequeños dramas, etc.) estrechamente correlacionadas con los significados léxicos, que son los que las coactivan, pero que no las evocan automáticamente en el uso habitual diario de la UL en cuestión.

Si los interlocutores pertenecen a una misma comunidad comunicativa, podemos postular que estas conceptualizaciones individuales y mutables coinciden en gran medida y de forma específica. Al hacer uso de una determinada UL, si los interlocutores no pertenecen a una misma comunidad comunicativa o diacultural, sino solamente a una misma comunidad lingüística o paracultural, no podrán evocar la configuración cognitiva terminologizada, bien definida y superespecificada en sus mentes, como sucedía con los especialistas. En la mente de los peritos la parte subjetiva de sus conceptualizaciones, también individuales en última instancia, se ve bastante más restringida, mientras que los legos en la materia tratada, bien no logran ni siquiera identificar el referente, bien sólo pueden, basándose en su conocimiento semántico de las UL, coactivar una configuración cognitiva bastante más vaga y reducida.

Obviamente, los significados de las UL corrientes no son nunca el resultado de una actividad definitoria y ontológico-epistemológica intencional como la que produce las UT. Es sabido que puede haber discrepancias entre las conceptualizaciones sememizadas y las conceptualizaciones ontológicas científicas o técnicas, lo cual ha motivado, en alemán, la sustitución de la UL *Schraubenzieher* (traducción literal: **sacatornillos*) por *Schraubendreher* que corresponde tanto al catalán *tornavis* como al francés *tourne-vis*, que expresan mejor la utilización de esta herramienta, pues la UL española correspondiente, *destornillador*, evoca una conceptualización ontológico-referencial no menos problemática o por lo menos incompleta, ya que esta herramienta también sirve para "atornillar". Otros ejemplos sorprendentes de desajuste entre conceptualizaciones sememizadas, convencionalizadas y socializadas, de un lado, y conceptualizaciones adecuadas científicamente, de otro, se mantienen sin perturbar la comprensión en varios idiomas. Claros ejemplos son las denominaciones poliléxicas del tipo de *puesta del sol*; *lever du soleil*; *Sonnenaufgang*, etc., donde perdura todavía la visión ptolemaica del mundo.

En resumen, se puede decir que, en los conceptos terminológicos, se especifican detalladamente las características cognitivas designativas, es decir, se definen bien la intensión (los elementos cognitivos constitutivos de nociones científicas o técnicas) y la extensión (los referentes que pertenecen a la categoría ontológica establecida o bien al *prototipo / genus proximum*) de los términos. El contenido conceptual que define a las UT también obedece a una selección de entre múltiples rasgos atribuibles al estado de cosas o al objeto referencializado, pero tal selección responde a criterios distintos de los que intervienen en la construcción de los significados léxicos.

Las microestructuras de las UL comunes y corrientes, siempre genéricas y resultado de una selección inconsciente de elementos consensuales dentro de una invariante comunicativa sincrónicamente estable, constituyen una especie de llave maestra con la que pueden abrirse las puertas tras las que se encuentran almacenadas, en las mentes de los hablantes, las conceptualizaciones siempre individuales y mutables del mundo de las cosas. Como se demuestra en (4) a partir de una configuración nuclear semémica copresente en verbos como *abonar (el campo)*, *injertar*, *adornar*, cuyo archilexema sería *mejorar* en español y *veredeln* en alemán, con UL como *düngen*, *propfen/okkulieren*; *versilbern*, *vergolden*, *verschönern*, *verbessern*, etc., vemos que sólo se coactiva la configuración cognitiva genérica de MEJORAR la CALIDAD de algo:

(4)   Configuración nuclear genérica para *veredeln* (igualmente válida para *abonar (el campo)*, *injertar*, *adornar*, *mejorar*):

$[HAVE (y,z)]ti \text{ ET } [OPER (x,w) \& CAUSE (x,(HAVE (y,z')))]ti+k$

Leyenda: funtores: HAVE = poseer o disponer un argumento y de algo / z

OPER = utilizar un argumento x un argumento w

CAUSE = causar x algo / proposición

argumentos: x = CAUSADOR/AGENTE / <Hum>

y = DESTINATARIO / <Planta> vs. Objeto físico / <algo>

z = TEMA / calidad / propiedad determinada

z' = TEMA / calidad mejorada

w = INSTRUMENTO /Ofis

Nuestro conocimiento del mundo, siempre individualmente distinto, nos permite especificar de común acuerdo que la casilla vacía semémica de *algo* del verbo alemán *veredeln* suele llenarse con UL del tipo *árbol frutal*, *acero* o *productos textiles*. Nos contentamos, por regla general, con la información de que un *manzano* o el *acero* o un *producto textil* es objeto afectado por una actividad de un ser humano con el objeto de mejorar la calidad del objeto tratado. Hay hablantes semi-especialistas en jardinería o que recuerdan todavía bien lo que aprendieron en la escuela sobre la actividad de los altos hornos. Hay, probablemente, muy pocos usuarios del alemán o del español, respectivamente, que, sin la formación profesional correspondiente, posean los conocimientos necesarios para saber cómo se mejora la calidad de un tejido o qué técnicas hay que emplear para que un frutal produzca frutos de mejor calidad (como, por ejemplo, injertándolo). La mayoría de nosotros vive sin riesgo de malentendidos o trastornos en la comunicación e interacción social, aunque no pueda coactivar las configuraciones cognitivas[9] que un especialista en estas materias evocaría al utilizar tales UL.

Se observa que, en la creación de una nueva UT, suelen aplicarse en buena medida los mismos procedimientos que sirven para producir nuevos significados contextuales y, después de su socialización y usualización, nuevos

---

9 Semejantes configuraciones cognitivas bien definidas sólo forman parte del conocimiento compartido de restringidos grupos de peritos y, en el momento de su introducción y definición explícita, semejan un uso ocasional, individual y hasta único, que, sin embargo, tiene grandes posibilidades de ser socializado en un dominio en que se comparte la necesidad de designar mediante esta UT un aspecto o elemento que se haya descubierto. Estamos, así, ante categorizaciones ontológicas y epistemológicas en las que hay escasa o ninguna influencia de la interacción comunicativa y sociocultural. Se podría hablar también de nociones asociadas a significantes para formar nomenclaturas cuya socialización (si es que existe, pues puede tratarse de un uso casi individual todavía no extendido) se restringe a grupos de peritos en el dominio en cuestión.

significados normativos. Me estoy refiriendo, sobre todo, a la metáfora y a la metonimia, ésta última menos perceptible, pero más frecuente. No puedo reproducir aquí todas UT complejas de la tesis de Oster (2005), constituidas por dos o más UL simples en español, que corresponden, en muchos casos, a palabras compuestas alemanas. Se sabe que son frecuentes las relaciones metonímicas del *totum pro parte* y de la *pars pro toto*, pero también las relaciones conceptogenésicas y sememogenésicas del tipo de proceso ↔ producto o proceso ↔ procesado; causa ↔ efecto; propiedad ↔ entidad caracterizada; contenido ↔ continente. Cf. ejemplos en (5):

(5)   Esquemas o relaciones de metonimia con ejemplos de UT tomadas preferentemente del dominio designativo de la cerámica (cf. Oster 2005):

(i) relación partitiva o meronímica de	*todo ch parte*	*alveolo del molde / Mühlenfutter matriz vítrea / Kristallgitter*
	parte ch todo	*malla metálica, horno a rodillo Feldspatmineral /mineral feldespático*
(ii) relación de	*proceso ch producto*	*caolín sedimentario / Anfluggglasur*
	proceso ch procesado	*crecimiento cristalino / Kantenabplatzung*
(iii) relación de	*causa ch efecto*	*contracción de cocción / Brennschwindung*
(iv) relación de	*propiedad ch entidad caracterizada*	*caceta refractaria / Feinton*
(v) relacion de	*contenido ch contenedor*	*cabina de discos / Glasvorratsbehälter*

En tales casos resulta mucho más complicada la delimitación entre el significado común y el concepto terminológico creado a partir de él y, por consiguiente, como resultado de una terminologización *a posteriori*. Apuntaba antes a las UT terminologizadas *a posteriori* por el lenguaje del Derecho a fin de proporcionar mayor precisión y fiabilidad a UL ya convencionalizadas con su(s) microestructura(s) respectiva(s), eliminando cierta vaguedad típica en no pocos significados léxicos del lenguaje cotidiano.[10]

---

10 Así, por ejemplo, mientras que el español actual no suele recurrir al verbo *hurtar*, el Derecho lo conserva con un contenido terminologizado para distinguir entre *robo* y *hurto*. En este sentido, pueden producirse malentendidos entre los juristas y los legos en Derecho en lo que se refiere al contenido atribuido a estas UT

Se presenta una situación bastante parecida cuando un término ha salido del ámbito especializado restringido y se ha ido incorporando al léxico común y corriente. En tales procesos pueden borrarse las fronteras que separan los elementos cognitivos definidos de otros no definidos, pero sememizados. En este sentido, los términos parecen descripciones de las cosas, mientras que las UL "normales", aunque también sirven para designar cosas determinadas, suelen llevar implícitas en sus significados sememizaciones idiosincrásicas, selectivas y parciales, viéndose influidas por elementos socioculturales y lingüísticos propiamente dichos.

Si tropezamos con UT homófonas y homógrafas nos enfrentamos a algo ligeramente parecido a mi medioestructura semántica. Sin embargo, no me decido a ampliar la noción de medioestructura a estos casos, ya que las formas citativas y su concepto único respectivo pertenecen a tecnolectos distintos, mientras que las UL polisémicas y homonímicas son signos lingüísticos caracterizados por ser sintópicos, sinestráticos y sinfásicos. Baste argumentar mi rechazo hacia divergencias observables en el plano de la expresión: como las UT reciben una marca diastrática claramente diferenciadora no sólo frente a las UL, sino también a otras UT con una misma forma citativa, parece razonable postular dos entradas distintas para dichas UT homonímicas.

Resta analizar lo que une y diferencia a las UT y las UL en cuanto a la *macroestructura semántica paradigmática*. Considerando lo dicho hasta ahora, no parece que exista un *tertium comparationis* común para ambos tipos de signos lingüísticos. Las UT, con sus conceptos que evocan directamente una configuración cognitiva bien determinada, no se agrupan en macroestructuras semánticas paradigmáticas. Las UT, que por definición tienen un significado bien definido, no deberían admitir la existencia de UT sinónimas. Sin embargo, cometeríamos una imprudencia si negáramos su incorporación a un conjunto de términos más amplio, a un campo o conjunto terminológico: las UT también se ven incorporadas en una macroestructura, pero no en una macroestructura semántica, sino en una macroestructura nocional.

---

a posteriori, que no sólo han conservado el significante de UL pre- y coexistentes, sino que también suelen evocar, en la mente de los usuarios legos, el significado léxico, y no el concepto jurídico bien definido. Y en este contexto se pueden mencionar UL como *posesión, propiedad, disposición*, etc., cuyo contenido terminologizado discrepa del significado léxico, lo cual repercute en la descripción del significado de verbos como *hurtar/stehlen* y *robar/rauben* o también *poseer/besitzen* y *disponer/verfügen*.

Se puede (y hasta se debe) ampliar, pues, el modelo del potencial comunicativo de las UL mencionado en (1), admitiendo otros signos lingüísticos como las UT, y hasta las UT semióticas no lingüísticas, e introduciendo en el plano del contenido, además de las tres estructuraciones semánticas propiamente dichas (microestructura, medioestructura y macroestructura), las estructuras cognitivo-nocionales como representaciones multifacéticas del mundo de las cosas. Ya he citado la existencia de configuraciones cognitivas evocadas por las microestructuras, que podían ser escenas, escenarios, *scripts*, MIPs o MOPs, historietas, pequeños dramas o tipos evenementales: por ejemplo, el *Geschehenstyp* de Klix, representado en (6) en una versión ligeramente reelaborada:

(6) *Tipo evenemental*, según Klix (1987), referido a la configuración cognitiva de BEHANDELN = TRATAMIENTO médico:

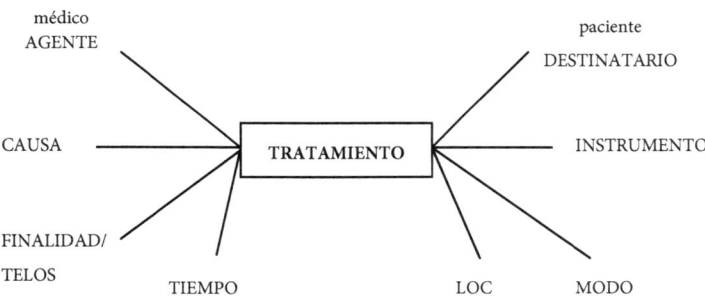

(Heger / Mudersbach 1984)

He comentado con anterioridad también que en las microestructuras de las UL sólo suelen aparecer congelados y sincrónicamente petrificados copartícipes seleccionados socializados y usualizados, pero no la totalidad de los copartícipes de la escena coactivable. Las microestructuras semémicas suelen evocar en la mente de los usuarios nativos solamente los rasgos sememizados, puestos en perspectiva y resaltados como *figura* comunicativo-designativa. Sólo en casos específicos se coactiva la configuración cognitiva de *fondo* mediante la microestructura en cuestión. Estas configuraciones cognitivas de fondo abarcan a otros copartícipes, además de los agrupados en la llamada fórmula archisemémica y en las nociones constitutivas de los campos léxico-semánticos o macroestructuras semánticas paradigmáticas, que podrían correlacionarse hasta terminológicamente con los significados léxicos como *configuraciones cognitivas microestructurales*. Con ellas se destaca un primer subgrupo de estructuraciones cognitivas del mundo de las cosas o de la designación. A ello han de añadirse otras configuraciones cognitivas que no constituyen entidades menores de sustancia estructurada como son las *configuraciones cognitivas nocionales*, constituidas por los *conceptos terminologizados* y asociadas a formas citativas que conforman UT.

6 Conclusiones

En suma, aunque las UT y las UL tienen bastantes características en común, predomina una divergencia de contenido fundamental: las UL poseen un significado más o menos genérico, generalmente no congruente por completo con la configuración cognitiva microestructural que puede coactivar (sin estar obligado a ello). En cambio, las UT coactivan siempre un concepto que conlleva una configuración cognitiva de sus copartícipes, bien definida nocionalmente en cantidad y calidad. También divergen UL y UT en cuanto a su grado de socialización, que es mayor en el caso de las primeras y, en las segundas, está restringido a un grupo de expertos en el dominio designativo referencializado.[11]

Por ello y pese a las convergencias y semejanzas existentes entre las UT y las UL, especialmente, aunque no exclusivamente, en el plano de la expresión, creo razonable postular una disciplina aparte para el estudio de las UT: la terminología (y la correspondiente terminografía). Y esto no solamente para las UT realmente taxonómicas o de nomenclatura. Al postular la terminología, que sería una subdisciplina de una lexicología muy amplia (que también abarcaría, por ejemplo, la fraseología y fraseografía), no me aparto de las nuevas tendencias de la pujante terminología comunicativa propagada por Cabré, entre otros, pero sí de los postulados tradicionales de la terminología wüsteriana, que no toma en consideración el carácter específico de las UT *a posteriori* ni estudia debidamente las estrechas y complicadas interrelaciones

---

11 Cf. lo indicado en relación a las UT prototípicas.

existentes entre UT *a priori*, UT *a posteriori* y UL con un significado léxico que resulta del uso socializado y usualizado.

La comparación minuciosa entre UL y UT me ha servido también para rehacer mi modelo del potencial comunicativo, abriéndolo a las UT y a signos no-lingüísticos y complementándolo con una cuarta categoría de estructuras del plano del contenido, a saber: las configuraciones cognitivas, entre las que se cuentan las correlacionadas con las microestructuras semémicas, identificadas con los conceptos de las UT y hasta con unas macroestructuras cognitivas por especificar aún, donde entrarían tanto los conceptos como las interconexiones existentes entre ellos.

Bibliografía

ADELSTEIN, ANDREÍNA (2007): *Unidad léxica y significado especializado: modelo de representación a partir del nombre relacional "madre"*. Barcelona: Universität Pompeu Fabra.

ALBRECHT, JÖRN (1992): "Wortschatz versus Terminologie: Einzelsprachliche Charakteristika in der Fachterminologie", en: Albrecht, Jörn / Baum, Richard (eds.): *Fachsprache und Terminologie in Geschichte und Gegenwart*. Tübingen: Narr, 59-78.

ARNTZ, RAINER / PICHT, HERIBERT / MAYER, FELIX (2002[4]): *Einführung in die Terminologiearbeit*. Hildesheim: Olms Verlag.

BÜHLER, KARL (1934): Sprachtheorie. *Die Darstellungsfunktion der Sprache*. Jena: Gustav Fischer.

CABRÉ, Mª TERESA (1993): *La terminología. Teoría, metodología y aplicaciones*. Barcelona: Antártida.

CABRÉ, Mª TERESA (2002): "Textos especializados y unidades de conocimiento: metodología y tipologización", en: Fuentes Morán, Mª Teresa / García Palacios, Joaquín (eds.): *Texto, terminología y traducción*. Salamanca: Almar, 15-36.

CALONGE, JULIO (1995): "El lenguaje científico y técnico", en: Seco, Manuel / Salvador, Gregorio (coords.): *La lengua española, hoy*. Madrid: Fundación Juan March, 175-186.

CARTAGENA, NESTOR (1998): "Acerca de la variabilidad de los términos sintagmáticos en textos españoles especializados", en: Wotjak, Gerd (ed.): *Estudios de fraseología y fraseografía del español actual*. Frankfurt am Main: Vervuert, 281-296.

COSERIU, EUGENIO (1987): "Palabras, cosas y términos", en: *In memoriam Inmaculada Corrales Zumbado*. La Laguna: Servicio de Publicaciones de la Universidad de La Laguna, 175-185.

COSERIU, EUGENIO (1988): *Einführung in die allgemeine Sprachwissenschaft*. Tübingen: Narr.

GAUDIN, FRANÇOIS (2003): *Socioterminologie: une approche sociolinguistique de la terminologie*. Bruselas: Duculot.

HEGER, KLAUS / MUDERSBACH, KLAUS (1984): *Aktantenmodelle: Aufgabenstellung und Aufbauregelung*. Heidelberg: Universitätsverlag Carl Winter.

HELBIG, GERHARD (1992): *Probleme der Valenz- und Kasustheorie*. Tübingen: Niemeyer.

HERGET, KATRIN (2006): *Zur Wortschatzentwicklung im Portugiesischen am Beispiel von Fachtexten aus der Informatik*. Tesis doctoral inédita. Universität Leipzig.

HOFFMANN, LOTHAR (1985): *Kommunikationsmittel Fachsprache. Eine Einführung*. Tübingen: Narr.

KLIX, FRIEDHART (1987): "On the Role of knowledge in sentence comprehension", en: *Preprints of the Plenary Session Papers (XIVth International Congress of Linguists)*. Berlin, 111-124.

KUGUEL, INÉS (2004): "Estructura semántica del léxico especializado", en: *Revista de la Sociedad Argentina de Lingüística* (RASAL) 2, 13-30.

LARA, LUIS FERNANDO (1999): "Término y cultura: hacia una teoría del término", en: Cabré, Mª Teresa (ed.): *Terminología y modelos culturales*. Barcelona: IULA, 39-60.

L'HOMME, MARIE CLAUDE (2004): "A lexico-semantic Approach to the Structure of Terminology", en: Ananiadou, Sophia / Zweigenbaum, Pierre (eds.): *Proceedings of the Workshop CompuTerm 2004 (3rd International Workshop on Computational Terminology)*. Geneva: Coling, 7-14.

OSTER, ULRIKE (2005): *Las relaciones semánticas de términos polilexemáticos*. Frankfurt am Main / Berlin / Bruxelles / New York / Oxford / Wien: Peter Lang.

TABARES PLASENCIA, ENCARNACIÓN / PÉREZ VIGARAY, JUAN MANUEL (2007): "Fraseología terminológica: estado de la cuestión y ejemplo de análisis contrastivo", en: *Revista de Filología de la Universidad de La Laguna* (RFULL) 25, 567-578.

TEMMERMANN, RITA (2000): *Towards new ways of terminology description: the sociocognitive approach*. Amsterdam: John Benjamins.

TRUJILLO, RAMÓN (1988): *Introducción a la semántica española*. Madrid: Arco / Libros.

WOTJAK, GERD (1987): "Illokutives, Pragmatisches und Semantisches – Pragmatisches im Semantischen?", en: *Lunder Germanistische Forschungen* 55, 127-137.

WOTJAK, GERD (1994): "El potencial comunicativo de las unidades léxicas", en: *Voz y Letra* V/1, 155-173.

WOTJAK, GERD (1998): "Acerca del potencial comunicativo de las unidades fraseológicas (UF) idiomáticas y no-idiomáticas", en: Cabré, Mª Teresa (ed.): *Cicle de conferències 96-97: lèxic, corpus i diccionaris*. Barcelona: IULA, 155-180.

WOTJAK, GERD (2006a): *Las lenguas, ventanas que dan al mundo*. Salamanca: Servicio de Publicaciones de la Universidad de Salamanca.

WOTJAK, GERD (2006b): "Zur Beschreibung der Inhaltsebene sprachlicher Zeichen. Im Spannungsfeld zwischen Sprachverwendung und Sprachbesitz: Rede(Text)-, Norm- und Systembedeutungen", en: Dietrich, Wolf / Hoinkes, Ulrich / Roviró, Bàrbara / Warnecke, Mathias (eds.): *Lexikalische Semantik und Korpuslinguistik*. Tübingen: Narr, 67-94.

WÜSTER, EGON (1998): *Introducción a la teoría general de la terminologia y la lexicografía terminológica*. Barcelona: Universitat Pompeu Fabra.

FORUM FÜR FACHSPRACHEN-FORSCHUNG

Die Bände 1 bis 77 sind im Verlag Gunter Narr erschienen.

Band 78 Hartwig Kalverkämper: Textsortengeschichte und Fächertradition. Systeme im Wandel zwischen französischer Klassik und Aufklärung (1650–1750). ISBN 978-3-86596-175-4

Band 79 Jin Zhao: Interkulturalität von Textsortenkonventionen. Vergleich deutscher und chinesischer Kulturstile: Imagebroschüren. 392 Seiten. ISBN 978-3-86596-169-3

Band 80 Klaus-Dieter Baumann/Hartwig Kalverkämper [Hg.]: Fachtextsorten – in – Vernetzung. Interdisziplinäre Innovationen. ISBN 978-3-86596-160-0

Band 81 Henrike Täuscher: Fachlichkeit in der Werbung für Laien: Deutsche und französische Anzeigen im Vergleich. ISBN 978-3-86596-162-4

Band 82 Tim Peters: Macht im Kommunikationsgefälle: der Arzt und sein Patient. 212 Seiten. ISBN 978-3-86596-181-5

Band 83 Hans P. Krings/Felix Mayer (Hg.): Sprachenvielfalt im Kontext von Fachkommunikation, Übersetzung und Fremdsprachenunterricht. Für Reiner Arntz zum 65. Geburtstag. 530 Seiten. ISBN 978-3-86596-192-1

Band 84 Encarnación Tabares Plasencia/Vessela Ivanova/Elke Krüger (Eds.): Análisis lingüístico contrastivo de textos especializados en español y alemán. 258 Seiten. ISBN 978-3-86596-190-7

Band 85 Nancy Hadlich: Analyse evidenter Anglizismen in Psychiatrie und Logistik. 458 Seiten. ISBN 978-3-86596-380-2

T Frank & Timme

Verlag für wissenschaftliche Literatur

FORUM FÜR FACHSPRACHEN-FORSCHUNG

Band 86 Eva Martha Eckkrammer (Ed.): La comparación en los lenguajes de especialidad. 302 Seiten. ISBN 978-3-86596-216-4

Band 87 Maria Mushchinina: Rechtsterminologie – ein Beschreibungsmodell. Das russische Recht des geistigen Eigentums. 396 Seiten. ISBN 978-3-86596-218-8

Band 88 Sylvia Reinart: Kulturspezifik in der Fachübersetzung. Die Bedeutung der Kulturkompetenz bei der Translation fachsprachlicher und fachbezogener Texte. 562 Seiten. ISBN 978-3-86596-235-5

Band 89 Radegundis Stolze: Fachübersetzen – Ein Lehrbuch für Theorie und Praxis. 3. Auflage. 420 Seiten. ISBN 978-3-86596-257-7

Band 90 Carmen Heine: Modell zur Produktion von Online-Hilfen. 318 Seiten mit CD. ISBN 978-3-86596-263-8

Band 91 Brigitte Horn-Helf: Konventionen technischer Kommunikation: Makro- und mikrokulturelle Kontraste in Anleitungen. 614 Seiten mit CD. ISBN 978-3-86596-233-1

Band 92 Marina Adams: Wandel im Fach. Historiographie von DaF als Fachsprachen-Disziplin in der DDR. 460 Seiten. ISBN 978-3-86596-269-0

Band 93 Carsten Sinner: Wissenschaftliches Schreiben in Portugal zum Ende des *Antigo Regime* (1779–1821). Die Memórias económicas der *Academia das Ciências de Lisboa*. 714 Seiten. ISBN 978-3-86596-277-5

Band 94 Laurent Gautier (éd.): Les discours de la bourse et de la finance. 186 Seiten. ISBN 978-3-86596-302-4

F Frank & Timme

Verlag für wissenschaftliche Literatur

FORUM FÜR FACHSPRACHEN-FORSCHUI

Band 96 Julia Neu: Mündliche Fachtexte der französischen Rechtssprache. 294 Seiten. ISBN 978-3-86596-351-2

Band 97 Mehmet Tahir Öncü: Probleme interkultureller Kommunikation bei Gerichtsverhandlungen mit Türken und Deutschen. 168 Seiten. ISBN 978-3-86596-387-1

Bd. 98/99 Klaus-Dieter Baumann (Hg.): Fach – Translat – Kultur. Interdisziplinäre Aspekte der vernetzten Vielfalt. 2 Bände im Schuber, zus. 1562 Seiten. ISBN 978-3-86596-209-6

Band 100 Hartwig Kalverkämper (Hg.): Fachkommunikation im Fokus – Paradigmen, Positionen, Perspektiven. 1040 Seiten. ISBN 978-3-7329-0214-9

Band 102 Anastasiya Kornetzki: Contrastive Analysis of News Text Types in Russian, British and American Business Online and Print Media. 378 Seiten. ISBN 978-3-86596-420-5

Band 103 Ingrid Simonnæs: Rechtskommunikation national und international im Spannungsfeld von Hermeneutik, Kognition und Pragmatik. 304 Seiten. ISBN 978-3-86596-427-4

Band 104 Svenja Dufferain: Tyronyme – zur strategischen Wortbildung französischer Käsemarkennamen. 140 Seiten. ISBN 978-3-86596-428-1

Band 106/107 Eva Martha Eckkrammer: Medizin für den Laien: Vom Pesttraktat zum digitalen Ratgebertext. 2 Bände im Schuber, zus. 1328 Seiten. ISBN 978-3-86596-312-3

Band 108 Lucia Udvari: Einführung in die Technik der Rechtsübersetzung vom Italienischen ins Deutsche. Ein Arbeitsbuch mit interdisziplinärem Ansatz. 316 Seiten. ISBN 978-3-86596-516-5

Frank & Timme

FORUM FÜR FACHSPRACHEN-FORSCHUNG

Band 109   Mehmet Tahir Öncü: Kulturspezifische Aspekte in technischen Texten. Eine Analyse deutsch- und türkischsprachiger Gebrauchsanleitungen. 212 Seiten. ISBN 978-3-86596-517-2

Band 110   Cornelia Griebel: Rechtsübersetzung und Rechtswissen. Kognitionstranslatologische Überlegungen und empirische Untersuchung des Übersetzungsprozesses. 432 Seiten mit CD. ISBN 978-3-86596-534-9

Band 111   Laura Sergo/Ursula Wienen/Vahram Atayan (Hg.): Fachsprache(n) in der Romania. Entwicklung, Verwendung, Übersetzung. 458 Seiten. ISBN 978-3-86596-404-5

Band 112   Birte Möpert: Die Fachsprache des Tanzes. 218 Seiten. ISBN 978-3-7329-0012-1

Band 113   Marina Brambilla/Joachim Gerdes/Chiara Messina (Hg.): Diatopische Variation in der deutschen Rechtssprache. 382 Seiten. ISBN 978-3-86596-447-2

Band 114   Christiane Zehrer: Wissenskommunikation in der technischen Redaktion. Die situierte Gestaltung adäquater Kommunikation. 406 Seiten. ISBN 978-3-7329-0032-9

Band 115   Tanja Wissik: Terminologische Variation in der Rechts- und Verwaltungssprache. Deutschland – Österreich – Schweiz. 394 Seiten. ISBN 978-3-7329-0004-6

Band 116   Larissa Alexandrovna Manerko/Klaus-Dieter Baumann/Hartwig Kalverkämper (eds.): Terminology Science in Russia today. From the Past to the Future. 460 Seiten. ISBN 978-3-7329-0051-0

Frank & Timme

Verlag für wissenschaftliche Literatur

FORUM FÜR FACHSPRACHEN-FORSCHUNG

Band 117   Georg Löckinger: Übersetzungsorientierte Fachwörterbücher.
           Entwicklung und Erprobung eines innovativen Modells.
           322 Seiten. ISBN 978-3-7329-0053-4

Band 118   Kerstin Petermann: Verbale und nonverbale Vagheit in englisch- und
           deutschsprachigen Interviews. 418 Seiten. ISBN 978-3-7329-0061-9

Band 119   Encarnación Tabares Plasencia (ed.): Fraseología jurídica contrastiva
           español–alemán/Kontrastive Fachphraseologie der spanischen und
           deutschen Rechtssprache. 148 Seiten. ISBN 978-3-86596-528-8

Band 120   Klaus-Dieter Baumann/Jan-Eric Dörr/Katja Klammer (Hg.):
           Fachstile – Systematische Ortung einer interdisziplinären Kategorie.
           216 Seiten. ISBN 978-3-7329-0105-0

Band 121   Jenny Brumme/Carmen López Ferrero (eds.): La ciencia como diálogo
           entre teorías, textos y lenguas. 348 Seiten. ISBN 978-3-7329-0130-2

Band 122   Ingrid Simonnæs: Basiswissen deutsches Recht für Übersetzer.
           Mit Übersetzungsübungen und Verständnisfragen. 202 Seiten.
           ISBN 978-3-7329-0133-3

Band 123   Silke Friedrich: Deutsch- und englischsprachige Werbung.
           Textpragmatik, Medialität, Kulturspezifik. 142 Seiten.
           ISBN 978-3-7329-0152-4

Band 124   Bernhard Haidacher: Bargeldmetaphern im Französischen.
           Pragmatik, Sprachkultur und Metaphorik. 368 Seiten.
           ISBN 978-3-7329-0124-1

Band 125   Chiara Messina: Die österreichischen Wirtschaftssprachen.
           Terminologie und diatopische Variation. 384 Seiten.
           ISBN 978-3-7329-0113-5

Frank & Timme

Verlag für wissenschaftliche Literatur